읽으면 저절로 외워지는 신기한 한자 학습

어문회
한자능력검정시험

한 권으로 끝내기!

5급

시대에듀

한자 3박자 연상 학습법은...

❶ 머리에 쏙쏙 들어오는 생생한 어원으로
❷ 동시에 관련된 한자를 익히면서
❸ 그 한자가 쓰인 어휘들까지 생각해 보는

신기하고 재미있는 한자 공부 방법 입니다!

복잡하고 어려운 한자!
이제 읽으면서 쉽고 재미있게 익혀 볼까요?

📖 이 책은 이런 점이 달라요.

❶ 읽으면 저절로 외워지는 기적의 한자 학습법! 무작정 읽고 쓰기보다는 머리에 쏙쏙 들어오는 **생생한 어원을** 읽으며 한자를 재미있게 익힐 수 있습니다.

❷ 이 책은 하나의 한자를 익히더라도, 한자의 모양에 따라 그 한자와 관련된 한자들도 동시에 익힐 수 있습니다.

❸ 한자를 똑똑하게 익힐 수 있는 것은 물론, 시험에 출제되는 각 한자의 대표적인 어휘, 고사성어, 뜻이 비슷한 한자, 반대인 한자 등 **한국어문회 5급에** 해당하는 배정한자를 한 권에 담았습니다.

❹ 모든 내용을 **바로바로 이해되도록 자세하게** 설명을 덧붙여 나열하였습니다.

❺ 무엇보다 이 책은 급수 시험을 준비할 수 있을뿐만 아니라, 어원을 읽고 곰곰이 생각해 보는 과정을 통해 **세상을 깊이 있게 탐구할 수 있는 안목이** 길러지도록 하였습니다.

부디 여러분의 한자 학습이 쉽고 재미있었으면 좋겠습니다.

여러분을 사랑하는 저자 올림

한자능력검정시험 소개

※ 관련 규정 및 세부 내용은 변경될 수 있으며, 자세한 사항은 시행처 홈페이지(hanja.re.kr)를 참고하시기 바랍니다.

☑ **주관:** 한국어문회

☑ **시행:** 한국한자능력검정회

☑ **공인 자격**

❶ 국가공인자격: 특급, 특급Ⅱ, 1급, 2급, 3급, 3급Ⅱ

❷ 민간자격: 4급, 4급Ⅱ, 5급, 5급Ⅱ, 6급, 6급Ⅱ, 7급, 7급Ⅱ, 8급

☑ **급수 구분**

특급, 특급Ⅱ, 1급, 2급, 3급, 3급Ⅱ, 4급, 4급Ⅱ, 5급, 5급Ⅱ, 6급, 6급Ⅱ, 7급, 7급Ⅱ, 8급

☑ **급수 배정:** (1~8급 – 특급과 Ⅱ가 붙은 급수는 제외했습니다.)

급수	읽기	쓰기	수준 및 특성
1급	3,500	2,005	국한혼용 고전을 불편 없이 읽고, 연구할 수 있는 수준 (초급 상용한자 + 준상용한자 도합 3,500자, 쓰기 2,005자)
2급	2,355	1,817	상용한자를 활용하는 것은 물론 인명지명용 기초한자 활용 단계 (상용한자 + 인명지명용 한자 도합 2,355자, 쓰기 1,817자)
3급	1,817	1,000	고급 상용한자 활용의 중급 단계 (상용한자 1,817자 – 교육부 1,800자 모두 포함, 쓰기 1,000자)
4급	1,000	500	중급 상용한자 활용의 고급 단계(상용한자 1,000자, 쓰기 500자)
5급	**500**	**300**	**중급 상용한자 활용의 초급 단계(상용한자 500자, 쓰기 300자)**
6급	300	150	기초 상용한자 활용의 고급 단계(상용한자 300자, 쓰기 150자)
7급	150	–	기초 상용한자 활용의 초급 단계(상용한자 150자)
8급	50	–	한자 학습 동기 부여를 위한 급수(상용한자 50자)

※시험 정보는 변동될 수 있으므로 반드시 시행처 홈페이지에서 확인하세요.

☑ **우대사항**

• 자격기본법 제27조에 의거 국가자격 취득자와 동등한 대우 및 혜택

• 대학 수시모집 및 특기자 전형 지원, 대입 면접시 가산점(해당 학교 및 학과)

• 고려대, 성균관대, 충남대 등 수많은 대학에서 대학의 정한 바에 따라 학점, 졸업인증에 반영

• 유수 고등학교에서 정한 바에 따라 입시에 가산점 등으로 반영

• 육군 간부 승진 고과에 반영

• 한국교육개발원 학점은행의 학점에 반영

• 기업체 입사 및 인사고과에 반영(해당 기업에 한함)

※ 본 우대사항은 변경이 있을 수 있으니, 최신 정보는 한국한자능력검정회 홈페이지를 참조 바랍니다.

한자 3박자 연상 학습법 이란?

한자 3박자 연상 학습법(LAM: Learning for Associative Memories)은 어렵고 복잡한 한자를 무조건 통째로 익히지 않고, 부수나 독립된 한자로 나누어 ① 머리에 쏙쏙 들어오는 생생하고 명쾌한 어원으로, ② 동시에 관련된 한자들도 익히면서, ③ 그 한자가 쓰인 어휘들까지 생각해 보는 방법입니다.

이런 학습법으로 된 내용을 좀 더 체계적으로 익히기 위해서는 ① 제목을 중심 삼아 외고, ② 제목을 보면서 각 한자들은 어떤 공통점과 차이점으로 이루어진 한자들인지, 어원과 구조로 떠올려 보고, ③ 각 한자들이 쓰인 어휘들은 무엇인지 생각해 보시는 방법이 좋습니다.

그래서 어떤 한자를 보면, 그 한자와 관련된 한자들로 이루어진 제목이 떠오르고, 그 제목에서 각 한자들의 어원과 쓰인 어휘들까지 떠올릴 수 있다면, 이미 그 한자는 완전히 익히신 것입니다.

그러면 한자 박자 연상 학습법의 바탕이 된 일곱 가지를 소개합니다.

1. 어원(語源)으로 풀어 보기

한자에는 비교적 분명한 어원이 있는데, 어원을 모른 채 글자와 뜻만을 억지로 익히다 보니, 잘 익혀지지 않고 어렵기만 하지요.

한자의 어원을 생각하는 방법은 아주 간단합니다. 글자를 딱 보아서 부수나 독립된 글자로 나눠지지 않으면, 그 글자만으로 왜 이런 모양에 이런 뜻의 글자가 나왔는지 생각해 보고, 부수나 독립된 글자로 나눠지면 나눠서, 나눠진 글자들의 뜻을 합쳐 보면 되거든요. 그래도 어원이 생각나지 않을 때는, 상상력을 동원하여 나눠진 글자의 앞뒤나 가운데에 말을 넣어 보면 되고요.

아래의 '오랠 고, 옛 고(古)'로 예를 들어보겠습니다.

예

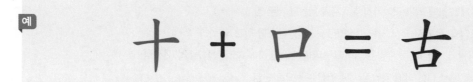

'古'의 경우 '열 십(十)'과 '입 구(口)'로 나누어지지요? 나누어진 한자들의 뜻을 조합해 보세요. 이런 방식으로 어원을 통해 한자를 풀이해 보면 한자를 보다 쉽게 익히고 오래오래 기억할 수 있습니다.

2. 공통 부분으로 익히기

한자에는 여러 한자를 합쳐서 만들어진 한자가 많고, 부수 말고도 많은 한자에 공통 부분이 있으니, 이 공통 부분에 여러 부수를 붙여 보는 방법도 유익합니다.

> **예** **5망맹**(亡忘忙妄芒盲) - 망할 망(亡)으로 된 한자
> 머리(亠)를 감추어야(ㄴ) 할 정도로 망하여 달아나니 **망할 망, 달아날 망**(亡)
> 또 망하여 죽으니 **죽을 망**(亡)
> 망한(亡) 마음(心)처럼 잊으니 **잊을 망**(忘)
> 마음(忄)이 망할(亡) 정도로 바쁘니 **바쁠 망**(忙)
> (그릇된 생각이나 행동으로) 정신이 망한(亡) 여자(女)처럼 망령되니 **망령될 망**(妄)
> 풀(艹)이 망가진(亡) 티끌이니 **티끌 망**(芒)
> 망한(亡) 눈(目)이면 눈먼 장님이니 **눈멀 맹, 장님 맹**(盲)

이 한자들을 옥편에서 찾으려면 잊을 망(忘)과 바쁠 망(忙)은 마음 심(心)부에서, 망령될 망(妄)은 여자 녀(女)부에서, 까끄라기 망(芒)은 초 두(艹)부에서, 눈멀 맹, 장님 맹(盲)은 눈 목(目)부에서 찾아야 하고, 서로 연관 없이 따로따로 익혀야 하니 어렵고 비효율적이지요.

> **예**
>
> # 忘 忙 芒 盲

그러나 부수가 아니더라도 여러 한자들의 공통 부분인 망할 망(亡)을 고정해 놓고, 망한 마음(心)처럼 잊으니 잊을 망(忘), 마음(忄)이 망할 정도로 바쁘니 바쁠 망(忙), 그릇된 생각이나 행동으로 정신이 망한 여자(女)처럼 망령되니 망령될 망(妄), 풀(艹)이 망가진 티끌이니 티끌 망(芒), 망한 눈(目)이면 눈먼 장님이니 눈멀 맹, 장님 맹(盲)의 방식으로 익히면, 한 번에 여러 한자를 쉽고도 재미있게 익힐 수 있지요.

3. 연결 고리로 익히기

한자에는 앞 글자에 조금씩만 붙이면 새로운 뜻의 한자가 계속 만들어져, 여러 한자를 하나의 연결 고리로 꿸 수 있는 경우도 많습니다.

> **예** **도인인인**(刀刃忍認) - 刀에서 연결 고리로 된 한자
> 칼 모양을 본떠서 **칼 도**(刀)
> 칼 도(刀)의 날(丿) 부분에 점(丶)을 찍어서 **칼날 인**(刃)
> 칼날(刃)로 마음(心)을 위협하면 두려워 참으니 **참을 인**(忍)
> 하고 싶은 말(言)이 있어도 참고(忍) 인정하니 **인정할 인**(認)

칼 모양을 본떠서 칼 도(刀), 칼 도(刀)에 점 주, 불똥 주(丶)면 칼날 인(刃), 칼날 인(刃)에 마음 심(心)이면 참을 인(忍), 참을 인(忍)에 말씀 언(言)이면 인정할 인(認)이 되지요.

4. 비슷한 한자 어원으로 구별하기

한자에는 비슷한 한자도 많아 혼동될 때가 많은데, 이 경우도 어원으로 구분하면 쉽고도 분명하게 구분되고, 오래도록 잊히지 않습니다.

> **예** **분분**(粉紛) - 粉과 비슷한 한자
> 쌀(米) 같은 곡식을 나눈(分) 가루니 **가루 분**(粉)
> 실(糸)을 나누면(分) 헝클어져 어지러우니 **어지러울 분**(紛)

> **예** **여노 서노**(如奴 恕怒) - 如, 恕와 비슷한 한자
> 여자(女)의 말(口)은 대부분 부모나 남편의 말과 같으니 **같을 여**(如)
> 여자(女)의 손(又)처럼 힘들게 일하는 종이니 **종 노**(奴)
> 예전과 같은(如) 마음(心)으로 용서하니 **용서할 서**(恕)
> 일이 힘든 종(奴)의 마음(心)처럼 성내니 **성낼 노**(怒)

5. 그림으로 생각해 보기

한자가 부수나 독립된 한자로 나눠지지 않을 경우, 이 한자는 무엇을 본떠서 만들었는지 생각해서 본뜬 물건이 나오면 상형(象形)으로 만들어진 한자고, 본뜬 물건이 나오지 않으면 보이지 않는 무슨 일을 추상하여 만든 지사(指事)로 된 한자입니다.

> **예** **상형** 가지 달린 나무를 본떠서 **나무 목**(木)
> **지사** 일정한 기준(一)보다 위로 오르는 모양을 생각하여 **위 상, 오를 상**(上)

6. 하나의 한자에 여러 뜻이 있으면, 그 이유를 생각해서 익히기

한자도 처음 만들어질 때는 하나의 한자에 하나의 뜻이었지만, 생각이 커지고 문화가 발달할수록 더 많은 한자가 필요하게 되었어요. 그럴 때마다 새로운 한자를 만든다면 너무 복잡해지니, 이미 있던 한자에 다른 뜻을 붙여 쓰게 되었지요.

그러나 아무렇게 붙여 쓰는 것이 아니고, 그런 뜻이 붙게 된 이유가 분명히 있으니, 무조건 외는 시간에 "이 한자는 왜 이런 뜻으로도 쓰일까?"를 생각하여 "아~하!^^ 그래서 이 한자에 이런 뜻이 붙었구나!"를 스스로 터득하면서 익히면 훨씬 효과적이지요.

예를 들어 '해를 본떠서 만든 해 일(日)'이면 '해 일'이지 어찌 '날 일'의 뜻도 있을까? 아하~! 해가 뜨고 짐으로 구분되는 날이니 '날 일'이라는 뜻이 붙었구나!

앞에 나왔던 쓸 고, 괴로울 고(苦)의 경우도 '쓸 고'면 '쓸 고'지 어찌 '괴로울 고'의 뜻도 있을까? 조금만 생각해도 맛이 쓰면 먹기에 괴로우니 '괴로울 고(苦)'도 되었음을 금방 알게 되지요.

7. 한자마다 반드시 예(例)까지 알아두기

한자를 익히면 반드시 그 글자가 쓰인 예(例)까지, 자주 쓰이는 낱말이나 고사성어 중에서 적절한 예(例)를 골라 익히는 습관을 들이세요. 그러면 "어? 이 한자가 이런 말에도 쓰이네!" 하면서 그 한자를 더 분명히 알 수 있을뿐더러, 그 한자가 쓰인 단어들까지 정확히 알 수 있으니, 정확하고 풍부한 어휘실력을 기를 수 있는 지름길이 됩니다.

어휘 풀이도 의역 위주로 된 사전식으로 단어 따로 뜻 따로 억지로 외지 마시고, 먼저 아는 한자를 이용하여 직역(直譯)해 보고, 다음에 의역(意譯)해 보는 습관을 들이세요. 그래야 어휘의 뜻도 분명히 알 수 있으면서, 한자 실력도 쑥쑥 늘어납니다.

기대되는 효과

이상 일곱 가지 방법을 종합하여 '한자 3박자 연상 학습법'을 만들었습니다.

한자 3박자 연상 학습법으로 한자를 익히면, 복잡하고 어려운 한자에 대하여 자신감을 넘어 큰 재미를 느낄 것이며, 한자 3박자 연상 학습법이 저절로 익혀져, 한자 몇 자 아는 데 그치지 않고, 어떤 한자를 보아도 자신 있게 분석해 보고 뜻을 생각해 볼 수 있는 안목도 생깁니다.

또 일상생활에서 만나는 어려운 단어의 뜻도 막연히 껍데기로만 알지 않고 분명하게 아는 습관이 생겨, 정확하고 풍부한 어휘 실력이 길러지고, 정확하고 풍부한 단어 실력을 바탕으로 자신 있는 언어생활, 나아가 자신 있는 사회생활을 하게 되며, 중국어나 일본어도 70% 이상 한 셈이 됩니다.

① 책의 구성

본 교재는 5급 배정한자 500자를 공통점이 있는 한자들끼리 묶어 총 288개의 그룹으로 나눈 뒤 제목번호(001번 ~288번) '한자 3박자 연상 학습법'에 따라 공부할 수 있도록 구성하였습니다.

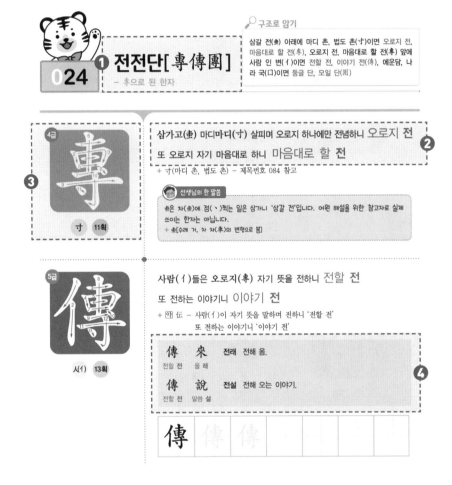

❶ 제목

'같은 어원으로 된 한자들, 연결 고리로 된 한자들, 비슷하여 혼동되는 한자들'과 같이 서로 관련된 한자들을 한데 묶은 그룹의 제목입니다.

❷ 어원 풀이

각 한자의 어원을 철저히 분석하여 원래의 어원에 충실하면서도 가장 쉽게 이해되도록 간단명료하게 풀었습니다.

❸ 필순 / 배정급수 / 총 획수 / 부수

각 한자의 필순 및 배정급수, 총 획수, 부수 등 한자에 대한 정보를 모두 수록하였으며, 한자를 바르게 쓸 수 있도록 필순을 한자 내부에 표기하여 바르게 써 볼 수 있도록 하였습니다.

❹ 활용어휘

일상생활이나 교과서에서 자주 사용되는 어휘, 한자능력검정시험에 자주 출제되는 어휘들을 뽑아 수록하였습니다.

② 한자 3박자 연상 학습법에 따른 학습법

1박자 학습

첫 번째로 나온 한자는 아래에 나온 한자들의 기준이 되는 '기준 한자'이며, 1박자 학습 시에는 기준 한자부터 오른쪽에 설명되어 있는 생생한 어원과 함께 익힙니다. (필순 / 배정급수 / 총 획수 / 부수도 표시되어 있으니 참고하며 익히세요.)

4급

專

寸 11획

삼가고(叀) 마디마디(寸) 살피며 오로지 하나에만 전념하니 **오로지 전**

또 오로지 자기 마음대로 하니 **마음대로 할 전**

+ 寸(마디 촌, 법도 촌) - 제목번호 084 참고

> **선생님의 한 말씀**
>
> 叀은 차(車)에 점(丶)찍는 일은 삼가니 '삼갈 전'입니다. 어원 해설을 위한 참고자로 실제 쓰이는 한자는 아닙니다.
> + 叀[수레 거, 차 차(車)의 변형으로 봄]

2박자 학습

기준 한자를 중심으로 연결 고리로 된 다른 한자들(첫 번째 한자 아래에 나온 한자들)을 오른쪽의 생생한 어원과 함께 자연스럽게 연상하며 익힙니다.

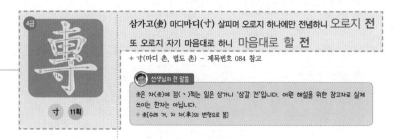

5급

傳

人(亻) 13획

사람(亻)들은 오로지(專) 자기 뜻을 전하니 **전할 전**

또 전하는 이야기니 **이야기 전**

+ 亘 伝 - 사람(亻)이 자기 뜻을 말하며 전하니 '전할 전'
　　　　또 전하는 이야기니 '이야기 전'

傳	來	**전래** 전해 옴.
전할 전	올 래	
傳	說	**전설** 전해 오는 이야기.
전할 전	말씀 설	

傳	傳	傳					

5급

團

口 14획

에워싼(口) 듯 오로지(專) 둥글게 모이니 **둥글 단, 모일 단**

+ 亘 団 - 에워싼(口) 듯 법도(寸)에 맞게 둥글게 모이니 '둥글 단, 모일 단'

團	合	**단합** '둥글게 합침'으로, 많은 사람이 마음과 힘을 한데 뭉침.
모일 단	합할 합	
團	結	**단결** '모여서 맺음'으로, 많은 사람이 한데 뭉침.
모일 단	맺을 결	

團	團	團					

3박자 학습

어원을 중심으로 한자들을 자연스럽게 연상하며 익히는 것과 함께, 일상생활이나 교과서에서 자주 사용되는 어휘들을 익히도록 합니다.

특별부록 – 빅데이터 합격 한자

빅데이터를 기반으로 최근까지 실시된 정기 / 수시 시험 기출문제를 빈출순으로 분석하였습니다.

 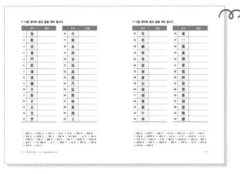

→ 시험 전 막판 뒤집기!

빈칸을 채워서 나만의 합격 한자책을 만들어 보세요.

이 책에 쓰인 기호

원: 원자(原字 – 속자나 약자가 아닌 원래의 한자로, 正字라고도 함)

속: 속자(俗字 – 正字는 아니나 세간에서 흔히 쓰는 한자)

약: 약자(略字 – 한자의 획 일부를 생략하거나 전체 구성을 간단히 줄인 한자)

비: 한자 모양이 비슷한 한자

유: 한자는 다른데 뜻이 유사한 한자

동: 뜻이 같은 한자

반: 뜻이 반대되는 한자

참: 어원 풀이를 위한 참고자로 실제 쓰이는 한자는 아님

차례

제 1 편

한자익히기

5급 배정한자(1~24日)

수빙영[水氷永]
– 水로 된 한자

🔍 **구조로 암기**

잠겨 있는 물에 물결이 이는 모양을 본떠서 물 수(水), 물 수(水) 앞에 점 주, 불똥 주(丶)면 얼음 빙(氷), 위에 점 주, 불똥 주(丶)면 길 영, 오랠 영(永)

8급

水 4획

잠겨 있는 물에 물결이 이는 모양을 본떠서 물 **수**

食　水　식수 먹는 물.
먹을 식　물 수

冷　水　냉수 찬물.
찰 냉　물 수

😎 **선생님의 한 말씀**

글자의 왼쪽에 붙는 부수인 변으로 쓰일 때는 氵 모양으로 점이 셋이니 '삼 수 변', 글자의 아래에 붙는 부수인 발로 쓰일 때는 氺 모양으로 '물 수 발'이라 부릅니다.

水

5급

水 5획

한 덩어리(丶)로 물(水)이 얼어붙은 얼음이니 얼음 **빙**

＋ 丶(점 주, 불똥 주) – 제목번호 013 太 참고

氷　山　빙산 빙하에서 떨어져나와 호수나 바다에 흘러 다니는 얼음
얼음 빙　산 산　덩어리.

氷　水　빙수 얼음물.
얼음 빙　물 수

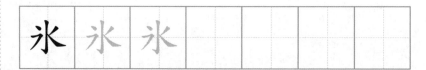

氷

6급

水 5획

높은 산 한 방울(丶)의 물(水)도 길게 오래 흘러 강과 바다를 이루니
길 **영**, 오랠 **영**

永　遠　영원 '길고 멂'으로, 계속되어 끝이 없음.
길 영　멀 원

永　住　영주 (한 곳에) 오래 삶.
오랠 영　살 주

永

002 화 염담[火 炎談]

– 火와 炎으로 된 한자

🔍 **구조로 암기**

타오르는 불을 본떠서 불 화(火), 불 화(火)가 위아래로 둘이면 더울 염, 염증 염(炎), 더울 염, 염증 염(炎) 앞에 말씀 언(言)이면 말씀 담(談)

8급

火 4획

타오르는 불을 본떠서 **불 화**

火　災
불 화　재앙 재

화재 불로 인한 재앙.

活　火　山
살 활　불 화　산 산

활화산 '살아 있는 화산'으로, 현재 불을 내뿜는 화산.

火	火	火				

3급Ⅱ

火 8획

불(火)과 불(火)이 겹쳐 더우니 **더울 염**
또 덥게 열나면서 아픈 염증이니 **염증 염**

👓 **선생님의 한 말씀**

이 책은 5급 한자를 익히는 책이지만, 관련된 한자의 어원풀이를 위하여 5급 이외의 한자를 인용한 곳도 있어요. 이런 한자에는 단어와 한자 쓰기를 넣지 않았습니다.

5급

言 15획

말(言)을 따뜻하게(炎) 하는 말씀이니 **말씀 담**

面　談
얼굴 면　말씀 담

면담 얼굴을 보며 말씀을 나눔.

情　談
정 정　말씀 담

정담 '정다운 말씀'으로, 정답게 주고받는 이야기.

談	談	談				

산선출[山仙出]

– 山으로 된 한자

🔍 구조로 암기

높고 낮은 산봉우리를 본떠서 산 산(山), 산 산(山) 앞에
사람 인 변(亻)이면 신선 선(仙), 아래에 산 산(山)이면
날 출, 나갈 출(出)

8급

山 3획

높고 낮은 산봉우리를 본떠서 **산 산**

山　林　산림　산과 숲. 또는 산에 있는 숲.
산 산　수풀 림

江　山　강산　강과 산.
강 강　산 산

山	山	山					

5급

人(亻) 5획

사람(亻)이 산(山)처럼 높은 것에만 신경 쓰고 살면 신선이니 **신선 선**

+ 산처럼 높은 것에만 신경 쓰고 살 수 있으면 신선이라고 했네요.

神　仙　신선　도(道)를 닦아서 신
귀신 신　신선 선　　　통력을 얻은 사람.

仙　女　선녀　여자 신선.
신선 선　여자 녀

> 👨‍🏫 **선생님의 한 말씀**
>
> 亻은 사람 인(人)이 글자의 왼쪽에
> 붙는 부수인 변으로 쓰일 때의 모양으
> 로 '사람 인 변'이라 하지요.

仙	仙	仙					

7급

凵 5획

높은 데서 보면 산(山) 아래로 또 산(山)이 솟아 나오고 나가니
날 출, 나갈 출

出　家　출가　'집을 나옴'으로, 집
날 출　집 가　　　을 나와 중이 됨.

家　出　가출　(가족과의 불화 등
집 가　나갈 출　　으로) 집을 나감.

> 👨‍🏫 **선생님의 한 말씀**
>
> 한자로 된 단어는 글자 순서를 바꾸
> 어도 대부분 같은 뜻이지만, 出家
> 와 家出처럼 다른 뜻으로 쓰이는
> 경우도 있습니다.

出	出	出					

곡욕[谷浴]
― 谷으로 된 한자

🔍 구조로 암기

여덟 팔, 나눌 팔(八) 둘 아래에 입 구, 말할 구, 구멍 구
(口)면 골짜기 곡(谷), 골짜기 곡(谷) 앞에 삼 수 변(氵)이
면 목욕할 욕(浴)

3급II

谷 7획

양쪽으로 벌어지고(八) 벌어져(八) 구멍(口)처럼 패인 골짜기니

골짜기 곡

+ 八, 亼['여덟 팔, 나눌 팔(八)'의 변형으로 봄]

> **🧑‍🏫 선생님의 한 말씀**
>
> 5급 이외의 한자들도 상위 급수로 가면 꼭 필요한 한자들이니 미리 익혀 두시면 좋습니다.

5급

水(氵) 10획

물(氵) 흐르는 골짜기(谷)에서 목욕하니 **목욕할 욕**

> **🧑‍🏫 선생님의 한 말씀**
>
> 氵는 물 수(水)가 글자의 왼쪽에 붙는 부수인 변으로 쓰일 때의 모양으로 '삼 수 변'이라 합니다.

浴 室   욕실 목욕실(목욕할 수 있도록 시설을 갖춘 방).
목욕할 욕 집 실

海 水 浴   해수욕 바닷물로 하는 목욕.
바다 해 물 수 목욕할 욕

제1편 한자 익히기 | **5**

005

일왈[日曰]

– 日과 曰

日 4획

해의 둥근 모양과 해 가운데의 흑점을 본떠서 해 **일**

또 해가 뜨고 짐으로 구분하는 날이니 날 **일**

👨‍🏫 **선생님의 한 말씀**

해 일, 날 일(日)처럼 둥근 것을 본떠서 만든 글자가 네모인 이유는, 한자가 만들어졌을 때는 좋은 필기도구가 없어서 나무나 돌 같은 딱딱한 곳에 글자를 새겼기 때문이에요. 둥글게 새기기보다 모나게 새기기가 편했겠지요?

日 光 **일광** 햇빛.
해 일 빛 광

明 日 **명일** 내일.
밝을 명 날 일

日	日	日						

日 4획

말할 때 입(口)에서 소리(一)가 나옴을 본떠서 가로 **왈**

+ 口(입 구, 말할 구, 구멍 구), 一('한 일'이지만 여기서는 입에서 나오는 소리로 봄)

👨‍🏫 **선생님의 한 말씀**

세로로 길면 날 일, 해 일(日), 가로로 길면 가로 왈(曰) – 해처럼 둥근 것은 어디로 길쭉해도 되지만 입은 가로로 길쭉하기 때문에 이렇게 만들었네요. 참고로 '가로다'는 '말하다'를 예스럽게 이르는 말입니다.
+ 예스럽다 – 옛것과 같은 맛이나 멋이 있다.

창창 [昌唱]

− 昌으로 된 한자

3급 II

日 8획

해(日)처럼 밝게 분명히 말하면(曰) 빛나고 창성하니

빛날 **창**, 창성할 **창**

+ 창성(昌盛)하다 − 기세가 크게 일어나 잘 뻗어 나가다.

 선생님의 한 말씀

분명히 말하고 태도가 분명한 사람이 빛나고 좋지요.

Day
01

5급

口 11획

입(口)으로 빛나게(昌) 노래 부르니 **노래 부를 창**

獨　唱　　독창　혼자서 노래 부름.
홀로 독　노래 부를 창

合　唱　　합창　여러 사람이 소리를 맞추어 노래함. 또는 그 노래.
합할 합　노래 부를 창

唱	唱	唱				

월명[月明]

– 月로 된 한자

🔍 **구조로 암기**

초승달을 본떠서 달 월, 육 달 월(月), 달 월, 육 달 월(月)
앞에 해 일, 날 일(日)이면 밝을 명(明)

8급

月 4획

초승달(🌙)을 본떠서 **달 월**
또 고기 육(肉)의 변형으로 보아서,
고기 육(肉)이 부수로 쓰일 때의 모양으로 **육 달 월**

👨‍🏫 **선생님의 한 말씀**

달은 둥글 때보다 이지러진 모양으로 더 많이 보이니 초승달의 모양을 본떠서 '달 월(月)'입니다.
또 고기 육(肉)이 글자의 왼쪽에 붙는 부수인 변으로 쓰일 때의 모양으로도 보는데, 이때는 '달
월'과 구분하여 '육 달 월'이라 부르지요. 왼쪽에 붙은 月은 대부분 '육 달 월'이에요.

明 月	명월	밝은 달.
밝을 명 　달 월		

望 月	망월	① 달을 바라봄.
바랄 망 　달 월		② 보름달(음력 보름날 밤에 뜨는 둥근 달).

月	月	月					

6급

日 8획

해(日)와 달(月)이 같이 뜬 것처럼 밝으니 **밝을 명**

失 明	실명	눈이 멀음. 시력을 잃음.
잃을 실 　밝을 명		

明 度	명도	색의 밝고 어두운 정도.
밝을 명 　정도 도		

明	明	明					

석다명[夕多名]

– 夕으로 된 한자

7급

夕 3획

초승달(月) 일부가 구름에 가려진(🌙 →) 모양을 본떠서 **저녁 석**

👨‍🏫 **선생님의 한 말씀**

어두워지는 저녁에 보이는 것은 초승달뿐인데 초승달을 본떠서는 이미 달 월(月)을 만들었으니, 초승달의 일부가 구름에 가려진 모양을 본떠서 '저녁 석(夕)'을 만든 것이죠. 초승달은 초저녁 서쪽 하늘에 잠깐 떴다가 지니까요.

夕 陽　석양 저물녘의 햇볕.
저녁 석　볕 양

夕	夕	夕				

6급

夕 6획

(세월이 빨라) 저녁(夕)과 저녁(夕)이 거듭되어 많으니 **많을 다**

多 讀　다독 많이 읽음.
많을 다　읽을 독

多 福　다복 복이 많음. 많은 복.
많을 다　복 복

多	多	多				

7급

口 6획

저녁(夕)에 보이지 않을 때 입(口)으로 부르는 이름이니 **이름 명**

또 이름이 널리 알려지도록 이름나니 **이름날 명**

名 品　**명품** 이름난 물품이나 작품.
이름날 명　물건 품

名	名	名				

각로격[各路格]

– 各으로 된 한자 1

(세상 만물의 이름이 각각 다르니) 이름 명(名)을 변형시켜 각각 각(各), 각각 각(各) 앞에 발 족, 넉넉할 족(足)의 변형(⻊)이면 길 로(路), 나무 목(木)이면 격식 격, 헤아릴 격(格)

6급

口 6획

(세상 만물의 이름이 각각 다르니) 이름 명(名)을 변형시켜 **각각 각**

各　各　　**각각** 따로따로. 제각각.
각각 각　각각 각

各　種　　**각종** 여러 가지의 종류.
각각 각　종류 종

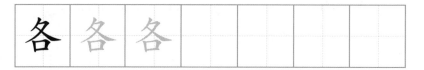

6급

足(⻊) 13획

발(⻊)로 각각(各) 걸어 다니는 길이니 **길 로(노)**

+ ⻊['발 족, 넉넉할 족(足)'의 변형으로 봄]

道　路　　**도로** 사람이나 차가 다닐 수 있게 만든 길.
길 도　길 로

車　路　　**차로** 차만 다니도록 만든 길.
차 차　길 로

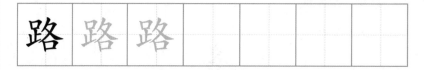

5급

木 10획

나무(木)로 각각(各)의 물건을 만드는 격식이니 **격식 격**

또 모두 격식에 맞게 헤아리니 **헤아릴 격**

格　式　　　　　　**격식** 격에 맞는 일정한 방식.
격식 격　법식 식

格　物　致　知　　**격물치지** 사물의 이치를 헤아려 지식을 완
헤아릴 격　물건 물　이룰 치　알 지　　　　전하게 함.

010

객락[客落]
– 各으로 된 한자 2

Day 01

🔍 **구조로 암기**

각각 각(各) 위에 집 면(宀)이면 손님 객(客), 앞에 삼 수 변(氵), 위에 초 두(艹)면 떨어질 락(落)

5급

宀 9획

집(宀)에 온 각각(各) 다른 손님이니 **손님 객**

👨‍🏫 **선생님의 한 말씀**

宀은 지붕을 본떠서 만든 글자로 '집 면'입니다.

客　觀　**객관** (자기와의 관계를 떠나) 손님의 입장에서 봄.
손님 객　볼 관

客　席　**객석** 손님의 자리.
손님 객　자리 석

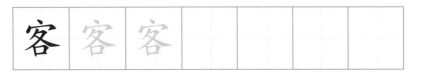

5급

草(艹) 13획

풀(艹)에 맺힌 물(氵)방울이 각각(各) 떨어지니 **떨어질 락(낙)**

👨‍🏫 **선생님의 한 말씀**

艹는 풀 초(草)가 부수로 쓰일 때의 모양으로 '초 두'입니다. 제목번호 046 草를 참고하세요.

落　心　**낙심** 바라던 일이 이루어지지 아니하여 마음이 상함.
떨어질 낙　마음 심

落　葉　**낙엽** 나뭇잎이 떨어짐. 또는 그 잎.
떨어질 낙　잎 엽

011 인입[人入]
– 人과 入

🔍 **구조로 암기**

다리 벌리고 서 있는 사람을 본떠서 사람 인(人), 사람
(人)이 머리 숙이고 들어가는 모양을 본떠서 들 입(入)

8급

人 2획

다리 벌리고 서 있는 사람을 본떠서 사람 **인**

> 🧑 **선생님의 한 말씀**
>
> 글자의 왼쪽에 붙는 부수인 변으로 쓰일 때는 '사람 인 변(亻)', 글자의 발 부분에 붙는 부수인
> 발로 쓰일 때는 '사람 인 발(儿)'이라고 하지요.

人	性	**인성** 사람의 성품.
사람 인	성품 성	
人	形	**인형** 사람이나 동물 모양으로 만든 장난감.
사람 인	모양 형	

7급

入 2획

사람(人)이 머리 숙이고 들어가는 모양을 본떠서 들 **입**

入	社	**입사** 회사 등에 취직하여 들어감.
들 입	모일 사	
入	門	**입문** 무엇을 배우는 길에 처음 들어섬.
들 입	문 문	

012

내전[內全]
– 入으로 된 한자

🔍 **구조로 암기**

들 입(入) 아래에 멀 경, 성 경(冂)이면 안 내(內), 임금 왕, 으뜸 왕, 구슬 옥 변(王)이면 온전할 전(全)

入 4획

성(冂)으로 들어(入)간 안이니 **안 내**

+ 冂(멀 경, 성 경) – 제목번호 179 참고

👨‍🏫 **선생님의 한 말씀**

內를 内로 쓰는 경우도 있는데, 사실 内는 內를 간단하고 알아보기 쉽게 쓴 '속자'입니다.
+ 속자(俗字) – 정자(正字)는 아니나 세간에서 많이 쓰는 글자.
+ 俗(저속할 속, 속세 속, 풍속 속), 字(글자 자), 正(바를 정)

國	內	국내 나라의 안.
나라 국	안 내	

市	內	시내 도시의 안. 또는 시의 구역 안.
시내 시	안 내	

入 6획

궁궐에 들어(入)가 왕(王)이 되면 모든 것이 갖추어져 온전하니
온전할 전

+ 王(임금 왕, 으뜸 왕, 구슬 옥 변) – 제목번호 060 참고

👨‍🏫 **선생님의 한 말씀**

全을 仝으로 쓰는 경우도 있는데. 仝은 全을 간단하고 알아보기 쉽게 쓴 '속자'입니다.

萬	全	만전 ① 조금도 허술함이 없이 아주 완전함.
많을 만	온전할 전	② 조금의 위험도 없이 아주 안전함.

全	面	전면 어떤 범위의 전체.
온전할 전	향할 면	

학년   반 성명:
....
공부한 날짜: 점수:

※ 다음 漢字의 訓(뜻)과 흡(소리)을 쓰세요.

01. 氷

02. 談

※ 다음 훈음에 맞는 漢字를 쓰세요.

03. 길 로

04. 각각 각

※ 다음 문장 중 漢字로 표기된 단어의 독음을 쓰세요.

05. 마치 <u>仙女</u>처럼 고운 얼굴이었다.

06. 바다에 가서 <u>海水浴</u>을 했다.

※ 다음 문장 중 밑줄 친 단어를 漢字로 쓰세요.

07. 부모님께 <u>조석</u>으로 문안을 드린다.

08. 이 말은 <u>영원</u>한 진리이다.

※ 다음 漢字語의 뜻을 쓰세요.

09. 獨唱

10. 格式

정답

01. 얼음 빙 02. 말씀 담 03. 路 04. 各 05. 선녀 06. 해수욕 07. 朝夕 08. 永遠 09. 혼자서 노래 부름.
10. 격에 맞는 일정한 방식.

대태[大太]
- 大로 된 한자 1

🔍 **구조로 암기**

사람 인(人)에 한 일(一)이면 큰 대(大), 큰 대(大) 아래에 점 주, 불똥 주(丶)면 클 태(太)

8급

大 3획

양팔 벌려(一) 사람(人)이 큼을 나타내어 **큰 대**

+ 一('한 일'이지만 여기서는 양팔 벌린 모양으로 봄)

| 大 | 量 | **大量** 많은 분량. |
| 큰 대 | 헤아릴 량 | |

| 大 | 卒 | **大卒** '대학교 졸업'을 줄여 쓴 말. |
| 큰 대 | 마칠 졸 | |

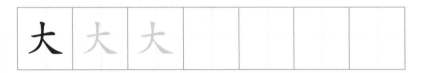

6급

太 4획

큰 대(大) 아래에 점(丶)을 찍어 더 큼을 나타내어 **클 태**

+ 丶 – 점을 본떠서 '점 주'
　 또 불이 타면서 튀는 불똥으로도 보아 '불똥 주'

| 太 | 初 | **太初** 하늘과 땅이 생겨난 맨 처음. |
| 클 태 | 처음 초 | |

| 太 | 陽 | **太陽** 태양계에서 스스로 빛을 내는 천체. |
| 클 태 | 볕 양 | |

014 천부[天夫]
- 大로 된 한자 2

🔍 **구조로 암기**

큰 대(大) 위에 한 일(一)이면 하늘 천(天), 위 중간에 한 일(一)이면 사내 부, 남편 부(夫)

大 4획

세상에서 제일(一) 큰(大) 것은 하늘이니 **하늘 천**

天	然	**천연** 사람의 힘을 가하지 않은 상태.
하늘 천	그러할 연	

天	運	**천운** ① 하늘이 정한 운명.
하늘 천	운수 운	② 매우 다행스러운 운수.

天	天	天				

大 4획

한(一) 가정을 거느릴 정도로 큰(大) 사내나 남편이니
사내 부, 남편 부

人	夫	**인부** 품삯을 받고 육체노동을 하는 사람.
사람 인	사내 부	

工	夫	**공부** 학문이나 기술을 닦는 일.
장인 공	사내 부	

夫	夫	夫				

015

목림휴[木林休]

– 木으로 된 한자 1

🔍 **구조로 암기**

가지 달린 나무를 본떠서 나무 목(木), 나무 목(木) 둘이면 수풀 림(林), 나무 목(木) 앞에 사람 인 변(亻)이면 쉴 휴(休)

8급

木 **4획**

가지 달린 나무를 본떠서 나무 목

木　材　　**목재** 나무로 된 재료.
나무 목　재목 재

土　木　　**토목** ① 흙과 나무.
흙 토　나무 목　　　　② 땅과 하천 등을 고쳐 만드는 공사.

木	木	木			

7급

木 **8획**

나무(木)와 나무(木)가 우거진 수풀이니 수풀 림(임)

育　林　　**육림** 나무를 심거나 씨를 뿌려 인공적으로 나무를 가꾸는 일.
기를 육　수풀 림

山　林　　**산림** 산의 수풀.
산 산　수풀 림

林	林	林			

7급

亻(亻) **6획**

사람(亻)이 나무(木) 옆에서 쉬니 쉴 휴

休　日　　**휴일** (일을 하지 아니
쉴 휴　날 일　　　하고) 쉬는 날.

休　戰　　**휴전** 하던 전쟁을 얼마
쉴 휴　싸울 전　　동안 쉼.

😊 선생님의 한 말씀

나무는 산소와 피톤치드가 많이 나와 건강에 좋답니다. 나무 옆에서 쉬면 녹색샤워를 한 셈이네요.

休	休	休			

본래[本來]
− 木으로 된 한자 2

6급

木 5획

나무 목(木) 아래, 즉 뿌리 부분에 일(一)을 그어 나무에서는 뿌리가 제일 중요한 근본임을 나타내어 **뿌리 본, 근본 본**

또 근본을 적어 놓은 책이니 **책 본**

> 😊😊 **선생님의 한 말씀**
>
> 나무는 뿌리가 튼튼해야 잘 자라니, 묘목을 고를 때도 뿌리가 성한 것을 골라야 하지요.

本	性	본성 근본의(본래의) 성품.
근본 본	성품 성	
原	本	원본 (베끼거나 고친 것에 대하여) 근본이 되는 서류나 책.
근원 원	책 본	

本	本	本					

7급

人 8획

나무(木) 밑으로 두 사람(人人)이 오니 **올 래(내)**

+ 역 來 − 한(一) 톨의 쌀(米)이라도 구하려고 오니 '올 래(내)'

來	日	내일 ① 오늘의 바로 다음 날.
올 내	날 일	② 다가올 앞날.
去	來	거래 ① 가고 옴.
갈 거	올 래	② 주고받음. 또는 사고 팖.

來	來	來					

017

말미[末未]

– 木 위에 길거나 짧은 ㅡ을 더한 한자

🔍 **구조로 암기**

나무 목(木) 위에 한 일(一)이 길면 끝 말(末), 짧으면 아닐 미, 아직 ~ 않을 미(未)

5급

木　5획

나무(木)의 긴 가지(一) 끝이니 끝 말

+ 一('한 일'이지만 여기서는 나뭇가지로 봄)

末　期　　**말기** (어떤 기간이나 일의) 끝 무렵.
끝 **말**　기약할 **기**

結　末　　**결말** 끝을 맺음. 또는 일을 맺는 끝.
맺을 **결**　끝 **말**

4급Ⅱ

木　5획

나무(木)의 짧은 가지(一)니, 아직 자라지 않았다는 데서

아닐 미, 아직 ~ 않을 미

👨‍🏫 **선생님의 한 말씀**

未는 아닐 불, 아닐 부(不)나 아닐 막(莫)처럼 강한 부정의 의미로 해석해서는 안 되고, 가능성을 두어 '아직 ~ 아니다'로 해석해야 합니다.

018

행척[行彳]
– 行과 彳

🔍 **구조로 암기**

사람이 다니며 일을 행하는 사거리를 본떠서 다닐 행, 행할 행(行), 다닐 행, 행할 행(行)의 왼쪽 부분이면 조금 걸을 척(彳)

行 6획

사람이 다니며 일을 행하는 사거리를 본떠서 **다닐 행, 행할 행**

| 同 | 行 | **동행** 길을 같이 감. |
| 한 가지 동 | 다닐 행 | |

| 行 | 事 | **행사** 어떤 일을 시행함. |
| 행할 행 | 일 사 | |

行	行	行					

彳 3획

사거리를 본떠서 만든 **다닐 행(行)**의 왼쪽 부분으로

조금 걸을 척

019 출술[朮術]
– 朮로 된 한자

특급 II

木 5획

여러 갈래로 뻗어 가는 삽주뿌리()를 본떠서 **삽주뿌리 출**

👓 **선생님의 한 말씀**

삽주는 뿌리를 한약재로 쓰는 국화과 풀의 한 종류입니다.

6급

行 11획

삽주뿌리(朮)처럼 여러 갈래로 뻗어 가는(行) 재주와 기술이니
재주 술, 기술 술

技　術　**기술** 말이나 일을 솜씨 있게 하는 재주.
재주 기　재주 술

美　術　**미술** (공간이나 시각적으로) 아름답게 꾸미는 재주.
아름다울 미　재주 술

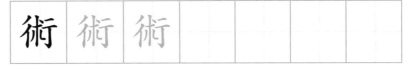

씨지민[氏紙民]

– 氏로 된 한자

4급

氏 4획

(사람의 씨족은 나무뿌리처럼 이어지니) 나무뿌리가 지상으로 나온 모양을 본떠서 **성 씨, 뿌리 씨**

또 사람을 부를 때 붙이는 **씨**

7급

糸 10획

나무의 섬유질 실(糸)이 나무**뿌리**(氏)처럼 엉겨서 만들어지는 종이니 **종이 지**

| 便
편할 편 | 紙
종이 지 | 편지 | 소식을 알리기 위해 쓴 글. |
| 韓
한국 한 | 紙
종이 지 | 한지 | 한국 전통의 제조법으로 만든 종이. |

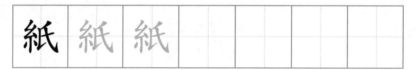

紙	紙	紙					

8급

氏 5획

모인(冖) 여러 씨(氏)족들로 이루어진 백성이니 **백성 민**

+ 冖('덮을 멱'이지만 여기서는 모여있는 모양으로 봄)

| 民
백성 민 | 間
사이 간 | 민간 | ① 일반 백성들 사이.
② 관청이나 정부 기관에 속하지 않음. |
| 民
백성 민 | 族
겨레 족 | 민족 | 오랜 세월 일정한 지역에서 함께 살아 독특한 언어 등을 가진 공동체. |

民	民	民					

속속[束速]
– 束으로 된 한자

5급

木　7획

나무(木)를 묶으니(口) 묶을 속

+ 口('입 구, 말할 구, 구멍 구'지만 여기서는 묶는 모양으로 봄)

結　束　　결속 (한 덩어리가 되게) 맺고 묶음.
맺을 결　묶을 속

約　束　　약속 '맺고 묶음'으로, 미리 정하여 두는 것.
맺을 약　묶을 속

6급

辵(辶)　11획

(신발끈을) 묶고(束) 뛰면(辶) 빠르니 빠를 속

👨‍🏫 **선생님의 한 말씀**

글자의 부수인 辶은 원래 辵(쉬엄쉬엄 갈 착)이 부수로 쓰일 때의 모양으로 辶 또는 辶으로 씁니다. 위에 점이 둘이면 아래를 한 번 구부리고, 위에 점이 하나면 아래를 두 번 구부리지요. 활자 문제로 둘 중 하나로 통일하지 못하고, 辶과 辶이 섞여 쓰였습니다.

速　力　　속력 빠른 힘. 빠르기.
빠를 속　힘 력

急　速　　급속 급하고 빠름.
급할 급　빠를 속

거(차)동[車東]
─ 車와 東

🔍 **구조로 암기**

수레 모양을 본떠서 수레 거, 차 차(車), 나무 목(木) 중간에 해 일, 날 일(日)이면 동쪽 동, 주인 동(東)

車 7획

수레 모양을 본떠서 **수레 거, 차 차**

👨‍🏫 **선생님의 한 말씀**

曰은 수레의 몸통을, Ⅰ은 세로축을, 一과 一은 각각 앞뒤축과 바퀴로 생각해 보세요.

停 車 場
머무를 정 수레 거 마당 장

정거장 버스나 열차가 일정하게 머무르도록 정하여진 장소.

馬 車
말 마 차 차

마차 말이 끄는 수레.

車	車	車					

木 8획

나무(木) 사이로 해(日)가 떠오르는 동쪽이니 **동쪽 동**
또 옛날에 동쪽에 앉았던 주인이니 **주인 동**

👨‍🏫 **선생님의 한 말씀**

옛날에는 신분에 따라 앉는 방향이 달라서 임금은 북쪽, 신하는 남쪽, 주인은 동쪽, 손님은 서쪽에 자리하고 앉았답니다.

東 洋
동쪽 동 큰 바다 양

동양 '동쪽의 큰 바다'로, 동쪽 아시아 일대. (중국과 인도의 문화권에 속하는 대부분의 아시아 지역)

東 問 西 答
동쪽 동 물을 문 서쪽 서 대답할 답

동문서답 '동쪽을 물으니 서쪽을 답함'으로, 물음과는 전혀 상관없는 엉뚱한 대답을 이르는 말.

東	東	東					

군운[軍運]
– 軍으로 된 한자

🔍 **구조로 암기**

수레 거, 차 채(車) 위에 덮을 멱(冖)이면 군사 군(軍),
군사 군(軍) 아래에 뛸 착, 갈 착(辶)이면 운전할 운, 옮길 운, 운수 운(運)

車   9획

덮어서(冖) 차(車)까지 위장한 군사니 **군사 군**

> 👨‍🏫 **선생님의 한 말씀**
>
> 冖은 무엇을 덮은 모양으로 '덮을 멱'입니다.

軍	士	**군사** 예전에, 군인이나 군대를 이르던 말.
군사 군	선비 사	

軍	事	**군사** (군대, 군비, 전쟁 등과 같은) 군에 관한 일.
군사 군	일 사	

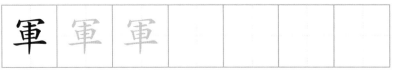

辵(辶)   13획

군사(軍)들이 갈(辶) 때는 차도 운전하여 옮기니

운전할 운, 옮길 운

또 삶을 옮기는 운수니 **운수 운**

運	動	**운동** ① 사람이 몸을 단련하거나 건강을 위하여 몸을 움직이는 일.
옮길 운	움직일 동	② 어떤 목적을 이루려고 힘쓰는 일. 또는 그런 활동.

運	命	**운명** 앞으로의 삶과 죽음이나 어떤 현상이 계속됨과 없어짐에 관하여 처하여 있는 형편.
운수 운	운명 명	

> 👨‍🏫 **선생님의 한 말씀**
>
> 제목번호 021에서 辶과 辶은 같은 뜻의 글자지만 활자 문제로 둘 중 하나로 통일하지 못하고 섞여 쓰였다고 말씀드렸지요. 여기서도 표제자와 단어에 달리 쓰였네요.

전전단[專傳團]
– 專으로 된 한자

🔍 구조로 암기

삼갈 전(叀) 아래에 마디 촌, 법도 촌(寸)이면 오로지 전, 마음대로 할 전(專), 오로지 전, 마음대로 할 전(專) 앞에 사람 인 변(亻)이면 전할 전, 이야기 전(傳), 에운담, 나라 국(囗)이면 둥글 단, 모일 단(團)

4급
寸 11획

삼가고(叀) 마디마디(寸) 살피며 오로지 하나에만 전념하니 **오로지 전**

또 오로지 자기 마음대로 하니 **마음대로 할 전**

+ 寸(마디 촌, 법도 촌) – 제목번호 084 참고

🧑‍🏫 선생님의 한 말씀

叀은 차(車)에 점(丶)찍는 일은 삼가니 '삼갈 전'입니다. 어원 해설을 위한 참고자로 실제 쓰이는 한자는 아닙니다.
+ 叀[수레 거, 차 차(車)의 변형으로 봄]

5급
人(亻) 13획

사람(亻)들은 오로지(專) 자기 뜻을 전하니 **전할 전**

또 전하는 이야기니 **이야기 전**

+ 약 伝 – 사람(亻)이 자기 뜻을 말하며 전하니 '전할 전'
또 전하는 이야기니 '이야기 전'

傳	來	전래 전해 옴.
전할 전	올 래	
傳	說	전설 전해 오는 이야기.
전할 전	말씀 설	

傳	傳	傳					

5급
囗 14획

에워싸(囗) 듯 오로지(專) 둥글게 모이니 **둥글 단, 모일 단**

+ 약 団 – 에워싼(囗) 듯 법도(寸)에 맞게 둥글게 모이니 '둥글 단, 모일 단'

團	合	단합 '둥글게 합침'으로, 많은 사람이 마음과 힘을 한데 뭉침.
모일 단	합할 합	
團	結	단결 '모여서 맺음'으로, 많은 사람이 한데 뭉침.
모일 단	맺을 결	

團	團	團					

Day 02

실력 체크 퀴즈
(013~024)

학년   반   성명:
....
공부한 날짜: 점수:

※ 다음 漢字의 訓(뜻)과 音(소리)을 쓰세요.

01. 末 ⬚

02. 束 ⬚

※ 다음 훈음에 맞는 漢字를 쓰세요.

03. 기술 술 ☐

04. 수풀 림 ☐

※ 다음 문장 중 漢字로 표기된 단어의 독음을 쓰세요.

05. 이 바위에는 **傳說**이 있다.   ☐☐

06. 대통령은 국민의 **團結**을 호소했다.   ☐☐

※ 다음 문장 중 밑줄 친 단어를 漢字로 쓰세요.

07. 사람은 **본성**을 속일 수 없다.   ☐☐

08. 말은 쉬워도 **행동**은 힘들다.   ☐☐

※ 다음 漢字語의 뜻을 쓰세요.

09. 太平 ⬚

10. 速讀 ⬚

📝 정답

01. 끝 말 02. 묶을 속 03. 術 04. 林 05. 전설 06. 단결 07. 本性 08. 行動 09. 크게 평화로움.
10. 빠른 속도로 읽음.

화미[禾米]
- 禾로 된 한자

3급

禾 5획

익어서 고개 숙인 벼()를 본떠서 **벼 화**

👨‍🏫 선생님의 한 말씀

벼는 모든 곡식을 대표하여 곡식과 관련된 여러 한자에 부수로도 쓰입니다.

6급

米 6획

벼(米)를 찧으면 알(丶)로 톡 튀어나오는 쌀이니 **쌀 미**

+ 米['벼 화(禾)'의 변형으로 봄], 丶('점 주, 불똥 주'지만 여기서는 쌀알로 봄)

米	飲	미음 쌀을 푹 끓여 마실 수 있게 만든 음식.
쌀 미	마실 음	

白	米	백미 흰쌀.
흰 백	쌀 미	

米	米	米					

변번[釆番]

– 釆으로 된 한자

Day
03

구조로 암기

쌀 미(米) 위에 삐침 별(ノ)이면 분별할 변, 나눌 변(釆),
분별할 변, 나눌 변(釆) 아래에 밭 전(田)이면 차례 번,
번지 번(番)

특급

釆 7획

분별하여(ノ) 품질대로 쌀(米)을 나누니 **분별할 변, 나눌 변**

+ ノ('삐침 별'이지만 여기서는 분별하는 모양으로 봄)

선생님의 한 말씀

농사를 지었던 옛날에는 쌀이 모든 물물 교환의 기준이었고 곡식의 대표였어요.

6급

田 12획

나눈(釆) 밭(田)에 차례로 붙인 번지니 **차례 번, 번지 번**

週　番　　**주번** 주일마다 번갈아 하는 근무나 역할. 또는 그런 사람.
주일 주　차례 번

順　番　　**순번** 차례대로 돌아가는 번.
차례 순　차례 번

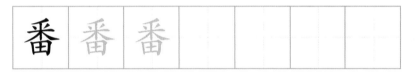

화리추[和利秋]
– 禾가 앞에 있는 한자

6급

口 8획

벼(禾) 같은 곡식을 나누어 입(口)으로 같이 먹으면 화목하고 화하니
화목할 **화**, 화할 **화**

平	和	**평화**	평화롭고 화목함.
평화 **평**	화목할 **화**		

調	和	**조화**	서로 잘 어울림.
어울릴 **조**	화할 **화**		

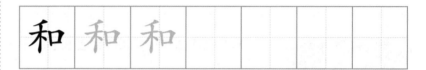

6급

刀(刂) 7획

벼(禾)를 낫(刂)으로 베어 수확하면 이로우니 이로울 **리(이)**

또 이로움에는 모두 날카로우니 날카로울 **리(이)**

+ 刂['칼 도(刀)'가 부수로 쓰일 때의 모양으로 여기서는 낫으로 봄]

利	己	心	**이기심** 자기 이익만을 꾀하는 마음.
이로울 **이**	자기 **기**	마음 **심**	

利	他	心	**이타심** 남을 위하거나 이롭게 하는 마음.
이로울 **이**	남 **타**	마음 **심**	

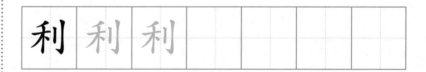

7급

禾 9획

벼(禾)가 불(火)처럼 붉게 익어 가는 가을이니 가을 **추**

秋	夕	**추석** 우리나라 명절의 하나. 8월 15일.
가을 **추**	저녁 **석**	

리(이) 계위[李 季委]

– 李와 禾로 된 한자

6급

木 7획

나무(木)에 열린 아들(子)처럼 귀한 오얏이니

오얏 **리(이)**, 성씨 **이**

+ 子(아들 자, 접미사 자) – 제목번호 162 참고

> 👓 **선생님의 한 말씀**
>
> 오얏은 '자두'의 옛말이지요. 옛날에는 자두가 매우 귀했었나봐요.

李 花   **이화** 자두나무의 꽃.
오얏 이 꽃 화

行 李   **행리** 여행할 때 쓰는 물건과 차림.
다닐 행 오얏 리

4급

子 8획

벼(禾)의 아들(子) 같은 열매가 맺는 줄기 끝이니 끝 계

또 (달력이 없었던 옛날에) 벼(禾)와 열매(子)가 익어감을 보고 짐작했던

계절이니 **계절 계**

> 👓 **선생님의 한 말씀**
>
> '끝 계(季)'는 주로 가족 관계에서 형제 중 '막내'를 가리킬 때 쓰고, 보통 말하는 끝은 '끝 종(終)'이나 '끝 말(末)'로 씁니다.

4급

女 8획

벼(禾) 같은 곡식을 여자(女)에게 맡기고 의지하니

맡길 **위**, 의지할 **위**

+ 女(여자 녀) – 제목번호 168 참고

> 👓 **선생님의 한 말씀**
>
> 옛날에는 살림을 모두 여자에게 맡겼었지요.

029

두과료[斗科料]
– 斗로 된 한자

🔍 구조로 암기

자루 달린 국자를 본떠서 국자 두(斗), 또 국자처럼 곡식을 퍼 올려 되는 말이니 말 두(斗), 국자 두, 말 두(斗) 앞에 벼 화(禾)면 조목 과, 과목 과(科), 쌀 미(米)면 헤아릴 료, 재료 료, 값 료(料)

4급II

斗   4획

자루 달린 국자를 본떠서 **국자 두**

또 국자처럼 곡식을 퍼 올려 되는 말이니 **말 두**

> 👨‍🏫 선생님의 한 말씀
>
> 지금은 물건의 양을 무게로 환산하여 그램(g)이나 킬로그램(kg)으로 표시하지만, 얼마 전까지만 해도 되(升 – 되 승)나 말(斗)에 곡식을 담아 헤아렸어요. 열 되가 한 말이고 한 말은 8kg이지요.

6급

禾   9획

벼(禾)의 양을 말(斗)로 헤아려 품질과 용도에 따라 나눈 조목이니
조목 과

또 지식을 조목조목 나누어 설명한 과목이니 **과목 과**

教　科　　**교과** 가르치는 과목.
가르칠 교 과목 과

科　擧　　**과거** 우리나라와 중국에서 관리를 뽑을 때 실시하던 시험.
과목 과 들 거

5급

斗   10획

쌀(米)의 양을 말(斗)로 헤아려 무엇을 만드는 재료로 쓰거나
값을 지불하니 헤아릴 **료(요)**, 재료 **료(요)**, 값 **료(요)**

思　料　　**사료** 생각하여 헤아림.
생각할 사 헤아릴 료

材　料　　**재료** 물건을 만드는 원료.
재목 재 재료 료

엄 력력[厂 曆歷]
－ 厂과 歷로 된 한자

🔍 **구조로 암기**

언덕에 바위가 튀어나와 그 밑이 굴처럼 생긴 굴 바위 모양을 본떠서 굴 바위 엄, 언덕 엄(厂), 굴 바위 엄, 언덕 엄(厂)과 벼 화(禾) 둘 아래에 해 일, 날 일(日)이면 책력 력(曆), 그칠 지(止)면 지낼 력, 책력 력, 겪을 력(歷)

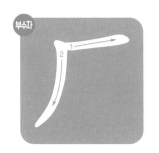

厂 **2획** · 부수자

언덕에 바위가 튀어나와 그 밑이 굴처럼 생긴 굴 바위 모양을 본떠서

굴 바위 **엄**, 언덕 **엄**

+ 비 广 – 굴 바위(厂)를 지붕 삼아 지은 바위 집 모양을 나타내어 '집 엄'

> 🧑‍🏫 **선생님의 한 말씀**
>
> 이 책에서 비는 한자 모양이 비슷한 한자를 소개하고 있습니다.
> 厂(굴 바위 엄, 언덕 엄)은 广(집 엄)과 그 형태가 비슷하네요.

日 **16획** · 3급Ⅱ

굴 바위(厂) 아래 벼들(禾禾)을 쌓아 놓고 날(日)을 보는 책력이니

책력 **력(역)**

> 🧑‍🏫 **선생님의 한 말씀**
>
> 책력(冊曆)은 천체를 측정하여 해와 달의 움직임과 절기를 적어 놓은 책을 말합니다. 오늘날의 달력과 비슷한 책이지요.

止 **16획** · 5급

굴 바위(厂) 밑에 벼(禾)와 벼(禾) 같은 곡식을 쌓아 놓고 그쳐(止) 겨울을 지내며 보는 책력이니 지낼 **력(역)**, 책력 **력(역)**

또 지내며 겪으니 겪을 **력(역)**

+ 止(그칠 지) – 제목번호 090 참고

歷 史	역사	지나온 일을 적어 놓은 것.
지날 역 역사 사		
歷 代	역대	대대로 이어 내려온 여러 대.
지날 역 세대 대		

031

일이삼[一二三]

- 숫자

🔍 구조로 암기

나무토막 하나면 한 일(一), 두 개면 둘 이(二), 세 개면 석 삼(三)

8급

一 1획

나무토막 하나를 옆으로 놓은 모양에서 한 **일**

一	念	**일념** 오직 한 가지 생각.
한 일	생각 념	

同	一	**동일** (다른 것과 비교하여) 똑같음.
같을 동	한 일	

8급

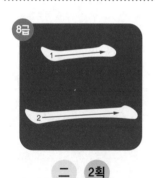

二 2획

나무토막 두 개를 옆으로 놓은 모양에서 둘 **이**

二	重	**이중** 두 겹. 또는 두 번 거듭되거나 겹침.
둘 이	거듭 중	

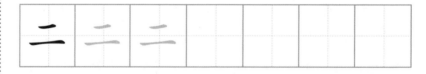

8급

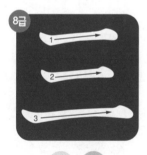

一 3획

나무토막 세 개를 옆으로 놓은 모양에서 석 **삼**

三	南	**삼남** 남쪽의 충청도·전라도·경상도를 함께 이르는 말.
석 삼	남쪽 남	

三	多	**삼다** 좋은 글을 짓는 데 필요한 세 가지 방법. 많이 읽고, 많이 짓고, 많이 생각하는 것을 말함.
석 삼	많을 다	

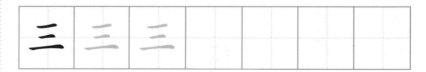

032

사오륙[四五六]

– 숫자

🔍 구조로 암기

에워싼 부분(口)을 사방으로 나누면(八) 넉 사(四), 열(十)을 둘(二)로 나누면(丨) 다섯 오(五), 하늘(亠) 아래 나누어지는(八) 방향이 동서남북상하의 여섯이니 여섯 륙(六)

8급

口　5획

에워싼(口) 부분을 사방으로 나누어(八) 넉 사

+ 口(에운담, 나라 국), 八 (여덟 팔, 나눌 팔)

四　角　形　　**사각형** 네 개의 각이 있는 모양.
넉 사　뿔 각　모양 형

8급

二　4획

열(十)을 둘(二)로 나눈(丨) 다섯이니 다섯 오

+ 丨('뚫을 곤'이지만 여기서는 나누는 모양으로 봄)

五　月　　**오월** 한 해 가운데 다섯째 달.
다섯 오　달 월

8급

八　4획

하늘(亠) 아래 나눠지는(八) 방향이 동서남북상하로 여섯이니 여섯 륙(육)

+ 亠('머리 부분 두'지만 여기서는 하늘로 봄)

선생님의 한 말씀

八은 '여덟 팔' 외에도 '나눌 팔'이라는 뜻도 있지요.

三　十　六　計　　**삼십육계** 서른여섯 가지의 꾀.
석 삼　열 십　여섯 육　꾀할 계

Day 03

칠팔[七八]

033

- 숫자

🔍 구조로 암기

하늘의 북두칠성 모양을 본떠서 일곱 칠(七), 두 손을 네 손가락씩 위로 펴거나 양쪽으로 잡아당겨 나누는 모양으로도 보아 여덟 팔, 나눌 팔(八)

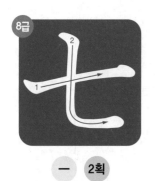

8급

一 2획

하늘(一)의 북두칠성 모양(ㄴ)을 본떠서 일곱 **칠**

+ 一('한 일'이지만 여기서는 하늘로 봄)

七	月	七	夕
일곱 **칠**	달 월	일곱 칠	저녁 석

칠월칠석 음력 칠월 초이렛날의 저녁. (은하의 서쪽에 있는 직녀와 동쪽에 있는 견우가 오작교에서 일 년에 한 번 만난다는 전설이 있음)

8급

八 2획

두 손을 네 손가락씩 위로 편( ) 모양에서 여덟 **팔**

또 양쪽으로 잡아당겨 나누는 모양으로도 보아 나눌 **팔**

八	字
여덟 팔	글자 자

팔자 사람의 한평생의 운수.

八	道
여덟 팔	길 도

팔도 ① 우리나라 전체를 이르는 말.
② 조선 시대에, 전국을 여덟 개로 나눈 행정 구역.

구십[九十]
– 숫자

Day 03

○ 구조로 암기

열 십, 많을 십(十)의 가로줄을 구부려 하나가 모자란 아홉을
나타내어 아홉 구(九), 또 아홉은 한 자리 숫자 중에서 제일
크고 많으니 클 구, 많을 구(九), 일(一)에 하나(丨)를 그어
한 묶음인 열을 나타내어 열 십, 많을 십(十)

8급

乙 2획

열 십, 많을 십(十)의 가로줄을 구부려 하나가 모자란 아홉이라는 데서
아홉 **구**

또 아홉은 한 자리 숫자 중에서 제일 크고 많으니 클 **구**, 많을 **구**

九　死　一　生
아홉 구　죽을 사　한 일　살 생

구사일생 '아홉 번 죽다가 한 번 살아남'으로,
여러 번 죽을 고비를 넘기고 간신
히 살아남.

十　中　八　九
열 십　가운데 중　여덟 팔　아홉 구

십중팔구 '열 가운데 여덟이나 아홉'으로,
거의 모두. 대부분.

九	九	九				

8급

十 2획

일(一)에 하나(丨)를 그어 한 묶음인 열(▦)을 나타내어 열 **십**

또 전체를 열로 보아 열이면 많다는 데서 많을 **십**

聞　一　知　十
들을 문　한 일　알 지　열 십

문일지십 '하나를 들으면 열 가지를 미루어
앎'으로, 아주 영리함을 이르는 말.

數　十
두어 수　열 십

수십 '십의 여러 배가 되는 수. 또는 그런
수의.

十	十	十				

035

공분반[公分半]

– 八로 된 한자

🔍 **구조로 암기**

여덟 팔, 나눌 팔(八) 아래에 사사로울 사, 나 새(厶)면 공평할 공, 대중 공, 귀공자 공(公), 칼 도(刀)면 나눌 분, 분별할 분, 분수 분(分), 둘 이(二)와 뚫을 곤(丨)이면 반 반(半)

6급

八 **4획**

나눔(八)에 사사로움(厶) 없이 공평하니 **공평할 공**

또 공평한 사람이 대중에게 통하고 귀공자니 **대중 공, 귀공자 공**

＋ 厶(사사로울 사, 나 사) – 제목번호 198 참고

公	正	**공정** 공평하고 올바름.
공평할 공	바를 정	

公	共	**공공** ① 여러 사람이 모여 힘을 함께 함.
대중 공	함께 공	② 공중. 사회 일반.

6급

刀 **4획**

여덟(八) 번이나 칼(刀)로 나누니 **나눌 분**

또 나누어 분별할 줄 아는 분수니 **분별할 분, 분수 분**

分	數	**분수** 주어진 자기의 처지. 제 신분에 알맞은 한도.
분수 분	셀 수	

6급

十 **5획**

나누어(八) 둘(二)로 가른(丨) 반이니 **반 반**

過	半	**과반** 반이 넘음. 반수 이상.
지날 과	반 반	

036

혈공창[穴空窓]

– 穴로 된 한자

🔍 **구조로 암기**

집 면(宀) 아래에 여덟 팔, 나눌 팔(八)이면 구멍 혈, 굴 혈(穴), 구멍 혈, 굴 혈(穴) 아래에 장인 공, 만들 공, 연장 공(工)이면 빌 공(空), 사사로울 사, 나 사(厶)와 마음 심, 중심 심(心)이면 창문 창(窓)

穴 5획

집(宀)에 나누어진(八) 구멍이니 **구멍 혈**

또 구멍이 길게 파인 굴이니 **굴 혈**

穴 8획

굴(穴)처럼 만들어(工) 속이 비니 **빌 공**

+ 工(장인 공, 만들 공, 연장 공) – 제목번호 252 참고

空　間　**공간** 아무것도 없는 빈 곳.
빌 공　사이 간

空　白　**공백** 아무 것도 없이 비어 깨끗함.
빌 공　깨끗할 백

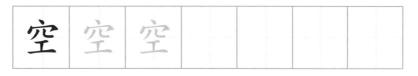

穴 11획

구멍(穴)처럼 사사로운(厶) 마음(心)으로 벽에 뚫어 만든 창문이니 **창문 창**

窓　門　**창문** 벽이나 지붕에 낸 작은 문.
창문 창　문 문

車　窓　**차창** 차의 창문.
차 차　창문 창

실력 체크 퀴즈
(025~036)

Day
03

학년   반   성명:
....
공부한 날짜: 점수:

※ 다음 漢字의 訓(뜻)과 音(소리)을 쓰세요.

01. 窓 〔   〕

02. 和 〔   〕

※ 다음 훈음에 맞는 漢字를 쓰세요.

03. 이로울 리 〔   〕

04. 공평할 공 〔   〕

※ 다음 문장 중 漢字로 표기된 단어의 독음을 쓰세요.

05. <u>材料</u>가 부족하여 공장에서 물건을 만들지 못하고 있다. 〔 〕〔 〕

06. 이순신 장군은 <u>歷史</u>에 길이 남을 위인이다. 〔 〕〔 〕

※ 다음 문장 중 밑줄 친 단어를 漢字로 쓰세요.

07. 학생 <u>신분</u>에 맞는 행동을 하자. 〔 〕〔 〕

08. 좋은 것은 다 가지려는 동생의 <u>이기심</u>에 화가 났다. 〔 〕〔 〕

※ 다음 漢字語의 뜻을 쓰세요.

09. 白米 〔   〕

10. 番地 〔   〕

📝 정답

01. 창문 창 02. 화목할 화 03. 利 04. 公 05. 재료 06. 역사 07. 身分 08. 利己心 09. 흰쌀.
10. 땅을 나누어서 매겨 놓은 번호.

정형한[井形寒]
– 井으로 된 한자

🔍 구조로 암기

나무로 엇갈리게 쌓아 만든 우물이나 우물틀 모양을 본떠서 우물 정, 우물틀 정(井), 우물 정, 우물틀 정(井)의 변형(开) 뒤에 터럭 삼, 긴머리 삼(彡)이면 모양 형(形), 우물 정, 우물틀 정(井) 위에 집 면(宀), 아래에 한 일(一)과 여덟 팔, 나눌 팔(八)과 이 수 변(冫)이면 찰 한(寒)

3급 Ⅱ

二 4획

나무로 엇갈리게 쌓아 만든 우물이나 우물틀(🪣) 모양을 본떠서

우물 정, 우물틀 정

> **선생님의 한 말씀**
>
> 옛날에는 우물을 파고 흙이 메워지지 않도록 통나무를 井자 모양으로 쌓아 올렸답니다.

6급

彡 7획

우물(开)에 머리털(彡)이 비친 모양이니 **모양 형**

+ 开['우물 정, 우물틀 정(井)'의 변형으로 봄], 彡(터럭 삼, 긴머리 삼)

> **선생님의 한 말씀**
>
> 거울이 없던 옛날에는 우물에 자기 모습을 비춰 보기도 했지요.

成	形	성형	① 일정한 형체를 만듦.
이룰 성	모양 형		② 신체의 어떤 부분을 고치거나 만듦.

形	形	形				

5급

宀 12획

집(宀) 우물(井) 하나(一)에서 나뉘어(八) 나온 물이 얼음(冫)처럼 차니 **찰 한**

+ 冫 – '얼음 빙(氷)'이 부수로 쓰일 때의 모양으로 '이 수 변'

寒	氣	한기	찬 기운. 추위.
찰 한	기운 기		

寒	害	한해	심한 추위로 입는 해.
찰 한	해칠 해		

寒	寒	寒				

038

권승[夫勝]

− 夫으로 된 한자

🔍 구조로 암기

여덟 팔, 나눌 팔(八) 아래에 사내 부, 남편 부(夫)면 구부릴 권(夫), 구부릴 권(夫) 아래에 힘 력(力), 앞에 달 월, 육 달 월(月)이면 이길 승, 나을 승(勝)

참고자

12획

팔(八)자 걸음으로 사내(夫)가 걸으며 구부정하게 구부리니

구부릴 권

👨‍🏫 선생님의 한 말씀

어원 풀이를 위한 참고자로 실제 쓰이는 한자는 아닙니다.

6급

力 | 12획

몸(月) 구부려(夫) 힘(力)써 이기니 이길 승

또 이기면 뭔가 나오니 나을 승

必　　勝　　필승 반드시 이김.
반드시 필　이길 승

勝　　景　　승경 뛰어나게 좋은 경치.
나을 승　경치 경

勝	勝	勝					

소소불(부)[小少不]

– 小로 된 한자

8급

小 3획

하나(丨)를 나누어(八) 작으니 **작을 소**

最　小　**최소** (수나 정도 등이) 가장 작음.
가장 **최**　작을 **소**

7급

小 4획

작은(小) 것이 또 떨어져 나가(丿) 적으니 **적을 소**

또 나이가 적어 젊으니 **젊을 소**

+ 丿('삐침 별'이지만 여기서는 떨어져 나가는 모양으로 봄)

少　數　　　**소수** 적은 수효.
적을 **소**　셀 **수**

青　少　年　**청소년** 청년과 소년의 총칭. 10대의 남녀를 말함.
젊을 **청**　젊을 **소**　나이 **년**

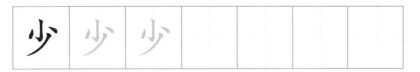

7급

一 4획

하나(一)의 작은(小) 잘못도 해서는 아니 되니 **아닐 불, 아닐 부**

 선생님의 한 말씀

아닐 불, 아닐 부(不)는 'ㄷ, ㅈ'으로 시작하는 글자 앞에서는 '부'로 발음합니다.

不　平　**불평** ① 마음에 들거나 차지 않아 못마땅히 여김.
아닐 **불**　평평할 **평**　② 못마땅한 것을 겉으로 나타냄.

不　當　**부당** 마땅하지(이치에 맞지) 않음.
아닐 **부**　마땅할 **당**

소(초)소 [肖消]

– 肖로 된 한자

3급II

肉(月) 7획

작은(小) 몸(月)이니 작을 **소**

또 작아도(小) 몸(月)은 부모를 닮으니 닮을 **초**

6급

水(氵) 10획

물(氵)로 작아지게(肖) 끄거나 삭이니 끌 **소**, 삭일 **소**

또 열정을 삭이고 물러서니 물러설 **소**

消 끌 소	日 해 일	소일 하는 일 없이 세월을 보냄.
消 삭일 소	費 쓸 비	소비 돈이나 물자, 시간, 노력 등을 들이거나 써서 없앰.

消	消	消				

041

묘성(생)[妙省]
– 少로 된 한자

🔍 **구조로 암기**

적을 소, 젊을 소(少) 앞에 여자 녀(女)면 묘할 묘, 예쁠 묘(妙), 아래에 눈 목, 볼 목, 항목 목(目)이면 살필 성, 줄일 생(省)

4급

女 7획

여자(女)가 젊으면(少) 묘하고 예쁘니 **묘할 묘, 예쁠 묘**

6급

目 9획

적은(少) 것까지 눈(目)여겨 살피니 **살필 성**

또 사물을 적게(少) 보며(目) 줄이니 **줄일 생**

＋目(눈 목, 볼 목, 항목 목) – 제목번호 011 참고

反　省　　반성 (스스로) 돌이켜 살핌.
거꾸로 **반**　살필 **성**

省　力　　생력 힘이나 수고를 덞.
줄일 **생**　힘 **력**

지기[支技]

– 支로 된 한자

🔍 구조로 암기

열 십, 많을 십(十) 아래에 오른손 우, 또 우(又)면 다룰 지, 가를 지, 지출할 지(支), 다룰 지, 가를 지, 지출할 지(支) 앞에 손 수 변(扌)이면 재주 기(技)

4급Ⅱ

支 4획

많은(十) 것을 손(又)으로 다루고 가르니 다룰 **지**, 가를 **지**

또 갈라 지출하니 지출할 **지**

선생님의 한 말씀

支는 攴(칠 복 = 攵)과 모양이 비슷하지만 엄연히 다른 한자로 제목번호 267을 참고하세요.

5급

手(扌) 7획

손(扌)으로 다루는(支) 재주니 재주 **기**

+ 扌 – 손 수, 재주 수, 재주 있는 사람 수(手)가 글자의 앞에 붙는 부수인 변으로 쓰일 때의 모양으로 '손 수 변'

競　技　경기 (일정한 규칙 아래) 기술을 겨룸.
겨룰 경　재주 기

特　技　특기 특별한 재주.
특별할 특　재주 기

技	技	技				

043 계졸[計卒]
– 十으로 된 한자

🔍 **구조로 암기**

열 십, 많을 십(十) 앞에 말씀 언(言)이면 셀 계, 꾀할 계 (計), 위에 머리 부분 두(亠)와 사람 인(人) 둘이면 졸병 졸, 갑자기 졸, 죽을 졸, 마칠 졸(卒)

6급

言 9획

말(言)로 많이(十) 셈하고 꾀하니 셀 **계**, 꾀할 **계**

計	數	계수 수효를 헤아림.
셀 계	셀 수	

合	計	합계 모두 합친 총계.
합할 합	셀 계	

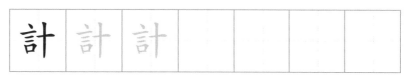

5급

十 8획

우두머리(亠) 밑에 모인 사람들(人人)의 많은(十) 무리는 졸병이니 졸병 **졸**

또 졸병은 전쟁에서 앞장서야하기 때문에 갑자기 죽어 생을 마치니
갑자기 **졸**, 죽을 **졸**, 마칠 **졸**

+ 열 卒 – 많고(九) 많은(十) 졸병이니 '졸병 졸'
　　또 졸병은 전쟁에서 앞장서야하기 때문에 갑자기 죽어 생을 마치니
　　'갑자기 졸, 죽을 졸, 마칠 졸'
+ 亠(머리 부분 두) – 제목번호 148 市의 주 참고

卒	兵	졸병 지위가 낮은 병사.
졸병 졸	군사 병	

卒	業	졸업 '일을 마침'으로 학업 과정을 마침.
마칠 졸	일 업	

고고고[古苦固]

– 古로 된 한자

6급

口 **5획**

많은(十) 사람의 입에 오르내린 말(口)은 이미 오래된 옛날이야기니

오랠 고, 옛 고

東	西	古	今
동쪽 동	서쪽 서	옛 고	이제 금

동서고금 '동양이나 서양이나 예나 지금이나'로, 언제 어디서나.

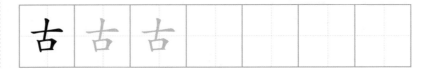

6급

草(艹) **9획**

풀(艹) 같은 나물도 오래(古) 자라면 쇠어서 쓰니 **쓸 고**

또 맛이 쓰면 먹기에 괴로우니 **괴로울 고**

✚ 쇠다 – 채소가 너무 자라서 잎이 뻣뻣하고 억세게 되다.

苦	生
괴로울 고	살 생

고생 어렵고 괴롭고 가난한 생활.

苦	心
괴로울 고	마음 심

고심 마음과 힘을 다함.

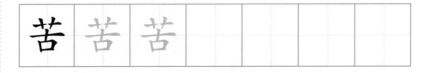

5급

口 **8획**

에워싸(口) 오래(古) 두면 굳으니 **굳을 고**

또 굳어서 진실로 변치 않으니 **진실로 고**

固	定
굳을 고	정할 정

고정 '굳게 정함'으로, 한곳에 꼭 붙어 있거나 박혀 있음.

固	體
굳을 고	몸 체

고체 일정한 모양과 부피가 있으며 쉽게 변형되지 않는 물질의 상태.

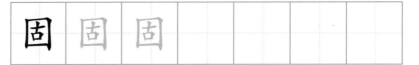

045

호호[胡湖]

– 胡로 된 한자

🔍 **구조로 암기**

오랠 고, 옛 고(古) 뒤에 달 월, 육 달 월(月)이면 오랑캐 호(胡),
오랑캐 호(胡) 앞에 삼 수 변(氵)이면 호수 호(湖)

3급Ⅱ

肉(月) 9획

오래된(古) 고기(月)도 즐겨 먹었던 오랑캐니 **오랑캐 호**

+ 月이 여기서는 '육 달 월'로 고기의 뜻이네요. 글자의 뒤에 붙는 月은 대부분 '육 달 월'입니다.

> 😊 **선생님의 한 말씀**
>
> 중국의 변두리에 살던 오랑캐들은 오래된 고기도 즐겨먹었다는 데서 유래된 한자로, 미개한 종족이라는 뜻으로 멸시하여 이르는 말로도 쓰입니다. 우리말의 욕설 중에 '배운 것 없이 막되게 자라 버릇이 없는 사람'을 가리키는 '후레자식'이라는 말도 '호리(胡吏)자식'에서 온 말이지요.

5급

水(氵) 12획

물(氵)이 오랜(古) 세월(月) 고여 있는 호수니 **호수 호**

湖	水		
호수 호	물 수	호수	땅이 우묵하게 들어가 물이 괴어 있는 곳.

江	湖		
강 강	호수 호	강호	① 강과 호수. ② 세상을 비유적으로 이르는 말.

Day 04

046

조초탁[早草卓]

- 早로 된 한자

🔍 **구조로 암기**

해 일, 날 일(日) 아래에 한 일(一)과 뚫을 곤(丨)이면 일찍 조(早), 일찍 조(早) 위에 초 두(艹)면 풀 초(草), 점 복(卜)이면 높을 탁, 뛰어날 탁, 탁자 탁(卓)

4급Ⅱ

日 6획

해(日)가 지평선(一) 위로 떠오르는(丨) 아침 일찍이니 **일찍 조**

7급

草(艹) 10획

(대부분의) 풀(艹)은 이른(早) 봄에 돋아나니 **풀 초**

👨‍🏫 **선생님의 한 말씀**

부수로 쓰일 때는 艹의 형태로, 대부분 글자의 머리 부분에 쓰이니 머리 두(頭)를 붙여 '초 두'라 부릅니다.

草	案	**초안** 문장이나 시 등을 초잡음.
풀 초	계획 안	

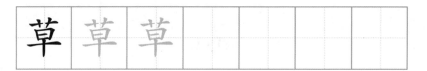

5급

十 8획

점(卜)치듯 미리 생각하여 일찍(早)부터 일하면 높고 뛰어나니
높을 탁, 뛰어날 탁

또 높게 만든 탁자니 **탁자 탁**

➕ 卜(점 복) – 제목번호 087 참고

卓	見	**탁견** 뛰어난 의견이나 견해.
뛰어날 탁	볼 견	
食	卓	**식탁** 음식을 차려놓고 둘러앉아 먹게 만든 탁자.
먹을 식	탁자 탁	

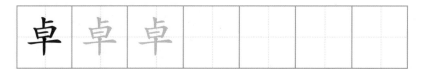

047

백 백숙[白 百宿]

– 白과 百으로 된 한자

구조로 암기

삐침 별(丿) 아래에 해 일, 날 일(日)이면 흰 백, 밝을 백, 깨끗할 백, 아뢸 백(白), 위에 한 일(一)이면 일백 백, 많을 백(百), 일백 백, 많을 백(百) 앞에 사람 인 변(亻), 위에 집 면(宀)이면 잘 숙, 오랠 숙(宿)

8급

白 5획

빛나는(丿) 해(日)처럼 희고 밝으니 **흰 백, 밝을 백**

또 흰색처럼 깨끗하니 **깨끗할 백**

또 깨끗하게 분명히 아뢰니 **아뢸 백**

明 白	**명백** '밝고 밝음'으로, (의심할 바 없이) 아주 뚜렷함.
밝을 명　밝을 백	

告 白	**고백** (숨김없이 사실대로) 알림.
알릴 고　아뢸 백	

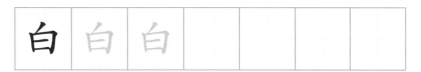

7급

白 6획

하나(一)에서 시작하여 아뢰듯(白) 소리치는 단위는 일백이니 **일백 백**

또 일백이면 많으니 **많을 백**

百 害	**백해** 온갖 해로운 일.
많을 백　해칠 해	

5급

宀 11획

집(宀)에 사람(亻)이 많이(百) 묵으며 자니 **잘 숙**

또 자는 것처럼 오래 머무르니 **오랠 숙**

宿 願	**숙원** 오랫동안 품어 온 소원.
오랠 숙　원할 원	

천선[泉線]
– 泉으로 된 한자

4급

水 9획

깨끗한(白) 물(水)이 나오는 샘이니 **샘 천**

6급

糸 15획

실(糸)이 샘(泉)의 물줄기처럼 길게 이어지는 줄이니 **줄 선**

等	高	線	등고선	지도에서 해발 고도가 같은 지점을 연결한 곡선.
같을 등	높을 고	줄 선		
曲	線		곡선	구부러진 선.
굽을 곡	줄 선			

線	線	線					

학년   반   성명:

공부한 날짜: 점수:

※ 다음 漢字의 訓(뜻)과 音(소리)을 쓰세요.

01. 寒 〔   〕

02. 技 〔   〕

※ 다음 훈음에 맞는 漢字를 쓰세요.

03. 살필 성 〔   〕

04. 이길 승 〔   〕

※ 다음 문장 중 漢字로 표기된 단어의 독음을 쓰세요.

05. 중학교를 卒業한다. 〔 〕〔 〕

06. 물을 얼리면 액체가 固體가 된다. 〔 〕〔 〕

※ 다음 문장 중 밑줄 친 단어를 漢字로 쓰세요.

07. 직선거리로는 20분 거리지만 실제로는 1시간이나 걸린다. 〔 〕〔 〕

08. 이 부부는 평생 고락을 함께했다. 〔 〕〔 〕

※ 다음 漢字語의 뜻을 쓰세요.

09. 食卓 〔   〕

10. 宿食 〔   〕

정답

01. 찰 한 02. 재주 기 03. 省 04. 勝 05. 졸업 06. 고체 07. 直線 08. 苦樂 09. 음식을 차려놓고 둘러앉아 먹게 만든 탁자. 10. 자고 먹음.

厂 10획

바위(厂) 밑에 샘(泉)도 있는 언덕이니 **언덕 원**

또 바위(厂) 밑에 샘(泉)이 물줄기의 근원이니 **근원 원**

+ 厂(굴 바위 엄, 언덕 엄), 泉['샘 천(泉)'의 변형으로 봄]

草 原	초원 풀이 나 있는 언덕(들판).
풀 초 언덕 원	
原 價	원가 생산하는 데 들어간 값. 생산가.
근원 원 값 가	
原 因	원인 어떤 일의 근본이 되는 까닭.
근원 원 말미암을 인	

頁 19획

근원(原)적으로 머릿(頁)속은 잘 되기를 원하니 **원할 원**

+ 頁(머리 혈) – 제목번호 134 참고

所 願	소원 원하는 바.
바 소 원할 원	
念 願	염원 (마음에 간절히) 생각하고 기원함. 또는 그런 것.
생각 염 원할 원	

050 천우간[千于干]
– 千과 비슷한 한자

🔍 구조로 암기

무엇을 강조하는 삐침 별(丿)을 열 십, 많을 십(十) 위에 찍어서 일천 천, 많을 천(千), 입술(二)에서 입김이 나오도록(亅) 말하는 어조사니 어조사 우(于), 손잡이 있는 방패를 본떠서 방패 간, 범할 간, 얼마 간, 마를 간(干)

7급

十 3획

무엇을 강조하는 **삐침 별(丿)을** 열 십, 많을 십(十) 위에 찍어서

일천 천, 많을 천

> 👨‍🏫 **선생님의 한 말씀**
>
> 한자에서는 삐침 별(丿)이나 점 주, 불똥 주(丶)로 무엇이나 어느 부분을 강조합니다.

數　千　　　　**수천** 천의 여러 배가 되는 수. 또는 그런 수의.
두어 수　일천 천

千　里　馬　　**천리마** 하루에 천 리를 달릴 수 있을 정도로 좋은 말.
일천 천　마을 리　말 마

3급

二 3획

입술(二)에서 입김이 나오도록(亅) 말하는 어조사니 **어조사 우**

+ 二('둘 이'지만 여기서는 입술 모양으로 봄), 亅('갈고리 궐'이지만 여기서는 입김이 나오는 모양으로 봄)
+ 어조사 – 뜻 없이 말에 힘만 더해 주는 말.

4급

干 3획

손잡이 있는 방패를 본떠서 방패 간
또 방패로 무엇을 범하면 얼마간 정도 마르니

범할 간, 얼마 간, 마를 간

탁택(댁)[乇宅]

– 乇으로 된 한자

급외자

丿 3획

[천(千) 번이나 굽실거리며 부탁한다는 데서]

일천 천, 많을 천(千)을 굽혀서 **부탁할 탁**, 의탁할 **탁**

5급

宀 6획

지붕(宀) 아래 **의탁하여**(乇) 사는 집이니 집 **택**, 집 **댁**

👨‍🏫 **선생님의 한 말씀**

'댁'은 남의 집을 높여 이르는 말입니다.

宅	地	**택지** 집을 지을 땅.
집 택	땅 지	
住	宅	**주택** 사람이 살 수 있도록 지은 집.
살 주	집 택	

宅	宅	宅					

052

우건고[牛件告]
– 牛로 된 한자

🔍 **구조로 암기**

뿔 있는 소를 본떠서 소 우(牛), 소 우(牛) 앞에 사람 인 변(亻)이면 물건 건, 사건 건(件), 소 우(牛)의 변형(牛) 아래에 입 구, 말할 구, 구멍 구(口)면 알릴 고(告)

牛 4획

뿔 있는 소를 본떠서 **소 우**

韓	牛	
한국 한	소 우	한우 한국 고유의 소 품종.

人(亻) 6획

사람(亻)이 소(牛)를 팔아 사는 물건이니 **물건 건**

또 사람(亻)이 소(牛)에 받친 사건이니 **사건 건**

👨‍🏫 **선생님의 한 말씀**

옛날 농경 시대에는 소로 논밭을 갈고 짐을 날랐으니, 소가 중요한 물건이었지요.

物	件	
물건 물	물건 건	물건 (자연적으로나 인공적으로 되어) 존재하는 모든 유형의 것.

事	件	
일 사	사건 건	사건 ① 사회적으로 문제를 일으키거나 주목을 받을 만한 뜻밖의 일. ② 수사·기소·재판 등 사법 작용의 대상이 되는 일.

口 7획

소(牛)를 잡아 차려 놓고 입(口)으로 알리니 **알릴 고**

告	發	
알릴 고	쏠 발	고발 세상에 잘 알려지지 않은 잘못이나 비리 등을 드러내어 알림.

선세[先洗]

– 先으로 된 한자

8급

人(儿) 6획

(소를 몰 때) 소(⺧)는 사람(儿) 앞에 서서 먼저 가니 **먼저 선**

✚ ⺧['소 우(牛)'의 변형으로 봄], 儿(사람 인 발)

👨‍🏫 선생님의 한 말씀

소를 몰 때는 소를 앞에 세우지요.

| 先 先저 선 | 史 역사 사 | 선사 | 역사가 있기 이전. |
| 先 先저 선 | 金 돈 금 | 선금 | 무엇을 사거나 세낼 때에 먼저 치르는 돈. |

先	先	先					

5급

水(氵) 9획

물(氵)로 먼저(先) 씻으니 **씻을 세**

| 洗 씻을 세 | 手 손 수 | 세수 | 손(낯)을 씻음. |
| 洗 씻을 세 | 車 차 차 | 세차 | 차를 씻음. |

洗	洗	洗					

오허년[午許年]

– 午로 된 한자

구조로 암기

방패 간, 범할 간, 얼마 간, 마를 간(干) 왼쪽 위에 삐침 별(丿) 이면 말 오, 낮 오(午), 말 오, 낮 오(午) 앞에 말씀 언(言)이면 허락할 허(許), 사이에 감출 혜(匸)의 변형(一)이면 해 년, 나이 년(年)

7급

十　4획

방패 간, 범할 간, 얼마 간, 마를 간(干) 위에 **삐침 별(丿)**을 그어 전쟁에서 중요한 동물이 말임을 나타내어 **말 오**

또 방패(干)에 비치는 햇빛이 거꾸로 **기울기(丿)** 시작하는 낮이니 **낮 오**

午	後	오후 낮 열두 시부터 밤 열두 시까지의 시간.
낮 오	뒤 후	

5급

言　11획

남의 말(言)을 듣고 대낮(午)처럼 분명히 허락하니 **허락할 허**

許	可	허가 (금지, 제한되어 있는 것을) 할 수 있도록 허락함.
허락할 허	허락할 가	

特	許	특허 특별히 허락함.
특별할 특	허락할 허	

8급

干　6획

낮(午)이 숨은(一) 듯 오고 가고 하여 해가 바뀌고 먹는 나이니 **해 년(연), 나이 년(연)**

成	年	성년 법정 대리인의 동의 없이 법률 행위를 행사할 수 있는 나이.
이룰 성	나이 년	만 19세 이상.

Day 05

평평[平評]
– 平으로 된 한자

7급

干 | 5획

방패(干)의 나누어진(八) 면처럼 평평하니 **평평할 평**

또 평평하듯 아무 일 없는 평화니 **평화 평**

平	生	**평생** 사람이 삶을 사는 내내의 동안.
평평할 **평**	살 생	

平	安	**평안** ① 무사히 잘 있음.
평화 **평**	편안할 안	② 무사하여 걱정이 없음.

平	平	平				

4급

言 | 12획

말(言)로 공평하게(平) 평하니 **평할 평**

> 👨‍🏫 **선생님의 한 말씀**
>
> '평(評)하다'는 좋고 나쁨이나 잘되고 못됨, 옳고 그름 등을 분석하여 논하는 일을 말합니다.

056

토 사 사 [土 士 仕]
– 土와 士로 된 한자

🔍 **구조로 암기**

열 십, 많을 십(十) 아래에 한 일(一)을 길게 쓰면 흙 토 (土), 짧게 쓰면 선비 사(士), 앞에 사람 인 변(亻)이면 섬길 사(仕)

8급

土 3획

많이(十) 땅(一)에 있는 흙이니 흙 土

土	種	**토종**	① 본디부터 그 곳에서 나는 종자.
흙 토	종류 종		② 대대로 그 땅에서 나서 오래도록 살아 내려오는 사람.

5급

士 3획

열(十)까지 하나(一)를 배우면 아는 선비니 선비 士

👨‍🏫 **선생님의 한 말씀**

열까지 안다는 데서 열 십, 많을 십(十)을 크게 쓴 글자는 '선비 사(士)', 넓은 땅을 나타내기 위하여 아래 한 일(一)을 넓게 쓴 글자는 '흙 토(土)'로 구분하세요.

士	大	夫	**사대부**	① 문벌이 높은 사람.
선비 사	큰 대	사내 부		② 양반을 일반 평민에 대하여 일컫는 말.

士	農	工	商	**사농공상**	선비·농부·공장·상인의 네 신분을 아울러 이르던 말.
선비 사	농사 농	장인 공	장사 상		

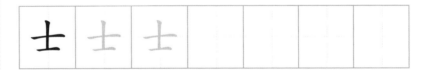

5급

仕(亻) 5획

사람(亻)이 선비(士)처럼 벼슬하여 백성을 섬기니 섬길 仕

奉	仕	**봉사**	국가나 사회, 또는 남을 위하여 자신을 돌보지 않고 애씀.
받들 봉	섬길 사		

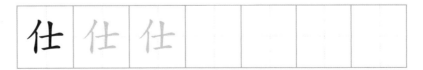

057 길수[吉樹]
– 吉로 된 한자

🔍 **구조로 암기**

선비 새(士) 아래에 입 구, 말할 구, 구멍 구(口)면 길할 길, 상서로울 길(吉), 길할 길, 상서로울 길(吉) 아래에 받들 공(廾)의 변형(ㅛ), 앞에 나무 목(木), 뒤에 마디 촌, 법도 촌(寸)이면 세울 수, 나무 수(樹)

5급

口 6획

선비(士)의 말(口)처럼 길하고 상서로우니

길할 **길**, 상서로울 **길**

👨 **선생님의 한 말씀**

'길하다'는 운이 좋거나 일이 상서롭다는 뜻이고, '상서롭다'는 복되고 좋은 일이 있을 듯하다는 뜻입니다.

吉	運	길운 길한(좋은) 운수.
길할 길	운수 운	

吉	凶	길흉 좋은 일과 언짢은 일.
길할 길	흉할 흉	

吉	吉	吉					

6급

木 16획

나무(木)를 좋게(吉) 받쳐(ㅛ) 법도(寸)에 맞게 세우니 세울 **수**

또 세워 심는 나무니 나무 **수**

植	樹	식수 나무를 심음.
심을 식	세울 수	

有	實	樹	유실수 열매가 있는(열리는) 나무.
있을 유	열매 실	나무 수	

樹	樹	樹					

058 생성[生性]

– 生으로 된 한자 1

🔍 **구조로 암기**

사람 인(人)의 변형(ㅓ) 아래에 흙 토(土)면 날 생, 살 생, 사람을 부를 때 쓰는 접사 생(生), 날 생, 살 생, 사람을 부를 때 쓰는 접사 생(生) 앞에 마음 심 변(忄)이면 성품 성, 바탕 성, 성별 성(性)

8급

生 5획

사람(ㅓ)이 흙(土)에 나서 사니 날 生, 살 生,

사람을 부를 때 쓰는 접사 生

+ ㅓ['사람 인(人)'의 변형으로 봄]

生 氣   **생기** 활발하고 생생한 기운. 힘찬 기운.
살 생 기운 기

放 生   **방생** 사람에게 잡힌 생물을 놓아주는 일.
놓을 방 살 생

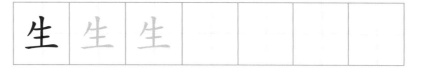

5급

心(忄) 8획

마음(忄)에 나면서(生)부터 생긴 성품이고 바탕이니

성품 性, 바탕 性

또 바탕이 다른 남녀의 성별이니 **성별 性**

+ 忄 – 마음 심, 중심 심(心)이 글자의 앞에 붙은 부수인 변으로 쓰일 때의 모양으로 '마음 심 변'

性 品   **성품** 사람의 성질이나 됨됨이.
성품 성 품위 품

性 別   **성별** 남녀나 암수의 구별.
성별 성 다를 별

Day 05

성산[姓産]

－ 生으로 된 한자 2

🔍 **구조로 암기**

날 생, 살 생, 사람을 부를 때 쓰는 접사 생(生) 앞에 여자 녀(女)면 성씨 성, 백성 성(姓), 위에 머리 부분 두(亠)와 받치는 모양(丷)과 굴 바위 엄, 언덕 엄(厂)이면 낳을 산, 생산할 산(産)

7급

女 8획

여자(女)가 자식을 **낳아(生)** 다른 사람과 구별하기 위하여 붙인 성씨니 **성씨 성**

또 나라의 여러 성씨들이 모인 백성이니 **백성 성**

百 姓
많을 백 　백성 성

백성 ① '국민'의 예스러운 말.
　　 ② 문벌이 높지 않은 보통 사람.

同 姓 同 本
같을 동 　성씨 성 　같을 동 　뿌리 본

동성동본 성도 같고 본(본관)도 같음.

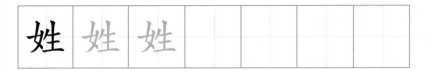

5급

生 11획

머리(亠)를 받치고(丷) 굴 바위(厂) 같은 것에 의지하여 새끼를 **낳으니(生)** **낳을 산**

또 아이를 낳듯이 물건을 생산하니 **생산할 산**

産 母
낳을 산 　어머니 모

산모 아이를 갓 낳은 여자.

産 業
생산할 산 　일 업

산업 (인간 생활에 필요한 여러 가지 재화를) 생산하는 일.

060

왕옥반[王玉班]
– 王으로 된 한자

🔍 **구조로 암기**

하늘(一) 땅(一) 사람(一)의 뜻을 두루 꿰뚫어(ㅣ) 보는 임금이니 임금 왕, 으뜸 왕, 구슬 옥 변(王), 임금 왕, 으뜸 왕, 구슬 옥 변(王) 우측 아래에 점 주, 불똥 주(丶)면 구슬 옥(玉), 임금 왕, 으뜸 왕, 구슬 옥 변(王) 둘 사이에 칼 도 방(刂)의 변형(刂)이면 나눌 반, 반 반, 양반 반(班)

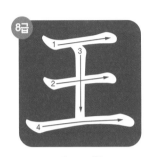

8급

玉(王) 4획

하늘(一) 땅(一) 사람(一)의 뜻을 두루 **꿰뚫어(ㅣ)** 보아야 하는 임금이니 **임금 왕**

또 임금처럼 그 분야에서 으뜸이니 **으뜸 왕**

또 구슬 옥(玉)이 부수로 쓰일 때의 모양으로 **구슬 옥 변**

王	位	**왕위** 임금의 자리.
임금 왕	자리 위	

王	國	**왕국** ① 임금이 다스리는 나라.
임금 왕	나라 국	② 하나의 큰 세력을 형성하고 있는 것을 비유적으로 말함.

王	王	王					

4급Ⅱ

玉 5획

임금 왕(王) 우측에 점(丶)을 찍어서 **구슬 옥**

👨‍🏫 **선생님의 한 말씀**

원래는 구슬 세(三) 개를 끈으로 꿰어(ㅣ) 놓은 모양(王)이었으나 임금 왕(王)과 구별하기 위하여 점 주, 불똥 주(丶)를 더하여 '구슬 옥(玉)'입니다. 그러나 임금 왕(王)은 부수로 쓰이지 않으니, 구슬 옥(玉)이 부수로 쓰일 때는 원래의 모양인 王으로 쓰고 '구슬 옥 변'이라 부르지요.

6급

玉(王) 10획

구슬(王)과 구슬(王)을 칼(刂)로 나눈 반이니 **나눌 반, 반 반**

또 옛날에 서민과 나누어 대접했던 양반이니 **양반 반**

班	白	**반백** 흑백이 반씩 섞인 머리털.
나눌 반	흰 백	

文	班	**문반** 고려·조선 시대에 문관 반열이면서 국정을 주도한 양반 계층.
글월 문	양반 반	

班	班	班					

※ 다음 漢字의 訓(뜻)과 흡(소리)을 쓰세요.

01. 牛 [   ]

02. 洗 [   ]

※ 다음 훈음에 맞는 漢字를 쓰세요.

03. 해 년 [ ]

04. 평평할 평 [ ]

※ 다음 문장 중 漢字로 표기된 단어의 독음을 쓰세요.

05. 경찰은 사고의 原因을 조사하고 있다. [ ][ ]

06. 나무로 지은 住宅에서 살고 있다. [ ][ ]

※ 다음 문장 중 밑줄 친 단어를 漢字로 쓰세요.

07. 그는 반장 선거에서 당선되었다. [ ][ ]

08. 아침에는 흐리던 하늘이 오후가 되면서 맑아졌다. [ ][ ]

※ 다음 漢字語의 뜻을 쓰세요.

09. 所願 [   ]

10. 生日 [   ]

🖊 정답

01. 소 우 02. 씻을 세 03. 年 04. 平 05. 원인 06. 주택 07. 班長 08. 午後 09. 원하는 바. 10. 태어난 날.

임임[壬任]

− 壬으로 된 한자

🔍 **구조로 암기**

삐침 별(丿) 아래에 선비 사(士)면 간사할 임, 짊어질 임, 북방 임(壬), 간사할 임, 짊어질 임, 북방 임(壬) 앞에 사람 인 변(亻)이면 맡을 임(任)

3급Ⅱ

士 4획

삐뚤어진(丿) 선비(士)는 간사하여 나중에 큰 죄업을 짊어지니

간사할 임, 짊어질 임

또 위쪽이 가리키는(丿) 네 방위(十)로 표시된 지도(一)의 북방이니

북방 임

+ 丿(삐침 별), 士(선비 사, 군사 사, 칭호나 직업에 붙이는 말 사)

5급

人(亻) 6획

사람(亻)이 어떤 일을 짊어져(壬) 맡으니 **맡을 임**

+ 비 仕(섬길 사) − 제목번호 056 참고

| 任 | 期 | **임기** 임무를 맡는 일정한 기간. |
| 맡을 **임** | 기간 **기** | |

| 責 | 任 | **책임** 맡아 해야 할 임무. |
| 책임 **책** | 맡을 **임** | |

Day 06

정정[廷庭]
– 廷으로 된 한자

🔍 구조로 암기

간사할 임, 짊어질 임(壬) 앞에 길게 걸을 인(廴)이면 조정 정, 관청 정(廷), 조정 정, 관청 정(廷) 위에 집 엄(广)이면 뜰 정(庭)

3급 II

廴 7획

임무를 맡고(壬) 걸어가는(廴) 조정이나 관청이니
조정 **정**, 관청 **정**

😎 선생님의 한 말씀

廴은 다리를 끌며 길게 걷는다는 데서 '길게 걸을 인'입니다.

6급

广 10획

집(广) 안에 조정(廷)처럼 가꾼 뜰이니 **뜰 정**

庭	園	정원 '집의 동산'으로, 집안의 뜰.
뜰 정	동산 원	
中	庭	중정 건물과 건물의 사이에 있는 마당.
가운데 중	뜰 정	

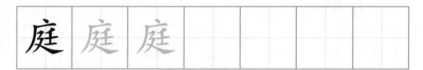

063

주책[主責]
– 主로 된 한자 1

🔍 **구조로 암기**

임금 왕, 으뜸 왕, 구슬 옥 변(王)에 점 주, 불똥 주(丶)를 위에 붙이면 주인 주(主), 주인 주(主)의 변형(丯) 아래에 조개 패, 재물 패, 돈 패(貝)면 꾸짖을 책, 책임 책(責)

7급

丶 5획

(임금보다 더 책임감을 갖는 분이 주인이니)
점(丶)을 임금 왕(王) 위에 찍어서 **주인 주**

主 人
주인 **주** 사람 인

主 客 一 體
주인 **주** 손님 객 한 일 몸 체

주인 ① 한 집안의 주되는 사람.
② 물건의 임자.

주객일체 '주인과 손님이 한 몸'으로, 어떤 대상에 완전히 동화된 경지를 일컬음.

5급

貝 11획

주인(主)이 꾸어간 돈(貝)을 갚으라고 꾸짖으며 묻는 책임이니
꾸짖을 책, 책임 책

+ 主['주인 주(主)'의 변형으로 봄]

責 望
꾸짖을 **책** 바랄 망

책망 '꾸짖으며 바람'으로, 잘못을 고치도록 꾸짖음. 또는 그 일.

問 責
물을 문 책임 **책**

문책 책임을 물음.

주주[住注]
– 主로 된 한자 2

7급

人(亻) 7획

사람(亻)이 주(主)로 사는 곳이니 **살 주, 사는 곳 주**

安 편안할 안	住 살 주	안주	① 자리를 잡아 편안하게 삶. ② 현재의 상태에 만족하고 있음.
入 들 입	住 살 주	입주	새로 들어가 삶.

住	住	住					

6급

水(氵) 8획

물(氵)을 한쪽으로 주(主)로 대고 쏟으니 **물댈 주, 쏟을 주**

注 물댈 주	文 글월 문	주문	어떤 상품을 만들거나 파는 사람에 그 상품의 생산이나 수송, 또는 서비스의 제공을 요구하거나 청구함.
發 쏠 발	注 쏟을 주	발주	물건을 주문함.

注	注	注					

원(엔)청[円靑]
– 円으로 된 한자

🔍 구조로 암기

멀 경, 성 경(冂) 안에 세로(丨)와 가로(一)면 둥글 원, 둘레 원(円), 또 일본 화폐 단위로도 쓰여 일본 화폐 단위 엔(円), 둥글 원, 둘레 원, 일본 화폐 단위 엔(円) 위에 주인 주(主)의 변형(主)이면 푸를 청, 젊을 청(靑)

특급Ⅱ

冂 4획

성(冂)은 세로(丨)나 가로(一)로 보아도 둥근 둘레니
둥글 **원**, 둘레 **원**
또 일본 화폐 단위로도 쓰여 일본 화폐 단위 **엔**

👨‍🏫 **선생님의 한 말씀**

冂은 멀 경, 성 경이라는 부수자를 말합니다.

8급

靑 8획

주(主)된 둘레(円)의 색은 푸르니 푸를 **청**
또 푸르면 젊으니 젊을 **청**

👨‍🏫 **선생님의 한 말씀**

靑이 들어간 한자를 약자로 쓸 때는 '円' 부분을 '月(달 월, 육 달 월)'로 씁니다.

靑	年	**청년**	① 신체적·정신적으로 한창 성장하거나 무르익은 시기에 있는 사람.
푸를 청	나이 년		② 성년 남자.

靑	春	**청춘**	'푸른 봄'으로, 스무 살 안팎의 젊은 나이. 또는 그런 시절.
젊을 청	봄 춘		

Day 06

066 청정[清情]
– 青으로 된 한자

🔍 **구조로 암기**

푸를 청, 젊을 청(青) 앞에 삼 수 변(氵)이면 맑을 청(清), 마음 심 변(忄)이면 뜻 정, 정 정(情)

6급

水(氵)　11획

물(氵)이 푸른(青)빛이 나도록 맑으니 **맑을 청**

👨‍🏫 **선생님의 한 말씀**

물이 아주 맑으면 푸른빛이 납니다.

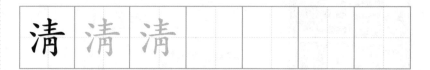

清	明	**청명**	맑고 밝음.
맑을 청	밝을 명		

清	算	**청산**	① 빚을 셈하여 깨끗이 해결함.
맑을 청	셈할 산		② 과거의 부정적 요소를 깨끗이 씻어 버림.

清	清	清					

5급

心(忄)　11획

마음(忄)으로 푸르게(青), 즉 희망 있게 베푸는 뜻이며 정이니 **뜻 정, 정 정**

👨‍🏫 **선생님의 한 말씀**

푸를 청, 젊을 청(青)이 들어간 한자는 대부분 '푸르고 맑고 희망이 있고 젊다'는 좋은 의미입니다.

熱	情	**열정**	(어떤 일에) 열중하는 마음.
더울 열	뜻 정		

友	情	**우정**	벗(친구) 사이의 정.
벗 우	정 정		

情	情	情					

륙륙열[坴陸熱]
– 坴으로 된 한자

급외자

土 8획

흙(土)에다 사람(儿)이 또 흙(土)을 쌓아 만든 언덕이니

언덕 륙(육)

+ 土(흙 토), 儿(사람 인 발)

5급

阜(阝) 11획

언덕(阝)과 언덕(坴)이 이어지는 육지이니 **육지 륙(육)**

👨‍🏫 선생님의 한 말씀

阝는 언덕 부 변이라는 부수자를 말합니다.

陸　地　　육지 물에 잠기지 않은 지구 겉면의 땅. 뭍.
육지 륙　땅 지

着　陸　　착륙 비행기 등이 공중에서 활주로나 판판한 곳에 내림.
붙을 착　육지 륙

5급

火(灬) 15획

언덕(坴)에 둥글게(丸) 불(灬)씨라도 피운 듯 더우니 더울 **열**

熱　望　　열망 열렬히 바람. 진심으로 원함.
더울 열　바랄 망

熱　氣　　열기 뜨거운 기운.
더울 열　기운 기

熱　熱　熱

견연[犬然]
– 犬으로 된 한자

🔍 **구조로 암기**

큰 대(大) 우측 위에 점 주, 불똥 주(丶)면 개 견(犬), 개
견(犬) 앞에 달 월, 육 달 월(月)의 변형(夕), 아래에 불
화 발(灬)이면 그러할 연(然)

4급

犬 4획

(주인을) 크게(大) 점(丶)찍어 따르는 개니 개 **견**

> 👨‍🏫 **선생님의 한 말씀**
>
> 개는 주인을 알아보고 잘 따르지요.
> 글자의 왼쪽에 붙는 부수인 변으로 쓰일 때는 '큰 개 견(犭)'으로,
> 개나 사슴 등 여러 짐승을 나타낼 때도 쓰이니 '개 사슴 록 변'으로
> 도 부릅니다.

7급

火(灬) 12획

고기(夕)를 보면 개(犬)가 불(灬)처럼 열 내며 달려가듯, 순리에 맞게
그러하니 그러할 **연**

+ 夕['달 월, 육 달 월(月)'의 변형으로 봄]

> 👨‍🏫 **선생님의 한 말씀**
>
> 灬는 불 화(火)가 글자의 아래에 붙는 부수인 발로 쓰일 때의 모양으로 '불 화 발'입니다.

然	後	연후	그러한 뒤.
그러할 연	뒤 후		
當	然	당연	마땅히 그러함.
마땅할 당	그러할 연		

然	然	然					

069

역적[亦赤]

– 火의 변형(^ㅠ)으로 된 한자

🔍 **구조로 암기**

불 화(火)의 변형(^ㅠ) 위에 머리 부분 두(^ㅗ)면 또 역(亦),
흙 토(土)면 붉을 적(赤)

3급Ⅱ

^ㅗ   6획

머리(^ㅗ)가 불(^ㅠ)타도록 또 고민하니 **또 역**

+ ^ㅗ(머리 부분 두) – 제목번호 148 市 참고, ^ㅠ['불 화(火)'의 변형으로 봄]

선생님의 한 말씀

고민을 많이 하면 머리가 열도 나고 아프지요?

5급

赤   7획

흙(土)이 불(^ㅠ)타듯이 붉으니 **붉을 적**

赤 色
붉을 적 빛 색
적색 붉은색.

赤 信 號
붉을 적 소식 신 부호 호
적신호 눈에 잘 띄게 붉은색으로 하는 위험 신호.

Day
06

유좌우[有左右]
– 十의 변형(𠂇)으로 된 한자

🔍 **구조로 암기**

열 십, 많을 십(十)의 변형(𠂇) 아래에 달 월, 육 달 월(月)이면 가질 유, 있을 유(有), 장인 공, 만들 공, 연장 공(工)이면 왼쪽 좌(左), 입 구, 말할 구, 구멍 구(口)면 오른쪽 우(右)

肉(月) **6획**

많이(𠂇) 고기(月)를 가지고 있으니 **가질 유, 있을 유**

有	能	유능 재능이 있음.
있을 유	능할 능	

有	利	유리 이익이 있음. 이로움.
있을 유	이로울 리	

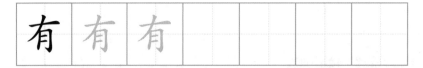

工 **5획**

(목수는 왼손에 자를 들고 오른손에 연필이나 연장을 드는 것을 생각하여)
많이(𠂇) 자(工)를 쥐는 왼쪽이니 왼쪽 좌

╋ 左는 필순이 有(있을 유, 가질 유)와 右(오른쪽 우)와 다릅니다.

左	手	좌수 왼쪽 손(왼손).
왼쪽 좌	손 수	

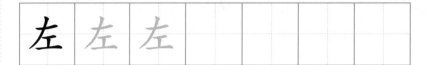

口 **5획**

자주(𠂇) 써서 말(口)에 잘 움직이는 오른쪽이니 **오른쪽 우**

🧑‍🏫 **선생님의 한 말씀**

요즘은 양쪽 손을 잘 써야 하지만 옛날에는 오른손만 주로 써, 습관이 되어서 오른손이 편하니 대부분의 일을 오른손으로 했지요.

左	右	좌우 '왼쪽과 오른쪽'으로, 주변을 뜻함.
왼쪽 좌	오른쪽 우	

071 재석[在石]
— 在와 石

🔍 **구조로 암기**

사람 인 변(亻) 중간에 한 일(一), 뒤에 흙 토(土)면 있을
재(在), 굴 바위 엄, 언덕 엄(厂)의 변형(厂) 아래에 입
구, 말할 구, 구멍 구(口)면 돌 석(石)

土 6획

한(一) 사람(亻)에게 땅(土)이 있으니 있을 재

在 學 　**재학** 학교를 소속하고 있음.
있을 재 학교 학

實 在 　**실재** 실제로 있음.
실제 실 있을 재

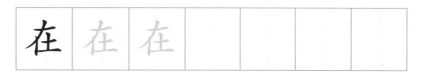

石 5획

언덕(厂) 밑에 있는 돌(口)을 본떠서 돌 석

+ 厂['굴 바위 엄, 언덕 엄(厂)'의 변형으로 봄], 口('입 구, 말할 구, 구멍 구'지만 여기서
는 돌로 봄)

石 材 　**석재** (건축이나 토목 등에 쓰는) 돌로 된 재료.
돌 석 재료 재

鐵 石 　**철석** '쇠와 돌'로, 굳고 단단함을 비유하여 이르는 말.
쇠 철 돌 석

072

우우[又友]
– 又로 된 한자

3급

又 2획

주먹을 쥔 오른손(✊)을 본떠서 **오른손 우**

또 오른손은 또또 자주 쓰이니 **또 우**

5급

又 4획

자주(ナ) 손(又) 잡으며 사귀는 벗이니 **벗 우**

+ ナ['열 십, 많을 십(十)'의 변형으로 봄]

交 사귈 교	友 벗 우	교우 벗을 사귐. 또는 그 벗.
校 학교 교	友 벗 우	교우 '학교 벗'으로, 같은 학교를 다니거나 다녔던 벗.

友	友	友					

※ 다음 漢字의 訓(뜻)과 音(소리)을 쓰세요.

01. 任 ⬚

02. 陸 ⬚

※ 다음 훈음에 맞는 漢字를 쓰세요.

03. 있을 재 ⬚

04. 돌 석 ⬚

※ 다음 문장 중 漢字로 표기된 단어의 독음을 쓰세요.

05. 친구의 끈끈한 **友情**을 느낀다. ⬚⬚

06. 이번 달에는 가족 행사가 많아서 **赤字**가 났다. ⬚⬚

※ 다음 문장 중 밑줄 친 단어를 漢字로 쓰세요.

07. 여행 중에 우연히 독일인 **가정**에 초대받았다. ⬚⬚

08. 전달할 말이 있으니 모두 나를 **주목**하세요. ⬚⬚

※ 다음 漢字語의 뜻을 쓰세요.

09. 問責 ⬚

10. 熱氣 ⬚

정답

01. 맡을 임 02. 육지 륙 03. 在 04. 石 05. 우정 06. 적자 07. 家庭 08. 注目 09. 책임을 물음.
10. 뜨거운 기운.

073

반판[反板]
– 反으로 된 한자

又 4획

가린(厂) 것을 손(又)으로 거꾸로 뒤집으니 **거꾸로 반, 뒤집을 반**

+ 厂('굴 바위 엄, 언덕 엄'이지만 여기서는 가린 모양으로 봄)

反 面 　반면　어떠한 사실과 반대되거나 다른 방면.
거꾸로 반　항할 면

反 問 　반문　상대방의 말을 되받아 묻는 것.
거꾸로 반　물을 문

木 8획

나무(木)를 톱으로 켜면 반대(反)쪽으로 벌어지면서 생기는 널조각이니
널조각 판

板 書 　판서　칠판에 글을 씀.
널조각 판　쓸 서

氷 板 　빙판　얼음판.
얼음 빙　널조각 판

074

회탄[灰炭]
– 灰로 된 한자

🔍 **구조로 암기**

열 십, 많을 십(十)의 변형(ナ) 아래에 불 화(火)면 재 회
(灰), 재 회(灰)의 변형(灰) 위에 산 산(山)이면 숯 탄,
석탄 탄(炭)

4급

火　6획

많이(ナ) 불(火) 타고 남은 재니 재 회

+ ナ['열 십, 많을 십(十)'의 변형으로 봄]

5급

火　9획

산(山)에 묻혀 있는 재(灰) 같은 숯이나 석탄이니 숯 탄, 석탄 탄

> 👨‍🏫 **선생님의 한 말씀**
>
> 灰는 '재 회(灰)'의 모양을 살짝 바꾼 것으로 이해하세요.

石　炭　　**석탄** '돌 숯'으로, 태고 때의 식물질이 땅속 깊이 묻혀 오랫동안
돌 석　숯 탄　　　지압과 지열을 받아 생긴 타기 쉬운 퇴적암.

氷　炭　　**빙탄** '얼음과 숯'으로, 서로 정반대가 되어 조화되지 못하는 관계.
얼음 빙　숯 탄

炭	炭	炭				

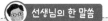

075 모수[毛手]
- 毛와 手

🔍 **구조로 암기**

짐승의 꼬리털을 본떠서 털 모(毛), 손가락을 편 손을 본떠서 손 수(手), 또 손으로 하는 재주나 재주 있는 사람을 가리켜서 재주 수, 재주 있는 사람 수(手)

4급Ⅱ

毛 4획

짐승의 꼬리털(🪶)을 본떠서 **털 모**

7급

手 4획

손가락을 편 손을 본떠서 **손 수**

또 손으로 하는 재주나 재주 있는 사람을 가리켜서

재주 수, 재주 있는 사람 수

> 👨‍🏫 **선생님의 한 말씀**
>
> 글자의 왼쪽에 붙는 부수인 변으로 쓰일 때는 '손 수 변(扌)'으로 모양이 바뀝니다.

手 재주 수	法 법 법	수법 (일을 다루는) 재주나 방법.
選 뽑을 선	手 재주 있는 사람 수	선수 ① 운동 경기나 기술 등에서, 기량이 뛰어나 많은 사람 가운데에서 대표로 뽑힌 사람. ② 어떤 일을 능숙하게 하거나 버릇으로 자주 하는 사람을 빗대어 이르는 말.

조 수애[爪 受愛]
– 爪와 爫, ⼍으로 된 한자

🔍 구조로 암기

손톱 모양을 본떠서 손톱 조(爪), 손톱 조(爪)가 부수로
쓰일 때의 모양(爫)과 덮을 멱(⼍) 아래에 오른손 우, 또
우(又)면 받을 수(受), 마음 심, 중심 심(心)과 천천히 걸
을 쇠, 뒤쳐 올 치(夂)면 사랑 애, 즐길 애, 아낄 애(愛)

爪 4획

손톱 모양을 본떠서 **손톱 조**

> 👨‍🏫 **선생님의 한 말씀**
>
> 부수로 쓰일 때는 爫 모양으로 길이가 짧습니다.

又 8획

손톱(爫)처럼 덮어(⼍) 손(又)으로 받으니 **받을 수**

+ ⼍(덮을 멱), 又(오른손 우, 또 우)

心 13획

손톱(爫)처럼 덮어주며(⼍) 마음(心)으로 서서히 다가가는(夂)
사랑이니 **사랑 애**

또 사랑하여 즐기고 아끼니 **즐길 애, 아낄 애**

愛　人　　애인　사랑하는 사람. 또는 사람을 사랑함.
사랑 애　사람 인

友　愛　　우애　형제간 또는 친구 간의 사랑이나 정분.
벗 우　사랑 애

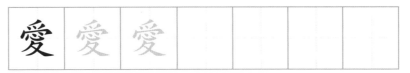

Day
07

077 계(우)급[ㅋ急]

– ㅋ로 된 한자 1

🔍 **구조로 암기**

고습도치 머리 모양을 본떠서 고습도치 머리 계(ㅋ), 또 오른손의 손가락을 편 모양으로도 보아 오른손 우(ㅋ), 고습도치 머리 계, 오른손 우(ㅋ)의 변형(ㅋ) 위에 사람 인(人)의 변형(ㅅ), 아래에 마음 심, 중심 심(心)이면 급할 급(急)

부수자

ㅋ 3획

고슴도치 머리 모양을 본떠서 **고슴도치 머리 계**

또 오른손의 손가락을 편 모양으로도 보아 **오른손 우**

> 🧑‍🏫 **선생님의 한 말씀**
>
> 오른손 주먹을 쥔 모양(✊)을 본떠서 '오른손 우, 또 우(又)', 오른손 손가락을 편 모양(🖐)을 본떠서 '오른손 우(ㅋ)'입니다. 이 한자는 원래 彑인데 변형된 모양인 ㅋ로도 많이 쓰입니다.

6급

心 9획

위험을 느껴 아무 사람(ㅅ)이나 손(ㅋ)으로 잡는 마음(心)처럼 급하니
급할 급

+ ㅅ['사람 인(人)'의 변형으로 봄]

急 所	급소	① 조금만 다쳐도 생명에 지장을 주는 몸의 중요한 부분.
급할 급 · 장소 소		② 사물의 가장 중요한 곳.
時 急	시급	때가 절박하여 바쁨.
때 시 · 급할 급		

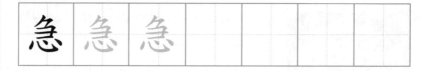

急	急	急					

사쟁[事爭]
– ⺕로 된 한자 2

🔍 **구조로 암기**

고슴도치 머리 계, 오른손 우(⺕)의 변형(⺕) 위에 한 일(一)과 입 구, 말할 구, 구멍 구(口), 갈고리 궐(亅)이면 일 사, 섬길 사(事), 손톱 조(爫)와 갈고리 궐(亅)이면 다툴 쟁(爭)

7급

亅   8획

한(一) 입(口)이라도 더 먹이기 위해 손(⺕)에 고리(亅) 같은 도구도 들고 하는 일이니 **일 사**

또 일하여 섬기니 **섬길 사**

+ ⺕['고슴도치 머리 계, 오른손 우(⺕)'의 변형으로 봄]

事	事	件	件
일 **사**	일 **사**	사건 **건**	사건 **건**

사사건건 '일마다 사건마다'로, 해당하는 모든 일이나 사건.

事	大
섬길 **사**	큰 **대**

사대 ① 약자가 강자를 붙좇아 섬김.
② 작은 나라가 큰 나라를 섬김.

事	事	事			

5급

爪(爫)   8획

손톱(爫)을 세우고 오른손(⺕)에 갈고리(亅) 들고 다투니
다툴 쟁

+ 앱 爭 – 사람(⺅)이 오른손(⺕)에 갈고리(亅)도 들고 다투니 '다툴 쟁'
+ ⺅['사람 인(人)'의 변형으로 봄]

競	爭
다툴 **경**	다툴 **쟁**

경쟁 (같은 목적에 서로) 겨루어 다툼.

言	爭
말씀 **언**	다툴 **쟁**

언쟁 말다툼.

爭	爭	爭			

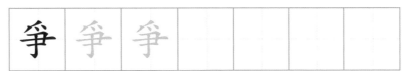

Day
07

윤 군군[尹 君郡]
– 尹과 君으로 된 한자

🔍 구조로 암기

고슴도치 머리 계, 오른손 우(⺕)의 변형(⺕)에 삐침 별(丿)이면 다스릴 윤, 벼슬 윤(尹), 다스릴 윤, 벼슬 윤(尹) 아래에 입 구, 말할 구, 구멍 구(口)면 임금 군, 남편 군, 그대 군(君), 임금 군, 남편 군, 그대 군(君) 뒤에 고을 읍 방(阝)이면 고을 군(郡)

2급

尸 4획

오른손(⺕)에 지휘봉(丿) 들고 다스리는 벼슬이니

다스릴 윤, 벼슬 윤

+ 丿('삐침 별'이지만 여기서는 지휘봉으로 봄)

4급

口 7획

다스리며(尹) 입(口)으로 명령하는 임금이니 **임금 군**

또 임금처럼 섬기는 남편이나 그대니 **남편 군, 그대 군**

6급

邑(阝) 10획

임금(君)이 다스리는 고을(阝)이니 **고을 군**

+ 阝(고을 읍 방) – 제목번호 165 邑 참고

郡 民 고을 군 백성 민	군민 그 군에 사는 백성.
郡 主 고을 군 주인 주	군주 세습적으로 나라를 다스리는 최고 지위에 있는 사람.

郡 郡 郡

080 율필[聿筆]

– 聿로 된 한자

특급Ⅱ

聿 6획

오른손(⺕)에 잡고 쓰는 붓을 본떠서 **붓 율**

+ ⺕ ['고슴도치 머리 계, 오른손 우(⺕)'의 변형으로 봄]

😀 **선생님의 한 말씀**

붓대는 대로 만드니 대 죽(⺮)을 붙인 '붓 필(筆)'로 많이 씁니다.

5급

竹(⺮) 12획

대(⺮)로 만든 붓(聿)으로 쓰는 글씨니 **붓 필, 글씨 필**

筆 記 　**필기** 글씨를 씀.

글씨 **필**　기록할 **기**

筆 答 　**필답** 글씨로 써서 대답함.

글씨 **필**　대답할 **답**

Day
07

건건[建健]

– 建으로 된 한자

5급

廴 9획

붓(聿)으로 길게 써 가며(廴) 계획을 세우니 **세울 건**

+ 廴(길게 걸을 인)

建	**物**	건물 '세운 물건'으로, 여러 종류의 집을 통틀어 이르는 말.
세울 건	물건 물	
再	**建**	재건 이미 없어졌거나 허물어진 것을 다시 일으켜 세움.
다시 재	세울 건	

建	建	建					

5급

人(亻) 11획

사람(亻)은 몸을 바로 세워야(建) 건강하니 **건강할 건**

健	**在**	건재 건강하게 잘 있음. 탈없이 잘 있음.
건강할 건	있을 재	
健	**全**	건전 ① 건실하고 완전함.
건강할 건	온전할 전	② 건강하고 병이 없음.

健	健	健					

서주화[書晝畫]
– 聿의 변형(聿)으로 된 한자

🔍 구조로 암기

붓 율(聿)의 변형(聿) 아래에 가로 왈(曰)이면 쓸 서, 글 서, 책 서(書), 해 일, 날 일(日)과 한 일(一)이면 낮 주(晝), 밭 전(田)과 한 일(一)이면 그림 화

6급

日 10획

붓(聿)으로 말하듯(曰) 쓰니 **쓸 서**

또 써 놓은 글이나 책이니 **글 서, 책 서**

書　記　서기 '글을 기록함'으로, 기록을 맡아보는 사람.
쓸 서　기록할 기

6급

日 11획

붓(聿)으로 해(日) 하나(一)를 보고 그릴 수 있는 낮이니 **낮 주**

+ 옌 昼 – 한 자(尺) 이상 아침(旦) 해가 올라온 낮이니 '낮 주'
+ 尺(자 척) – 제목번호 173 참고, 旦(아침 단) – 제목번호 271 참고

晝　夜　주야 밤과 낮을 아울러 이르는 말.
낮 주　밤 야

6급

田 12획

붓(聿)으로 밭(田) 하나(一)를 그린 그림이니 **그림 화**

+ 옌 画 – 하나(一)를 대상으로 말미암아(由) 입 벌리고(凵) 그린 그림이니 '그림 화'
+ 由(까닭 유, 말미암을 유), 凵(입 벌릴 감, 그릇 감)

畫　室　화실 화가가 그림을 그리는 작업실.
그림 화　집 실

083

재재재[才材財]

– 才로 된 한자

🔍 **구조로 암기**

한 일(一)과 갈고리 궐(亅)에 삐침 별(丿)이면 재주 재, 바탕 재(才), 재주 재, 바탕 재(才) 앞에 나무 목(木)이면 재목 재, 재료 재(材), 조개 패, 재물 패, 돈 패(貝)면 재물 재(財)

6급

手(扌) **3획**

땅(一)에 초목(亅)의 싹(丿)이 자라나듯이 사람에게도 있는 재주와 바탕이니 **재주 재, 바탕 재**

才 能
재주 재 능할 능
재능 재주와 능력.

才 致
재주 재 이를 치
재치 눈치 빠른 재주. 또는 능란한 솜씨나 말씨.

才　才　才

5급

木 **7획**

나무(木)가 바탕(才)이 되는 재목이나 재료니 **재목 재, 재료 재**

材 木
재목 재 나무 목
재목 ① 재료로 쓰는 나무.
② '큰일을 할 인물'을 비유하여 말함.

材 料
재료 재 재료 료
재료 물건을 만드는 바탕으로 쓰이는 것.

材　材　材

5급

貝 **10획**

돈(貝) 버는 재주(才)가 있어 늘어나는 재물이니 **재물 재**

財 物
재물 재 물건 물
재물 돈이나 값나가는 물건을 통틀어 일컫는 말.

財 産
재물 재 낳을 산
재산 경제적 가치가 있는 것들을 일컫는 말.

財　財　財

촌촌[寸村]
– 寸으로 된 한자

寸 3획

손목(寸)에서 맥박(丶)이 뛰는 곳까지의 마디니 **마디 촌**

또 마디마디 살피는 법도니 **법도 촌**

👨‍🏫 선생님의 한 말씀

1촌은 손목에서 손가락 하나를 끼워 넣을 수 있는 거리에 있는 맥박이 뛰는 곳까지로, 손가락 하나의 폭인 약 3cm입니다.

| 寸 | 數 | **촌수** 친족 사이의 멀고 가까운 일가. |
| 마디 촌 | 셀 수 | |

| 四 | 寸 | **사촌** 아버지의 친형제자매의 아들이나 딸과의 촌수. |
| 넉 사 | 마디 촌 | |

寸	寸	寸				

木 7획

나무(木)를 마디마디(寸) 이용하여 집을 지은 마을이니 **마을 촌**

| 江 | 村 | **강촌** 강가의 마을. |
| 강 강 | 마을 촌 | |

| 村 | 落 | **촌락** ① 주로 시골에서 여러 집이 모여 사는 곳. |
| 마을 촌 | 떨어질 락 | ② 시골의 작은 마을. |

村	村	村				

Day 07

학년   반   성명:

공부한 날짜: 점수:

※ 다음 漢字의 訓(뜻)과 흡(소리)을 쓰세요.

01. 板 [   ]

02. 爭 [   ]

※ 다음 훈음에 맞는 漢字를 쓰세요.

03. 낮 주 [ ]

04. 그림 화 [ ]

※ 다음 문장 중 漢字로 표기된 단어의 독음을 쓰세요.

05. 筆答 고사와 구술 고사를 통과했다. [ ][ ]

06. 전쟁이 끝난 뒤에 도시의 再建이 이루어졌다. [ ][ ]

※ 다음 문장 중 밑줄 친 단어를 漢字로 쓰세요.

07. 자기가 애독하던 책을 친구에게 주었다. [ ][ ]

08. 공항으로 가는 급행열차를 탔다. [ ][ ]

※ 다음 漢字語의 뜻을 쓰세요.

09. 才能 [   ]

10. 江村 [   ]

정답

01. 널조각 판 02. 다툴 쟁 03. 晝 04. 畫 05. 필답 06. 재건 07. 愛讀 08. 急行 09. 재주와 능력.
10. 강가의 마을.

사등[寺等]

− 寺로 된 한자 1

4급Ⅱ

寸 6획

땅(土)에 법도(寸)를 지키며, 수도하거나 일하도록 지은 절이나 관청이니

절 사, 관청 시

😊 **선생님의 한 말씀**

어느 사회에나 규칙이 있지만 절 같은 사원(寺院)은 더욱 규칙이 엄격하지요.

6급

竹(⺮) 12획

대(⺮)가 절(寺) 주변에 같은 무리를 이루고 차례로 서 있으니

같을 등, 무리 등, 차례 등

+ ⺮['대 죽(竹)'이 부수로 쓰일 때의 모양]

等	號	**등호** (두 식, 또는 두 수가) 같음을 나타내는 부호.
같을 등	부호 호	

一	等	**일등** (순위 등급에서) 첫째.
한 일	차례 등	

等	等	等				

Day
08

086

시대특[時待特]
– 寺로 된 한자 2

🔍 **구조로 암기**

절 사, 관청 시(寺) 앞에 해 일, 날 일(日)이면 때 시(時),
조금 걸을 척(彳)이면 대접할 대, 기다릴 대(待), 소 우 변
(牛)이면 특별할 특(特)

7급

日 10획

(해시계로 시간을 재던 때에) 해(日)의 위치에 따라 절(寺)에서 종을 쳐
알리던 때니 **때 시**

> 😀 **선생님의 한 말씀**
>
> 요즘에도 절에서 종을 쳐 시간을 알리는 곳이 있지요.

同	時	多	發	동시다발 같은 시간에 많이 발생함.
같을 동	때 시	많을 다	일어날 발	

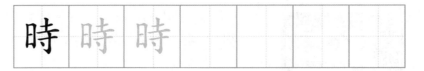

6급

彳 9획

천천히 걸어(彳) 절(寺)에 가며 뒤에 오는 사람을 대접하여 같이 가려고
기다리니 **대접할 대, 기다릴 대**

期	待	기대 (희망을 가지고) 기약한 것을 기다림.
기약할 기	기다릴 대	

待	期	대기 (준비를 마치고) 때를 기다림.
기다릴 대	기약할 기	

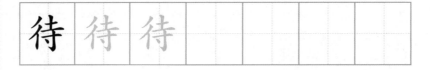

6급

牛(牜) 10획

소(牛)가 절(寺)에 가는 일처럼 특별하니 **특별할 특**

+ 牜 – 소 우(牛)가 부수로 쓰일 때의 모양으로 '소 우 변'

特	技	특기 특별한 재주.
특별할 특	재주 기	

087

복외박[卜外朴]
– 卜으로 된 한자

🔍 **구조로 암기**

점치던 거북이 등껍데기가 갈라진 모양을 본떠서 점 복(卜),
점 복(卜) 앞에 저녁 석(夕)이면 밖 외(外), 나무 목(木)이면
순박할 박, 성씨 박(朴)

3급

卜 | 2획

(옛날에는 거북이 등껍데기를 불태워 갈라진 모양을 보고 점쳤으니)
점치던 거북이 등껍데기(棗)가 갈라진 모양을 본떠서 **점 복**

8급

夕 | 5획

저녁(夕)에 점(卜)치러 나가는 밖이니 **밖 외**

外　出　　**외출** 밖에 나감.
밖 외　나갈 출

意　外　　**의외** 전혀 생각이나 예상을 하지 못함.
뜻 의　밖 외

6급

木 | 6획

나무(木) 껍질이나 점(卜)칠 때 쓰는 거북 등껍데기처럼 갈라져
투박하고 순박하니 **순박할 박**
또 순박한 사람들의 성씨니 **성씨 박**

質　朴　　**질박** (꾸밈새 없이) 바탕이 순수함.
바탕 질　순박할 박

점점[占店]

– 占으로 된 한자

4급

卜 5획

점(卜)쟁이에게 말하며(口) 점치니 **점칠 점**

또 표지판(卜)을 땅(口)에 세우고 점령하니 **점령할 점**

👓 선생님의 한 말씀

'점령할 점'의 어원 풀이에서는 점 복(卜)을 표지판으로, 입 구, 말할 구, 구멍 구(口)를 땅으로 보았네요.

5급

广 8획

집(广)에 점령하듯(占) 물건을 진열하여 파는 가게니 **가게 점**

商　店　　상점 물건을 파는 가게.
장사할 상　가게 점

書　店　　서점 책을 파는 가게.
책 서　가게 점

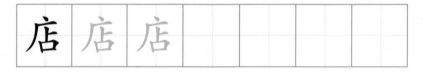

상하[上下]
— 上과 下

🔍 **구조로 암기**

일정한 기준(一)보다 위로 오르니 위 상, 오를 상(上), 일정한 기준(一)보다 아래로 내리니 아래 하, 내릴 하(下)

7급

一 3획

일정한 기준(一)보다 위로 오르니 위 **상**, 오를 **상**

上	水	道	**상수도** 먹는 물이나 공업, 방화 등에 쓰는 물을 관을
위 상	물 수	길 도	통하여 보내 주는 설비.

身	上	**신상** 한 사람의 몸이나 처신.
몸 신	위 상	

上	上	上				

7급

一 3획

일정한 기준(一)보다 아래로 내리니 아래 **하**, 내릴 **하**

以	下	**이하** 수량이나 정도가 일정한 기준보다 적거나 모자람.
써 이	아래 하	

下	宿	**하숙** 일정한 방세와 식비를 내고 남의 집에 머물면서 숙식함.
내릴 하	잘 숙	

下	下	下				

Day 08

지족[止足]
― 止와 足

🔍 **구조로 암기**

두 발이 그쳐 있는 모양에서 그칠 지(止), 무릎(口)부터 발까지를 본떠서 발 족(足), 또 발까지 편해야 마음이 넉넉하니 넉넉할 족(足)

止 4획

두 발이 그쳐 있는 모양에서 **그칠 지**

中　止　　　　**중지** 일을 중도에 그만 둠.
가운데 중　그칠 지

行　動　擧　止　**행동거지** '다니고 움직이고 들고 그침'으로, 몸을 움직이는 모든 동작을 이르는 말.
다닐 행　움직일 동　들 거　그칠 지

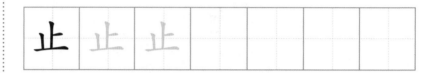

足 7획

무릎(口)부터 발(止)까지를 본떠서 **발 족**

또 발까지 편해야 마음이 넉넉하니 **넉넉할 족**

+ 口('입 구, 말할 구, 구멍 구'지만 여기서는 무릎 모양으로 봄)

手　足　**수족** ① 손발.
손 수　발 족　② '손발처럼 마음대로 부리는 사람'을 비유함.

充　足　**충족** 넉넉하게 채움.
채울 충　넉넉할 족

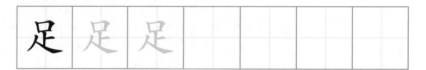

정정[正定]
– 正으로 된 한자

🔍 **구조로 암기**

한 일(一) 아래에 그칠 지(止)면 바를 정(正), 바를 정
(正)의 변형(疋) 위에 집 면(宀)이면 정할 정(定)

7급

止 5획

하나(一)에 그쳐(止) 열중해야 바르니 바를 **정**

👨‍🏫 **선생님의 한 말씀**

이성이나 직업이나 오직 하나만을 택하여 열중해야 바르지요.

正 品	**정품**	진짜이거나 온전한 물품.	
바를 정 물건 품			

正 道	**정도**	올바른 길. 또는 정당한 도리.	
바를 정 길 도			

6급

宀 8획

집(宀) 안의 물건도 바르게(疋) 자리를 정하니 정할 **정**

+ 옛 宀之 – 집(宀)에서 갈(之) 곳을 정하니 '정할 정'
+ 疋['바를 정(正)'의 변형으로 봄], 之(갈 지, ~의 지, 이 지)

定 着	**정착**	일정한 곳을 정하여 떠나지 않음.	
정할 정 붙을 착			

安 定	**안정**	안전하게 자리를 정함(잡음).	
편안할 안 정할 정			

Day
08

시제[是題]
– 是로 된 한자

4급Ⅱ

日 9획

해(日)처럼 밝고 바르면(疋) 옳으니 **옳을 시**

또 해(日)처럼 밝게 바로(疋) 이것이라며 가리키니 **이 시**

+ 疋['바를 정(正)'의 변형으로 봄]

6급

頁 18획

내용을 옳게(是) 알 수 있는 글의 머리(頁)는 제목이니 **제목 제**

또 먼저 쓰는 제목처럼 먼저 내는 문제니 **문제 제**

+ 頁(머리 혈) – 제목번호 134 참고

| 題
제목 제 | 目
항목 목 | **제목** 글의 첫머리에 쓰는 글의 이름. |
| 話
말씀 화 | 題
문제 제 | **화제** 사람들이 이야기를 나눌 때 그 대상이 되는 소재. 이야깃거리. |

題	題	題				

위(국)구품[口口品]

– 口과 口로 된 한자

🔍 구조로 암기

사방의 둘레를 에워싼 모양에서 에운담, 나라 국(口), 말하는 입이나 구멍을 본떠서 입 구, 말할 구, 구멍 구(口), 입 구, 말할 구, 구멍 구(口) 셋이면 물건 품, 등급 품, 품위 품(品)

부수자

口 3획

사방을 에워싼 에운담(口) 모양에서 **에운담**

또 둘레를 에워싸 지키는 나라니 **나라 국**

👨‍🏫 선생님의 한 말씀

둘레 위, 에워쌀 위(圍)와 나라 국(國)의 옛 글자지만, 에워싼 담 모양이니 '에운담'이라고도 합니다.

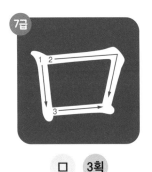

7급

口 3획

말하는 입이나 구멍을 본떠서 **입 구, 말할 구, 구멍 구**

口　傳　　**구전** 말로 전하여 내려옴. 또는 말로 전함.
입 구　전할 전

口　實　　**구실** 핑계를 삼을 만한 재료.
입 구　실제 실

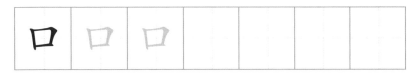

5급

口 9획

여러 사람이 말하여(品) 정한 물건의 등급과 품위니
물건 품, 등급 품, 품위 품

品　目　　**품목** 물건의 이름을 적은 목록.
물건 품　항목 목

商　品　　**상품** 사고파는 물품.
장사할 상　물건 품

Day 08

구 소조[區 喿操]

– 區와 喿로 된 한자

🔍 구조로 암기

물건 품, 등급 품, 품위 품(品)에 감출 혜, 덮을 혜(匸)면 나눌 구, 구역 구(區), 물건 품, 등급 품, 품위 품(品) 아래에 나무 목(木)이면 새 떼 지어 울 소(喿), 새 떼 지어 울 소(喿) 앞에 손 수 변(扌)이면 잡을 조, 다룰 조(操)

6급

匸 11획

감추려고(匸) 물건(品)을 나누니 **나눌 구**

또 나눠 놓은 구역이니 **구역 구**

+ 얜 区 – 감추려고(匸) 베어(乂) 나누니 '나눌 구'
   또 나눠 놓은 구역이니 '구역 구'

| 區
나눌 구 | 別
나눌 별 | 구별 | ① 구역 별, 종류에 따라 갈라 놓음.
② 차별을 둠. |
| 區
구역 구 | 間
사이 간 | 구간 | 일정한 지점 간의 사이. |

區	區	區					

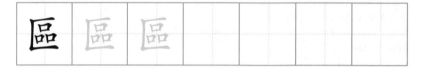

급외자

口 13획

많은 입들(品)처럼 나무(木) 위에서 새 떼 지어 우니

새 떼 지어 울 소

+ 品('물건 품, 등급 품, 품위 품'이지만 여기서는 많은 입들의 모양으로 봄)

5급

手(扌) 16획

손(扌)으로 새 떼 지어 우는(喿) 것처럼 잡아 어지러운 일을 다루니

잡을 조, 다룰 조

| 操
잡을 조 | 心
마음 심 | 조심 | '마음을 잡음'으로, 잘못이나 실수가 없게 마음을 씀. |
| 操
다룰 조 | 作
지을 작 | 조작 | (기계 등을 일정한 방식에 따라) 다루어 움직임. |

操	操	操					

095

중충환[中忠患]
– 中으로 된 한자

🔍 **구조로 암기**

입 구, 말할 구, 구멍 구(口)의 변형(口)에 뚫을 곤(丨)이면 가운데 중, 맞힐 중(中), 가운데 중, 맞힐 중(中) 아래에 마음 심, 중심 심(心)이면 충성 충(忠), 충성 충(忠) 위에 가운데 중, 맞힐 중(中)이면 근심 환, 병 환(患)

8급

丨 4획

사물(口)의 가운데를 뚫어(丨) 맞히니 **가운데 중, 맞힐 중**

+ 口['입 구, 말할 구, 구멍 구(口)'의 변형이지만 여기서는 사물의 모양으로 봄]

熱　中　**열중** 한 가지 일에 정신을 쏟음.
더울 **열**　가운데 **중**

命　中　**명중** 겨냥한 곳에 바로 맞음.
목숨 **명**　맞힐 **중**

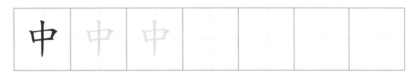

4급Ⅱ

心 8획

가운데(中)서 우러나는 마음(心)으로 대하는 충성이니 **충성 충**

5급

心 11획

가운데(中) 가운데(中)에 맺혀 있는 마음(心)은 근심이나 병이니
근심 환, 병 환

病　患　**병환** '병'의 높임말.
병들 **병**　병 **환**

後　患　**후환** 어떤 일로 말미암아 뒷날 생기는 걱정과 근심.
뒤 **후**　근심 **환**

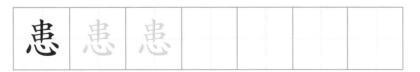

Day
08

사 리사[史 吏使]
– 史와 吏로 된 한자

5급

口 5획

중립(屮)을 지키며(乀) 써야 하는 역사니 역사 사

+ 屮['가운데 중, 맞힐 중(中)'의 변형으로 봄]

😊 **선생님의 한 말씀**

역사는 어느 쪽으로도 치우치지 않는 중립을 지키는 사람이 사실대로 써야 하지요.

歷　史　　**역사** 인류 사회의 과거 변천 흥망의 기록.
지낼 역　역사 사

史	史	史						

3급Ⅱ

口 6획

**한(一)결같이 중립(屮)을 지키며(乀) 일해야 하는 관리니
관리 리(이)**

6급

人(亻) 8획

**사람(亻)이 관리(吏)로 하여금 일을 하도록 부리니
하여금 사, 부릴 사**

特　使　　**특사** 특별한 임무를 띠고 파견하는 사절.
특별할 특　부릴 사

使　用　　**사용** 일정한 목적이나 기능에 맞게 씀.
부릴 사　쓸 용

使	使	使						

※ 다음 漢字의 訓(뜻)과 音(소리)을 쓰세요.

01. 店 ☐

02. 止 ☐

※ 다음 훈음에 맞는 漢字를 쓰세요.

03. 같을 등 ☐

04. 기다릴 대 ☐

※ 다음 문장 중 漢字로 표기된 단어의 독음을 쓰세요.

05. 삼촌은 택배를 통해서 **商品**을 배달 받으신다. ☐☐

06. 길을 갈 때는 차 **操心**을 해야 한다. ☐☐

※ 다음 문장 중 밑줄 친 단어를 漢字로 쓰세요.

07. 평범하지 아니하고 솜씨가 **특별**하고 뛰어나다. ☐☐

08. 마음이 **안정**되어 편안하다. ☐☐

※ 다음 漢字語의 뜻을 쓰세요.

09. 後患 ☐

10. 上京 ☐

정답

01. 가게 점 02. 그칠 지 03. 等 04. 待 05. 상품 06. 조심 07. 特別 08. 安定 09. 어떤 일로 말미암아 뒷날 생기는 걱정과 근심. 10. (시골에서) 서울로 올라옴.

097

경(갱)편(변)[更便]
– 更으로 된 한자

구조로 암기

한 일(一) 아래에 가로 왈(曰)과 사람 인(人)의 변형(乂)
이면 고칠 경, 다시 갱(更), 고칠 경, 다시 갱(更) 앞에
사람 인 변(亻)이면 편할 편, 똥오줌 변(便)

4급

日 7획

한(一) 번 말하면(曰) 사람(乂)들은 고치거나 다시 하니
고칠 **경**, 다시 **갱**

+ 乂['사람 인(人)'의 변형으로 봄]

 선생님의 한 말씀

한 번 말하면 좋은 사람은 고치지만 그렇지 못한 사람은 다시 하지요?

7급

人(亻) 9획

사람(亻)이 잘못을 고치면(更) 편하니 편할 **편**

또 누면 편한 똥오줌이니 똥오줌 **변**

선생님의 한 말씀

편할 편(便)에 어찌 '똥오줌 변'이란 뜻도 있을까?
조금만 생각해 봐도 누면 편한 것이 똥오줌이니 그런 것임을 알게 되지요. 이처럼 한 글자에
둘 이상의 뜻이 있으면 반드시 그런 뜻이 붙은 이유가 있으니, 무조건 외는 시간에 왜 그럴까를
생각해 보세요. 이해가 바탕이 되면 저절로 익혀지고 잊히지 않습니다.

男　便　　남편 혼인하여 여자의 짝이 된 남자.
사내 남　편할 편

便　所　　변소 대소변을 보는 곳.
똥오줌 변　장소 소

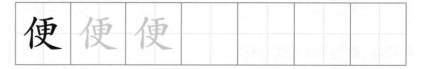

便 | 便 | 便 | | | | |

인 수온[因 囚溫]
– 因과 囚으로 된 한자

5급

口 6획

에워싼(口) 큰(大) 울타리에 말미암아 의지하니
말미암을 인, 의지할 인

死 因   사인 죽음의 원인.
죽을 사 말미암을 인

因 果   인과 원인과 결과.
말미암을 인 결과 과

3급

口 5획

에워싸인(口) 곳에 갇힌 사람(人)은 죄인이니
죄인 수

6급

水(氵) 13획

물(氵)을 죄인(囚)에게도 그릇(皿)으로 떠 주는 마음이 따뜻하니
따뜻할 온

또 따뜻해지도록 여러 번 반복하여 익히니 **익힐 온**

+ 웹 溫 – 물(氵)이 해(日)가 비친 그릇(皿)에 있으면 따뜻하니 '따뜻할 온'
또 따뜻하도록 여러 번 반복하여 익히니 '익힐 온'

+ 皿 – 받침 있는 그릇을 본떠서 '그릇 명'

溫 情   온정 따뜻한 인정.
따뜻할 온 정 정

Day
09

전사남[田思男]

— 田으로 된 한자

구조로 암기

에운담, 나라 국(口)에 열 십, 많을 십(十)이면 밭 전(田),
밭 전(田) 아래에 마음 심, 중심 심(心)이면 생각할 사(思),
힘 력(力)이면 사내 남(男)

4급Ⅱ

田 5획

사방을 경계 짓고(口) 나눈(十) 밭의 모양에서 **밭 전**

+ 十('열 십, 많을 십'이지만 여기서는 가로세로 나눈 모양으로 봄)

5급

心 9획

밭(田)을 갈 듯이 마음(心)으로 요모조모 생각하니 **생각할 사**

思	春	期	사춘기 이성에 관심을 갖게 될 만한 나이.
생각할 사	봄 춘	기간 기	

相	思	病	상사병 그리움에 빠져 생기는 병.
서로 상	생각할 사	병들 병	

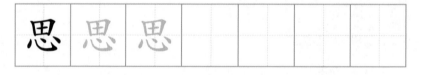

7급

田 7획

밭(田)에 나가 힘(力)써 일하는 사내니 **사내 남**

無	男	獨	女	무남독녀 아들 없는 집안의 외동딸.
없을 무	사내 남	홀로 독	여자 녀	

美	男		미남 아름답게 생긴 남자.
아름다울 미	사내 남		

100

과과[果課]
- 果로 된 한자

🔍 **구조로 암기**

밭 전(田) 아래 나무 목(木)이면 과실 과, 결과 과(果),
과실 과, 결과 과(果) 앞에 말씀 언(言)이면 부과할 과,
공부할 과, 과정 과(課)

6급

木 8획

과실(田)이 나무(木) 위에 열린 모양을 본떠서 **과실 과**

또 과실은 그 나무를 알 수 있는 결과니 **결과 과**

+ 田('밭 전'이지만 여기서는 과실의 모양으로 봄)

果　　實　　**과실** 나무의 열매.
과실 **과**　열매 **실**

結　　果　　**결과** ① 과실을 맺음. 또는 그 과실.
맺을 **결**　과실 **과**　　　　② 어떤 원인으로 생긴 결말.

果	果	果				

5급

言 15획

말(言)을 들은 결과(果)로 세금을 부과하니 **부과할 과**

또 말(言)로 연구한 결과(果)를 적으며 공부하는 과정이니

공부할 과, 과정 과

公　　課　　金　　**공과금** 국가나 공공 단체가 국민에게 부과하는 금
공평할 **공** 부과할 **과** 돈 **금**　　　　전적인 부담.

課　　外　　**과외** 정해진 학과 과정이나 근무 시간 밖.
과정 **과**　밖 **외**

課	課	課				

Day
09

101

유유[由油]

– 由로 된 한자

🔍 **구조로 암기**

밭 전(田)에 뚫을 곤(丨)을 위에 붙이면 까닭 유, 말미암을 유(由), 까닭 유, 말미암을 유(由) 앞에 삼 수 변(氵)이면 기름 유(油)

6급

田 5획

밭(田)에 싹(丨)이 나는 것은 씨앗을 뿌린 까닭으로 말미암으니
까닭 유, 말미암을 유

+ 丨('뚫을 곤'이지만 여기서는 돋아나는 싹으로 봄)

😊 **선생님의 한 말씀**

'말미암다'는 어떤 현상이나 사물 등이 원인이나 이유가 된다는 뜻이지요.

理 由	이유	까닭. 사유.
이치 이　까닭 유		

由 來	유래	'말미암아 옴'으로, (사물이나 일이) 말미암아 생겨난 까닭.
말미암을 유　올 래		

由	由	由						

6급

水(氵) 8획

물(氵)처럼 열매를 짜는 것으로 말미암아(由) 나오는 기름이니
기름 유

輕 油	경유	원유를 분별증류하여 얻는 끓는 점의 범위가 250~350℃ 사이에서 얻어지는 석유.
가벼울 경　기름 유		

原 油	원유	땅속에서 뽑아낸 정제하지 아니한 그대로의 기름.
근원 원　기름 유		

油	油	油						

102

곡전[曲典]

– 曲으로 된 한자

🔍 **구조로 암기**

대바구니의 굽은 모양을 본떠서 굽을 곡(曲), 또 굽은 듯 소리가 올라가고 내려가는 가락의 노래니 노래 곡(曲), 굽을 곡, 노래 곡(曲)의 변형(曲) 아래에 여덟 팔, 나눌 팔(八)이면 법 전, 책 전(典)

5급

日　6획

대바구니의 굽은 모양을 본떠서 **굽을 곡**

또 굽은 듯 올라가고 내려가는 가락의 노래니 **노래 곡**

曲　線　**곡선** 구부러진 선.
굽을 곡　줄 선

名　曲　**명곡** 이름난 노래.
이름날 명　노래 곡

5급

八　8획

굽은(曲) 것도 종류별로 **나누어(八)** 법으로 만든 책이니

법 전, 책 전

+ 曲 ['굽을 곡, 노래 곡(曲)'의 변형으로 봄]

古　典　**고전** 옛날의 서적이나 작품.
옛 고　책 전

法　典　**법전** 국가가 제정한 법을 모아 놓은 책.
법 법　책 전

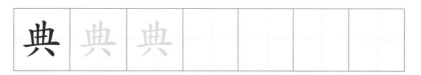

풍례체[豊禮體]
– 豊으로 된 한자

豆 13획

상다리가 굽을(曲) 정도로 제기(豆)에 음식을 차려 풍성하니

풍성할 풍

+ 豆(제기 두, 콩 두) – 제목번호 158 참고

👨‍🏫 선생님의 한 말씀

이 글자의 본래 모양은 제기에 음식을 풍성하게 차린 모양을 본뜬 豐이지만, 약자인 豊으로
많이 씁니다.

示 18획

신(示) 앞에 풍성한(豊) 음식을 차리는 것은 신에 대한 예도니

예도 례(예)

+ 약 礼 – 신(示) 앞에 몸 구부리고(乚) 표하는 예도니 '예도 례(예)'
+ 礻(보일 시, 신 시 변), 乚['새 을, 굽을 을(乙)'이 부수로 쓰일 때의 모양]

| 禮
예도 예 | 節
마디 절 | 예절 예의범절. 일상생활에서 모든 예의와 법도에 맞는 절차. |
| 無
없을 무 | 禮
예도 례 | 무례 예의가 없음. |

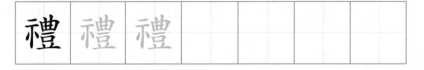

骨 23획

뼈(骨)마디로 풍성하게(豊) 이루어진 몸이니 **몸 체**

+ 약 体 – 사람(亻)에게 근본(本)은 몸이니 '몸 체'

| 形
모양 형 | 體
몸 체 | 형체 물건의 모양과 그 몸(바탕). |
| 體
몸 체 | 力
힘 력 | 체력 ① 육체적 활동을 할 수 있는 몸의 힘.
② 질병이나 추위 등에 대한 몸의 저항 능력. |

진(신)농[辰農]
― 辰으로 된 한자

3급Ⅱ

辰 7획

전갈자리(🦂 → 𠨍)별 모양을 본떠서 **별 진, 날 신**

7급

辰 13획

허리 구부리고(曲) 별(辰) 있는 새벽부터 짓는 농사니 **농사 농**

農 藥　**농약** 농작물에 해로운 병균, 벌레, 잡초 등을 없애거나 농작물이
농사 농　약 약　　잘 자라게 하는 약품.

農 場　**농장** 농사 지을 땅과 여러 시설을 갖춘 곳.
농사 농　마당 장

Day
09

신신[申神]

－ 申으로 된 한자

4급Ⅱ

田 5획

속마음을 아뢰어(曰) 펴듯(丨) 소리 내는 원숭이니
아뢸 신, 펼 신, 원숭이 신
+ 丨('뚫을 곤'이지만 여기서는 펴는 모양으로 봄)

6급

示 10획

신(示) 중 모습을 펴(申) 나타난다는 귀신이니 **귀신 신**

또 귀신처럼 신비하니 **신비할 신**

👓 선생님의 한 말씀

神은 보이지 않지만 가끔 어떤 모습으로 나타난다고도 하지요.

失 神   실신 병이나 충격 등으로 정신을 잃음.
잃을 실 귀신 신

神 話   신화 신을 중심으로 한 이야기.
귀신 신 이야기 화

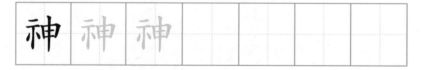

106

개계[介界]
– 介로 된 한자

🔍 **구조로 암기**

사람 인(人) 아래에 사이(刂)가 들어가면 끼일 개(介), 끼일 개(介) 위에 밭 전(田)이면 경계 계, 세계 계(界)

人 4획

사람(人) 사이(刂)에 끼이니 **끼일 개**

田 9획

밭(田) 사이에 끼어(介) 있는 경계니 **경계 계**

또 여러 나라의 경계로 나누어진 세계니 **세계 계**

🧑‍🏫 **선생님의 한 말씀**

세계 지도를 보면 세계가 여러 나라의 경계로 나뉘어져 있지요.

業　界
일 업　세계 계

업계 같은 산업이나 상업에 종사하는 사람들의 활동 분야.

學　界
배울 학　세계 계

학계 학문 연구 및 저술에 종사하는 학자들의 활동 분야.

Day 09

107

리리량[里理量]

— 里로 된 한자

7급

里 7획

먹을거리를 생산하는 밭(田)이 있는 땅(土)에 형성되었던 마을이니

마을 리(이)

또 거리를 재는 단위로도 쓰여 **거리 리(이)**

👨‍🏫 선생님의 한 말씀

숫자 개념이 없었던 옛날에는 어느 마을에서 어느 마을까지의 몇 배 정도로 거리를 셈하다가, 후대로 오면서 1리는 400m, 10리는 4km로 정하여 쓰게 되었습니다.

洞　里　　동리　마을.
마을 동　마을 리

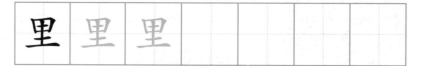

6급

王(玉) 11획

왕(王)이 마을(里)을 이치에 맞게 다스리니

이치 리(이), 다스릴 리(이)

料　理　　요리　여러 조리 과정을 거쳐 음식을 만듦. 또는 그 음식.
재료 요　다스릴 리

代　理　　대리　남을 대신하여 일을 처리함. 또는 그런 사람.
대신할 대　다스릴 리

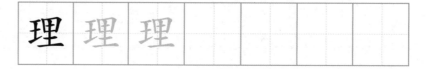

5급

里 12획

아침(旦)마다 그 날 가야 할 거리(里)를 헤아리니 **헤아릴 량(양)**

+ 旦(아침 단) – 제목번호 271 참고

重　量　　중량　① 무게.
무거울 중　헤아릴 량　② 보통의 경우보다 무거운 무게.

중종동[重種動]
– 重으로 된 한자

🔍 구조로 암기

마을 리, 거리 리(里) 위에 일천 천, 많을 천(千)이면 무거울 중, 귀중할 중, 거듭 중(重), 무거울 중, 귀중할 중, 거듭 중(重) 앞에 벼 화(禾)면 씨앗 종, 종류 종(種), 뒤에 힘 력(力)이면 움직일 동(動)

里 9획

많은(千) 마을(里)에서 모은 것이라 무겁고 귀중하니
무거울 중, 귀중할 중

또 무겁고 귀중하여 거듭 다루니 **거듭 중**

重 要 **중요** 귀중하고 필요함.
귀중할 중 중요할 요

重 責 **중책** 중요한 책임.
무거울 중 책임 책

禾 14획

벼 같은 곡식(禾)에서 귀중한(重) 것은 씨앗이니 **씨앗 종**

또 씨앗처럼 나누어 두는 종류니 **종류 종**

種 子 **종자** 씨앗.
씨앗 종 접미사 자

各 種 **각종** 여러 종류. 갖가지.
각각 각 종류 종

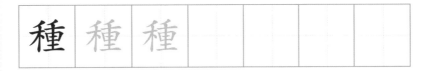

Day
09

力 11획

무거운(重) 것도 힘(力)쓰면 움직이니 **움직일 동**

作 動 **작동** 기계 등이 작용을 받아 움직임.
지을 작 움직일 동

※ 다음 漢字의 訓(뜻)과 音(소리)을 쓰세요.

01. 思 ☐

02. 體 ☐

※ 다음 훈음에 맞는 漢字를 쓰세요.

03. 과실 과 ☐

04. 까닭 유 ☐

※ 다음 문장 중 漢字로 표기된 단어의 독음을 쓰세요.

05. 우리는 고요히 앉아 <u>名曲</u>을 감상했다. ☐☐

06. 저울에 <u>重量</u>을 달아 팔았다. ☐☐

※ 다음 문장 중 밑줄 친 단어를 漢字로 쓰세요.

07. 기계 문명은 생활에 <u>편리</u>를 제공한다. ☐☐

08. 이 화초는 <u>온실</u>에서 재배되었다. ☐☐

※ 다음 漢字語의 뜻을 쓰세요.

09. 因果 ☐

10. 種子 ☐

정답

01. 생각할 사 02. 몸 체 03. 果 04. 由 05. 명곡 06. 중량 07. 便利 08. 溫室 09. 원인과 결과.
10. 씨앗.

시사[示社]

– 示로 된 한자

🔍 구조로 암기

하늘 땅(二)에 작은(小) 기미가 보이니 보일 시(示), 또 이렇게 기미를 보이는 신이니 신 시(示), 보일 시, 신 시(示) 뒤에 흙 토(土)면 토지신 사, 모일 사(社)

5급

示 5획

하늘 땅(二)에 작은(小) 기미가 보이니 **보일 시**

또 이렇게 기미를 보이는 신이니 **신 시**

+ 二('둘 이'지만 여기서는 하늘과 땅으로 봄)

👓 **선생님의 한 말씀**

보일 시, 신 시(示)가 글자의 앞에 붙는 부수인 변으로 쓰일 때는 '보일 시, 신 시 변(礻)'으로 바꾸어 씁니다. 옷 의(衣)가 부수로 쓰일 때의 모양인 '옷 의 변(衤)'과는 다르므로 혼동하지 마세요.

| 表 示 | | 표시 | 겉으로 드러내 보임. |
| 겉 표 보일 시 | | | |

明 示 　 명시 분명하게 나타내 보임.
밝을 명 보일 시

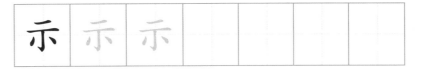

示 示 示

6급

示 8획

신(示) 중에 토지(土)를 주관하는 토지신이니 **토지신 사**

또 토지신께 제사 지낼 때처럼 모이니 **모일 사**

👓 **선생님의 한 말씀**

옛날에는 대부분의 나라가 농업 국가였으니 나라를 세우면 토지신과 곡식신께 제사를 지냈답니다.

社 說 　 사설 신문이나 잡지에서, 글쓴이의 주장이나 의견을 써내는
모일 사 말씀 설 　 　 논설.

會 社 　 회사 같은 무리끼리 모여 이루는 집단.
모일 회 모일 사

Day
10

社 社 社

110

복복[畐福]
– 畐으로 된 한자

🔍 **구조로 암기**

한 일(一) 아래에 입 구, 말할 구, 구멍 구(口)와 밭 전(田)이면
찰 복(畐), 찰 복(畐) 앞에 보일 시, 신 시(示)면 복 복(福)

급외자

田 9획

한(一) 사람의 입(口)은 밭(田)에서 난 곡식만으로도 가득 차니
찰 복

5급

示 14획

신(示)이 채워 준다는(畐) 복이니 **복 복**

+ 示(보일 시, 신 시)

祝 빌 축	福 복 복	축복	복을 빎.
幸 행복할 행	福 복 복	행복	① 복된 좋은 운수. ② 생활에서 충분한 만족과 기쁨을 느끼어 흐뭇함. 또는 그런 상태.

福	福	福					

120 | 어문회 한자능력검정시험 5급

111

춘봉[春奉]
– 二와 大로 된 한자

🔍 **구조로 암기**

둘 이(二)와 큰 대(大) 아래에 해 일, 날 일(日)이면 봄 춘(春),
일천 천, 많을 천(千)의 변형(卄)이면 받들 봉(奉)

7급

日 9획

하늘 땅(二)에 크게(大) 해(日)가 느껴지는 봄이니 봄 춘

+ 二('둘 이'지만 여기서는 하늘 땅으로 봄)

 **선생님의 한 말씀**

봄에는 해가 북쪽으로 올라오기 시작하여 더욱 크게 느껴지지요.

| 春 | 秋 | 춘추 | ① 봄과 가을. |
| 봄 춘 | 가을 추 | | ② 어른의 나이를 높여 이르는 말. |

| 立 | 春 | 입춘 | 24절기의 하나로, 봄의 시작. |
| 설 입 | 봄 춘 | | |

| 春 | 春 | 春 | | | |

5급

大 8획

하늘 땅(二) 같이 위대한(大) 분을 많이(卄) 받드니 받들 봉

+ 卄['일천 천, 많을 천(千)'의 변형으로 봄]

| 奉 | 養 | 봉양 | (부모나 조부모와 같은 웃어른을) 받들어 모심. |
| 받들 봉 | 기를 양 | | |

| 奉 | 安 | 봉안 | 시신을 화장하여 그 유골을 그릇이나 봉안당에 모심. |
| 받들 봉 | 편안할 안 | | |

| 奉 | 奉 | 奉 | | | |

Day
10

언신어[言信語]
- 言으로 된 한자

6급

言 　7획

머리(亠)로 두(二) 번 생각하고 입(口)으로 말하는 말씀이니 **말씀 언**

言	約	**언약** 말로써 약속함.
말씀 언	맺을 약	

🧑‍🏫 **선생님의 한 말씀**

한 번 한 말은 되돌릴 수 없으니 잘 생각하고 해야겠지요.

言 言 言

6급

시(亻) 　9획

사람(亻)이 말한(言) 대로 행하면 믿으니 **믿을 신**

또 믿을 만한 소식이니 **소식 신**

信	念	**신념** (자기가 옳다고) 믿는 생각.
믿을 신	생각 념	
書	信	**서신** 글로 전하는 소식.
글 서	소식 신	

信 信 信

7급

言 　14획

말(言)로 나(吾)의 뜻을 알리는 말씀이니 **말씀 어**

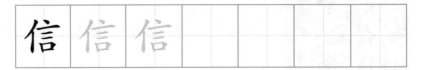

🧑‍🏫 **선생님의 한 말씀**

吾는 다섯(五) 손가락, 즉 손으로 자신을 가리키며 말하는(口) 나니 '나 오'입니다.

語	不	成	說	**어불성설** 말이 도무지 사리에 맞지 아니
말씀 어	아닐 불	이룰 성	말씀 설	하여 말 같지 않음.

語 語 語

설활화[舌活話]
－ 舌로 된 한자

4급

舌　6획

혀(千)가 입(口)에서 나온 모양을 본떠서 **혀 설**

+ 千('일천 천, 많을 천'이지만 여기서는 내민 혀의 모양으로 봄)

7급

水(氵)　9획

물(氵)기가 혀(舌)에 있어야 사니 **살 활**

活　用	활용	이리저리 잘 응용함.
살 활　쓸 용		

活　路	활로	① 살아 나갈 길.
살 활　길 로		② 어려움을 이겨나가는 길.

7급

言　13획

말(言)을 혀(舌)로 하는 말씀이나 이야기니 **말씀 화, 이야기 화**

話　者	화자	말하는 사람.
말씀 화　놈 자		

實　話	실화	실제로 있었던 사실의 이야기.
실제 실　이야기 화		

Day 10

114

이목[耳目]

− 耳와 目

耳 6획

귀를 본떠서 **귀 이**

耳 귀 이	目 눈 목	**이목**	① 귀와 눈. ② 남들의 주의.
耳 귀 이	順 순할 순	**이순**	귀가 순해진다는 뜻으로, 60세의 나이를 일컬음.

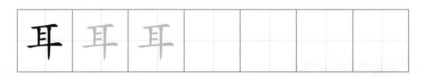

目 5획

둥글고 눈동자가 있는 눈을 본떠서 **눈 목**

또 눈으로 보니 **볼 목**

또 눈에 잘 볼 수 있게 만든 항목이니 **항목 목**

目 눈 목	的 과녁 적	**목적**	이루려 하는 일. 또는 나아가려고 하는 방향.
頭 우두머리 두	目 항목 목	**두목**	패거리의 우두머리.

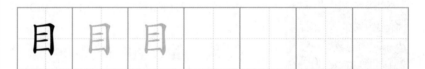

115

취최[取最]
– 取로 된 한자

4급Ⅱ

又 8획

귀(耳)로 듣고 손(又)으로 취하여 가지니 **취할 취, 가질 취**

+ 耳(귀 이), 又(오른손 우, 또 우)

5급

日 12획

(무슨 일을 결정할 때) 여러 말(曰)을 취하여(取) 들음이

가장 최선이니 **가장 최**

+ 曰(가로 왈) – 제목번호 005 참고

| 最
가장 **최** | 高
높을 고 | 최고 | ① 가장 높음.
② 제일임. |
| 最
가장 **최** | 善
좋을 선 | 최선 | 가장 좋거나 훌륭한 것. |

最	最	最			

Day
10

상산[相算]
– 目으로 된 한자

5급

目 9획

나무(木)처럼 마주 서서 서로의 모습을 보니(目)
서로 상, 모습 상, 볼 상
또 임금과 서로 이야기하는 재상이니 재상 상

👨‍🏫 **선생님의 한 말씀**

재상(宰相)은 임금을 돕고 모든 관원을 지휘하고 감독하는 이품 이상의 벼슬로, 옛날에는 영의정, 지금은 수상이나 국무총리에 해당합니다.

相 서로 상	談 말씀 담	**상담** (문제를 해결하거나 궁금증을 풀기 위하여) 서로 의논함.
觀 볼 관	相 모습 상	**관상** 사람의 얼굴로 그의 운명, 성격, 수명 등을 판단하는 일.
首 우두머리 수	相 재상 상	**수상** '우두머리 재상'으로, 조선 시대 의정부의 으뜸 벼슬.

相 相 相

7급

竹(⺮) 14획

대(⺮)로 눈(目)알처럼 깎아 만든 주판을 받쳐 들고(廾) 하는 셈이니
셈할 산

👨‍🏫 **선생님의 한 말씀**

주판은 옛날에 셈을 하는 데 쓰였던 도구로, 주산(珠算)이라고도 하지요.

算 셈할 산	數 셀 수	**산수** ① 계산하는 방법. ② 수의 성질, 셈의 기초, 초보적인 기하 등을 가르치던 학과목.
算 셈할 산	出 날 출	**산출** 셈하여 냄.

算 算 算

117 직식[直植]

– 直으로 된 한자

🔍 **구조로 암기**

열 십, 많을 십(十) 아래에 눈 목, 볼 목, 항목 목(目)과 감출 혜, 덮을 혜(ㄴ)면 곧을 직, 바를 직(直), 곧을 직, 바를 직(直) 앞에 나무 목(木)이면 심을 식(植)

目 8획

많이(十) 눈(目)으로 덮여진(ㄴ) 부분까지 살펴도 곧고 바르니
곧을 **직**, 바를 **직**

👨‍🏫 **선생님의 한 말씀**

ㄴ는 '감출 혜, 덮을 혜'로, ㄷ과 같은 한자입니다.

直 立 직립 꼿꼿이 섬.
곧을 직 설 립

當 直 당직 근무하는 곳에서 숙직이나 일직 등의 당번이 됨.
마땅할 당 곧을 직

直	直	直				

木 12획

나무(木)를 곧게(直) 세워 심으니 **심을 식**

植 民 地 식민지 본국 밖에 있으면서 본국의 특수한 지배를
심을 식 백성 민 땅 지   받는 지역.

植 物 식물 온갖 나무와 풀의 총칭.
심을 식 물건 물

植	植	植				

Day 10

118

자비[自鼻]
– 自로 된 한자

🔍 구조로 암기

삐침 별(丿) 아래에 눈 목, 볼 목, 항목 목(目)이면 자기 자, 스스로 자, 부터 재(自), 자기 자, 스스로 자, 부터 재(自) 아래에 밭 전(田)과 받쳐 들 공(廾)이면 코 비, 비롯할 비(鼻)

7급

自　6획

(얼굴이 자기를 대표하니) 얼굴에서 잘 드러나는 이마(丿)와 눈(目)을 본떠서 자기 **자**

또 자기 일은 스스로 해야 하니 스스로 **자**

또 모든 것은 자기로부터 비롯되니 부터 **자**

+ 丿['삐침 별(丿)'의 변형으로 여기서는 이마로 봄]

自 作　**자작** 자기가 지음.
자기 **자** 지을 **작**

自 動　**자동** 스스로 움직임(작동함).
스스로 **자** 움직일 **동**

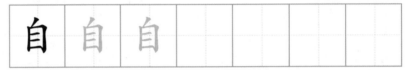

5급

鼻　14획

자기(自)의 밭(田)처럼 생긴 얼굴에 받쳐 든(廾) 모양으로 우뚝 솟은 코니 코 **비**

또 코로 숨을 쉬기 시작면서부터 생명이 비롯하니 비롯할 **비**

+ 廾(받쳐 들 공)

鼻 音　**비음** 코로 내는 소리.
코 **비** 소리 **음**

鼻 祖　**비조** '비롯한 조상'으로, 맨 처음으로 시작한 사람.
비롯할 **비** 조상 **조**

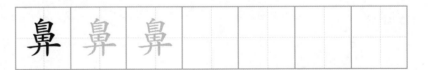

119

전 수도[前 首道]

– 前과 首로 된 한자

🔍 **구조로 암기**

머리털(亠) 아래에 달 월, 육 달 월(月)과 칼 도 방(刂)이면 앞 전(前), 머리털(亠) 아래 이마(丿)와 눈(目)이 있는 머리를 본떠서 머리 수, 우두머리 수(首), 머리 수, 우두머리 수(首) 아래에 뛸 착, 갈 착(辶)이면 길 도, 도리 도(道)

7급

刀(刂) 9획

우두머리(亠)가 몸(月)에 칼(刂)을 차고 서는 앞이니 **앞 전**

前　面　**전면** 물체의 앞쪽 면.
앞 전　향할 면

前	前	前				

5급

首 9획

머리털(亠) 아래 이마(丿)와 눈(目)이 있는 머리니 **머리 수**

또 머리처럼 위에 있는 우두머리니 **우두머리 수**

首　都　**수도** 한 나라의 중앙 정부가 있는 도시.
우두머리 수　도읍 도

首　席　**수석** 우두머리 자리. 일등.
우두머리 수　자리 석

首	首	首				

7급

辵(辶) 13획

머리(首) 두르고 가는(辶) 길이니 **길 도**

또 가는 길처럼 사람이 지켜야 할 도리니 **도리 도**

鐵　道　**철도** '철길'로, 기찻길.
쇠 철　길 도

道　德　**도덕** 인간으로서 마땅히 지켜야 할 도리.
도리 도　덕 덕

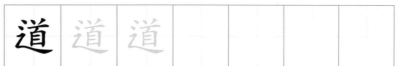

道	道	道				

Day 10

120

면장[面長]

– 面과 長

面 9획

사람의 얼굴을 정면에서 본떠서 **얼굴 면**

또 서로 얼굴 향하고 보니 **향할 면, 볼 면**

對 상대할 대	面 얼굴 면	**대면**	서로 얼굴을 마주 향하고(대고) 대함.
地 땅 지	面 얼굴 면	**지면**	땅의 얼굴(표면). 땅바닥.

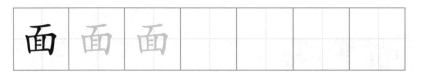

長 8획

입(一)의 위아래에 난 긴 수염을 본떠서 **길 장**

또 수염이 길면 어른이니 **어른 장**

+ 一('한 일'이지만 여기서는 다문 입으로 봄)

長 길 장	短 짧을 단	**장단**	① 길고 짧음. ② 장단점(좋은 점과 나쁜 점).
成 이룰 성	長 어른 장	**성장**	① 사람이나 동식물 등이 자라서 점점 커짐. ② 사물의 규모나 세력 등이 점점 커짐.

실력체크 퀴즈

Day 10

(109~120)

학년　반　성명:
....
공부한 날짜:　　점수:

※ 다음 漢字의 訓(뜻)과 音(소리)을 쓰세요.

01. 福 ▢

02. 奉 ▢

※ 다음 훈음에 맞는 漢字를 쓰세요.

03. 말씀 언 ▢

04. 믿을 신 ▢

※ 다음 문장 중 漢字로 표기된 단어의 독음을 쓰세요.

05. 안내서에는 입장료가 **明示**되어 있다. ▢▢

06. 선생님과 진학 **相談**을 하였다. ▢▢

※ 다음 문장 중 밑줄 친 단어를 漢字로 쓰세요.

07. 그는 나와 평소에 **사교**가 깊은 사이이다. ▢▢

08. 이 드라마는 **실화**를 바탕으로 만든 것이다. ▢▢

※ 다음 漢字語의 뜻을 쓰세요.

09. 最多 ▢

10. 活用 ▢

정답

01. 복 복　02. 받들 봉　03. 言　04. 信　05. 명시　06. 상담　07. 社交　08. 實話　09. 가장 많음.　10. 이리저리 잘 응용함.

신골[身骨]

— 身과 骨

6급

身 7획

아이 밴 여자의 몸(身)을 본떠서 **몸 신**

身 世
몸 신 · 세상 세 → 신세 ① 다른 사람에게 도움을 받거나 폐를 끼치는 일.
② 주로 불행한 일과 관련된 일신상의 처지와 형편.

全 身
온전할 전 · 몸 신 → 전신 온몸.

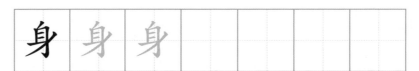

4급

骨 10획

살 속의 뼈를 본떠서 **뼈 골**

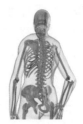

122 심필[心必]
– 心으로 된 한자

Day 11

🔍 **구조로 암기**

심장을 본떠서 마음 심, 중심 심(心), 마음 심, 중심 심(心)에 삐침 별(丿)이면 반드시 필(必)

7급

心 4획

마음이 가슴에 있다고 생각하여 심장을 본떠서 **마음 심**

또 심장이 있는 몸의 중심이니 **중심 심**

😀 **선생님의 한 말씀**

心이 글자의 왼쪽에 붙는 부수인 변으로 쓰일 때는 '마음 심 변(忄)', 글자의 아래에 붙는 부수인 발로 쓰일 때는 '마음 심 발(㣺)'이고, 心을 그대로 발로 쓰일 때도 있습니다.

心 理 심리 마음의 작용과 의식의 상태.
마음 심 다스릴 리

都 心 도심 도시의 중심부.
도읍 도 중심 심

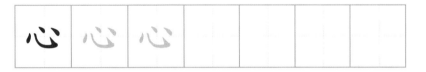

5급

心 5획

하나(丿)에만 매달리는 마음(心)으로 반드시 이루니 **반드시 필**

＋ 丿('삐침 별'이지만 여기서는 하나로 봄)

必 要 필요 반드시 요구되는 바가 있음.
반드시 필 필요할 요

生 必 品 생필품 살아가는 데 반드시 필요한 물건.
살 생 반드시 필 물건 품

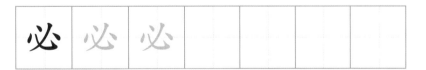

123 덕덕[悳德]
– 悳으로 된 한자

구조로 암기

곧을 직, 바를 직(直) 아래에 마음 심, 중심 심(心)이면 덕 덕(悳), 덕 덕(悳)의 변형(悳) 앞에 조금 걸을 척(彳)이면 덕 덕, 클 덕(德)

2급

心 12획

바르게(直) 마음(心)씀이 덕이니 덕 **덕**

+ 直(곧을 직, 바를 직) – 제목번호 117 참고

> **선생님의 한 말씀**
>
> 悳은 덕 덕, 클 덕(德)을 예전에 쓰던 한자입니다.

5급

彳 15획

행실(彳)이 덕스러우니(悳) 덕 **덕**

또 덕이 있으면 크게 쓰이니 클 **덕**

> **선생님의 한 말씀**
>
> 덕 덕(悳)에 행실을 강조하는 조금 걸을 척(彳)을 붙여 덕 덕, 클 덕(德)을 만들었네요. 悳[덕 덕(悳)의 변형]에 쓰인 罒은 '그물 망'이지만 여기서는 눈 목(目)을 눕혀 놓은 모양으로 보았습니다.

變	德	변덕	이랬다저랬다 잘 변하는 태도나 성질.
변할 **변**	덕 덕		

德	談	덕담	남이 잘되기를 바라는 말.
클 **덕**	말씀 담		

德	德	德					

차조사[且祖査]

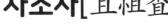

– 且로 된 한자

Day
11

구조로 암기

그릇(一)에 음식을 또또 쌓아올린 모양을 본떠서 또 차(且), 또 구해야 할 정도로 구차하니 구차할 차(且), 또 차, 구차할 차(且) 앞에 보일 시, 신 시(示)면 할아버지 조, 조상 조(祖), 위에 나무 목(木)이면 조사할 사(査)

3급

一   5획

그릇(一)에 음식을 또또 쌓아올린(且) 모양을 본떠서 **또 차**

또 구해야 할 정도로 구차하니 **구차할 차**

7급

示   10획

보면(示) 또(且) 절해야 하는 할아버지니 **할아버지 조**

또 할아버지 위로 대대의 조상이니 **조상 조**

祖	國	조국	① 조상때부터 대대로 살던 나라.
할아버지 조	나라 국		② 자기의 국적이 속하여 있는 나라.

祖	上	조상	할아버지 위로 대대의 어른.
조상 조	위 상		

祖	祖	祖				

5급

木   9획

나무(木)까지 또(且) 조사하니 **조사할 사**

調	査	조사	사물의 내용을 자세히 살핌.
고를 조	조사할 사		

內	査	내사	드러내지 않고 몰래 조사함.
안 내	조사할 사		

査	査	査				

패구[貝具]
- 貝로 된 한자 1

貝 7획

아가미가 나온 조개를 본떠서 **조개 패**

또 인쇄술이 발달하기 전에는 조개껍데기를 재물이나 돈으로도 썼으니

재물 패, 돈 패

> 😊 선생님의 한 말씀
>
> 모양이 비슷한 頁(머리 혈)이나 見(볼 견, 뵐 현)과 혼동하지 마세요.
> + 頁(머리 혈) – 제목번호 134 참고, 見(볼 견, 뵐 현) – 제목번호 139 참고

八 8획

재물(貝)을 하나(一)씩 갖추니 **갖출 구**

또 갖추어 놓고 쓰는 기구니 **기구 구**

具　現　　구현　어떤 내용이 구체적인 사실로 나타나게 함.
갖출 구　나타날 현

家　具　　가구　집안 살림에 쓰이는 기구.
집 가　기구 구

具	具	具				

126

즉(칙)귀질[則貴質]
- 貝로 된 한자 2

구조로 암기

조개 패, 재물 패, 돈 패(貝) 뒤에 칼 도 방(刂)이면 곧 즉,
법칙 칙(則), 위에 가운데 중, 맞힐 중(中)과 한 일(一)이면
귀할 귀(貴), 도끼 근, 저울 근(斤) 둘이면 바탕 질(質)

刀(刂) 9획

재물(貝)을 칼(刂)로 나누는 데 곧 있어야 하는 법칙이니 곧 **즉**, 법칙 **칙**

規	則	규칙 여러 사람이 다 같이 지키기로 한 법칙.
법 규	법칙 칙	

原	則	원칙 (규정하는 사항이) 기본적인 법칙.
근원 원	법칙 칙	

貝 12획

가운데(中) 있는 하나(一)의 재물(貝)이 귀하니 귀할 **귀**

貴	重	귀중 귀하고 중요함.
귀할 귀	귀중할 중	

高	貴	고귀 (지위가) 높고 귀함.
높을 고	귀할 귀	

선생님의 한 말씀

위험할 때는 물건들 사이에 귀한 것을 넣어 보관하지요.

貝 15획

도끼(斤)와 도끼(斤)로 재물(貝)을 나눌 때 드러나는 바탕이니
바탕 질

+ 얜 貭 - 도끼(斤)로 재물(貝)을 나눌 때 드러나는 바탕이니 '바탕 질'
+ 斤(도끼 근, 저울 근) - 제목번호 249 참고

性	質	성질 사물이나 현상이 본디부터 가지고 있는 고유의 특성.
성품 성	바탕 질	

體	質	체질 몸의 바탕(성질).
몸 체	바탕 질	

망죄매 [罒 罪 買]

– 罒으로 된 한자

🔍 구조로 암기

양쪽 기둥에 그물을 얽어 맨 모양을 본떠서 그물 망(罒),
그물 망(罒) 아래에 어긋날 비, 아닐 비, 나무랄 비(非)면
죄지을 죄, 허물 죄(罪), 조개 패, 재물 패, 돈 패(貝)면
살 매(買)

부수자

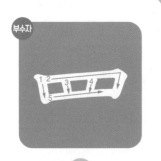

5획

양쪽 기둥에 그물을 얽어 맨 모양을 본떠서 **그물 망**

5급

网(罒) 13획

법의 그물(罒)에 걸리게 어긋나(非) 죄지은 허물이니

죄지을 **죄**, 허물 **죄**

罪 죄지을 죄	目 항목 목	**죄목**	범죄 행위의 항목.
無 없을 무	罪 허물 죄	**무죄**	아무 잘못이나 죄가 없음.

> 😊 **선생님의 한 말씀**
>
> 非는 새의 날개가 서로 어긋나 있음을 본떠서 '어긋날 비', 또 어긋나면 아니라고 나무라니 '아닐 비, 나무랄 비'로 기억해 두세요.

罪	罪	罪					

5급

貝 12획

그물(罒)을 돈(貝) 주고 사니 **살 매**

賣 팔 매	買 살 매	**매매**	사고 팖.
買 살 매	入 들 입	**매입**	물건 등을 사들임.

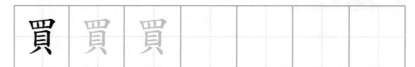

買	買	買					

128

매독(두)[賣讀]

– 賣로 된 한자

🔍 **구조로 암기**

살 매(買) 위에 선비 사(士)면 팔 매(賣), 팔 매(賣) 앞에
말씀 언(言)이면 읽을 독, 구절 두(讀)

5급

貝 **15획**

선비(士)가 사(買) 놓는 물건을 다시 파니 팔 매

+ 약 売 – 선비(士)가 덮어(冖) 놓고 사람(儿)에게 물건을 파니 '팔 매'

賣	場	매장 물건을 파는 곳.
팔 매	마당 장	

賣	出	매출 물건 등을 내다 파는 일.
팔 매	날 출	

賣	賣	賣				

6급

言 **22획**

말(言)하여 물건을 팔(賣)듯 글을 소리 내어 읽으니 읽을 독

또 띄어 읽는 글의 구절이니 구절 두

+ 약 読

音	讀	음독 소리 내어 읽음.
소리 음	읽을 독	

讀	書	독서 책을 읽음.
읽을 독	책 서	

讀	讀	讀				

129

간련[柬練]
— 柬으로 된 한자

🔍 **구조로 암기**

나무 목(木) 중간에 그물 망(罒)이면 가릴 간, 편지 간(柬),
가릴 간, 편지 간(柬) 앞에 실 사, 실 사 변(糸)이면 익힐 련(練)

특급II

木 9획

나무(木)를 가려 그물(罒)처럼 촘촘하게 쓰는 편지니
가릴 **간**, 편지 **간**

😀 **선생님의 한 말씀**

종이가 없었던 옛날에는 나무나 대 조각에 글자를 새겼답니다.

5급

糸 15획

실(糸)을 엮듯(柬) 무엇을 가려 익히니 **익힐 련(연)**

練	習	연습 익숙하도록 되풀이하여 익힘.
익힐 연	익힐 습	

訓	練	훈련 가르쳐서 익히게 함.
가르칠 훈	익힐 련	

練	練	練					

130 촉독[蜀獨]

– 蜀으로 된 한자

🔍 **구조로 암기**

그물 망(罒) 아래에 쌀 포(勹)와 벌레 충(虫)이면 애벌레 촉(蜀), 애벌레 촉(蜀) 앞에 큰 개 견, 개 사슴 록 변(犭)이면 홀로 독, 자식 없을 독(獨)

2급

虫 **13획**

그물(罒) 같은 집에 싸여(勹)있는 애벌레(虫)니

애벌레 촉

👓 **선생님의 한 말씀**

虫은 벌레 모양을 본떠서 만든 '벌레 충'으로, 여러 마리 벌레가 모인 모양을 본떠서 만든 '벌레 충(蟲)'의 속자나 부수로 쓰입니다.

5급

犬(犭) **16획**

개(犭)와 애벌레(蜀)의 관계처럼 어울리지 못하고 홀로니 **홀로 독**

또 늙어서 홀로 지내게 자식이 없으니 **자식 없을 독**

+ 약 独 – 개(犭)와 벌레(虫)의 관계처럼 어울리지 못하고 홀로니 '홀로 독'
　　　　또 늙어서 홀로 지내게 자식이 없으니 '자식 없을 독'
+ 犭(큰 개 견, 개 사슴 록 변) – 제목번호 068 참고

獨 立　**독립** '홀로 섬'으로, 남에게 의존하지 않음.
홀로 독　설 립

獨 白　**독백** 혼자서 중얼거림. 배우가 상대역 없이 혼자 말하는 행위.
홀로 독　아뢸 백

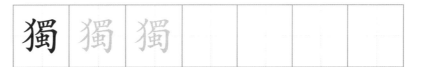

흑회[黑會]

– 黑과 會

5급

黑 12획

굴뚝(里)처럼 불(灬)때면 그을려 검으니 **검을 흑**

+ 암 黑 – 마을(里)이 불(灬)에 그을려 검으니 '검을 흑'
+ 里(구멍 뚫린 굴뚝의 모양으로 봄)

> 👨‍🏫 **선생님의 한 말씀**
>
> 수입보다 지출이 많아 수지가 맞지 않는다는 적자(赤字)는 적자가 나면 안 되니까 경고의
> 의미로 부족액을 붉은 글자로 쓴다는 데서 유래되었고, 이익이 날 때 쓰이는 흑자(黑字)는 경고의
> 의미 없이 보통으로 많이 쓰는 검정 글자로 쓴다는 데서 유래되었지요.

黑	白	흑백 검은빛과 흰빛.
검을 흑	흰 백	

黑	字	흑자 수입이 지출을 초과하여 이익이 생기는 일.
검을 흑	글자 자	

黑	黑	黑					

6급

日 13획

사람(人)이 하나(一) 같이 마음의 창(罒)을 열고 말하기(曰) 위해 모이니 **모일 회**

+ 암 會 – 사람(人)이 말하기(云) 위해 모이니 '모일 회'

> 👨‍🏫 **선생님의 한 말씀**
>
> 罒은 창문의 모양을 본떠서 '창문 창'으로 보았는데, 실제 쓰이는 한자는 아닙니다. 그물 망(罒)
> 과 비슷하니 혼동하지 마세요.

會	談	회담 (어떤 문제를 가지고 한 자리에) 모여서 말함.
모일 회	말씀 담	

集	會	집회 여러 사람이 어떤 목적을 위하여 일시적으로 모임.
모일 집	모일 회	

會	會	會					

132

아요[兩要]
– 兩로 된 한자

🔍 **구조로 암기**

뚜껑(ㅠ)을 덮으니(冂) 덮을 아(兩), 덮을 아(兩)의 변형(覀)
아래에 여자 녀(女)면 중요할 요, 필요할 요(要)

부수자

6획

뚜껑(ㅠ)을 덮으니(冂) 덮을 **아**

+ ㅠ(뚜껑의 모양), 冂['멀 경, 성 경'이지만 여기서는 '덮을 멱(冖)'의 변형으로 봄]

Day
11

5급

兩(覀) **9획**

덮듯(覀) 몸에 입는 옷이 여자(女)에게는 더욱 중요하고 필요하니
중요할 **요**, 필요할 **요**

+ 覀['덮을 아(兩)'의 변형으로 봄]

重 要   **중요** 귀중하고 필요함.
무거울 **중** 필요할 **요**

必 要   **필요** 반드시 있어야 함.
반드시 **필** 필요할 **요**

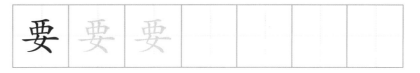

※ 다음 漢字의 訓(뜻)과 흄(소리)을 쓰세요.

01. 必 ☐

02. 査 ☐

※ 다음 훈음에 맞는 漢字를 쓰세요.

03. 몸 신 ☐

04. 할아버지 조 ☐

※ 다음 문장 중 漢字로 표기된 단어의 독음을 쓰세요.

05. 그는 道德에 어긋난 행동은 절대 하지 않는다. ☐☐

06. 근본 原則에 맞게 행동해야 합니다. ☐☐

※ 다음 문장 중 밑줄 친 단어를 漢字로 쓰세요.

07. 회식하는 자리에 그 사람이 빠지면 재미가 없다. ☐☐

08. 오랜만에 산에 오르니 심신이 상쾌하다. ☐☐

※ 다음 漢字語의 뜻을 쓰세요.

09. 貴重 ☐

10. 賣買 ☐

정답

01. 반드시 필 02. 조사할 사 03. 身 04. 祖 05. 도덕 06. 원칙 07. 會食 08. 心身 09. 귀하고 중요함.
10. 사고 팖.

고가[賈價]
− 賈로 된 한자

Day 12

2급

貝   13획

덮어(覀) 쌓아 놓고 재물(貝)을 파는 장사니 **장사 고**

+ 覀['덮을 아(襾)'의 변형으로 봄]

> 👨‍🏫 **선생님의 한 말씀**
>
> '장사(事)'는 물건을 파는 일이고, '장수(手)'는 물건을 파는 사람이라는 건 알고 있지요?
> 장사와 장수는 事(일 사, 섬길 사)와 手(손 수, 재주 수, 재주 있는 사람 수)로 구분하세요.

5급

人(亻)   15획

사람(亻)이 장사(賈)할 때 부르는 값이니 **값 가**

또 값을 매기는 가치니 **가치 가**

+ 옙 価 − 사람(亻)이 덮어(襾) 놓고 파는 값이니 '값 가'

價	格	**가격** 물건이 지니고 있는 가치를 돈으로 나타낸 것.
값 가	격식 격	

定	價	**정가** 상품에 일정한 값을 매김. 또는 그 값.
정할 정	값 가	

正	價	**정가** 바른(정당한) 값.
바를 정	값 가	

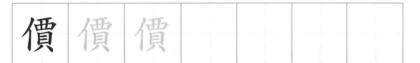

價	價	價				

혈순류[頁順類]
– 頁로 된 한자

구조로 암기

머리(一)에서 이마(丿)와 눈(目) 있는 얼굴 아래 목(八)까지를 본떠서 머리 혈(頁), 머리 혈(頁) 앞에 내 천(川)이면 순할 순(順), 쌀 미(米)와 개 견(犬)이면 닮을 류, 무리 류(類)

특급Ⅱ

頁 9획

머리(一)에서 이마(丿)와 눈(目) 있는 얼굴 아래 목(八)까지를 본떠서
머리 **혈**

5급

頁 12획

(위에서 아래로 흐르는) 냇물(川)처럼 우두머리(頁)의 명령을 따름이
순하니 **순할 순**

+ 川(내 천) – 제목번호 253 참고

| 順
순할 순 | 理
이치 리 | 순리 | ① 도리에 순종함.
② 마땅한 도리나 이치. |
| 順
순할 순 | 序
차례 서 | 순서 | 정하여 있는 차례. |

順	順	順					

5급

頁 19획

쌀(米)밥을 보고 달려오는 개(犬)들의 머리(頁)처럼 닮은 무리니
닮을 **류(유)**, 무리 **류(유)**

| 類
닮을 유 | 例
법식 례 | 유례 | 같거나 비슷한 예. |
| 種
종류 종 | 類
무리 류 | 종류 | 사물의 부문을 나누는 갈래. |

類	類	類					

135

인아[儿兒]
– 儿으로 된 한자

🔍 **구조로 암기**

사람 인(人)이 글자의 발로 쓰일 때의 모양으로 사람 인
발(儿), 사람 인 발(儿), 위에 절구 구(臼)면 아이 아(兒)

儿 **2획**

사람 인(人)이 글자의 발로 쓰일 때의 모양으로 **사람 인 발**

선생님의 한 말씀

'발'은 부수 이름이기에, 제목은 儿의 원래 한자인 사람 인(人)의 '인'으로 제목을 달았습니다.

人(儿) **8획**

절구(臼)처럼 머리만 커 보이는 사람(儿)은 아이니 **아이 아**

+ 역 兒 – 태어난 지 일(丿)일(日) 정도 되는 사람(儿)은 아이니 '아이 아'
+ 臼(절구 구) – 제목번호 284 참고, 丨('뚫을 곤'이지만 여기서는 숫자 1로 봄)

兒 童   **아동** 어린아이.
아이 **아** 아이 **동**

育 兒   **육아** 아이를 기름.
기를 **육** 아이 **아**

광충[光充]

– 儿으로 된 한자 2

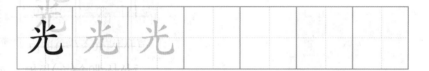
🔍 **구조로 암기**

사람 인 발(儿) 위에 작을 소(小)의 변형(⺍)과 한 일(一)이면 빛 광, 경치 광(光), 머리 부분 두(亠)와 사사로울 사, 나 사(厶)면 가득 찰 충, 채울 충(充)

6급

人(儿) 6획

조금(⺍)씩 땅(一)과 사람(儿)에게 비치는 빛이니 **빛 광**

또 빛으로 말미암아 드러나는 경치니 **경치 광**

+ ⺍['작을 소(小)'의 변형으로 봄], 一('한 일'이지만 여기서는 땅으로 봄)

後	光	후광	어떤 인물 또는 사물을 더욱 빛나게 하는 배경.
뒤 후	빛 광		

觀	光	관광	(다른 나라나 다른 지방의) 문화·풍광 등을 봄.
볼 관	경치 광		

光	光	光					

5급

人(儿) 6획

머릿(亠)속에 사사로운(厶) 생각을 사람(儿)이 가득 차게 채우니

가득 찰 충, 채울 충

充	足	충족	분량에 차서 넉넉함.
가득 찰 충	넉넉할 족		

充	電	충전	(축전지 등에) 전기를 채움.
채울 충	전기 전		

充	充	充					

형축경 [兄祝競]
− 兄으로 된 한자

人(儿) 5획

동생을 말하며(口) 지도하는 사람(儿)이 형이고 어른이니

형 **형**, 어른 **형**

兄	夫	**형부**	형(언니)의 남편.
형 형	남편 부		
兄	弟	**형제**	형과 아우.
형 형	아우 제		

示 10획

신(示)께 입(口)으로 사람(儿)이 비니 빌 **축**

또 좋은 일에 행복을 빌며 축하하니 축하할 **축**

自	祝	**자축**	자기 일을 자기가 축하함.
자기 자	축하할 축		
祝	歌	**축가**	축하하는 뜻으로 부르는 노래.
축하할 축	노래 가		

立 20획

마주 서서(立立) 두 형(兄兄)들이 겨루니 겨룰 **경**

競	爭	**경쟁**	(같은 목적에 서로) 겨루어 다툼.
겨룰 경	다툴 쟁		
競	技	**경기**	(일정한 규칙 아래) 기술을 겨룸.
겨룰 경	재주 기		

원 완원[元 完院]
− 元과 完으로 된 한자

5급

人(儿) 4획

하늘 땅(二) 사이에 사람(儿)이 원래 으뜸이니 **원래 원, 으뜸 원**

元　來　　원래　본디(사물이 전하여 내려온 그 처음). 원래(原來).
원래 원　올 래

元　金　　원금　(이자 없이) 원래의 돈.
원래 원　금 금

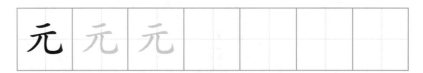

5급

宀 7획

집(宀)을 으뜸(元)으로 잘 지어 완전하니 **완전할 완**

完　全　　완전　필요한 것이 모두 갖추어져 모자람이나 흠이 없음.
완전할 완　온전할 전

完　成　　완성　완전히 다 이룸.
완전할 완　이룰 성

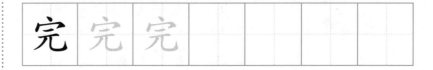

5급

阜(阝) 10획

언덕(阝)에 완전하게(完) 지은 집이나 관청이니 **집 원, 관청 원**

院　長　　원장　원(院) 자가 붙은 기관의 우두머리.
집 원　어른 장

學　院　　학원　학교 설치 기준에는 미달한 사립 교육 기관.
배울 학　관청 원

院　院　院

견(현)현규[見現規]
– 見으로 된 한자

5급

見 7획

눈(目)으로 사람(儿)이 보거나 뵈니 **볼 견, 뵐 현**

| 見 | 聞 | **견문** 보고 들음. 또는 그 지식. |
| 볼 견 | 들을 문 | |

| 發 | 見 | **발견** 미처 찾아내지 못하였거나 아직 알려지지 아니한 사물이나 |
| 일어날 발 | 볼 견 | 현상, 사실 등을 찾아냄. |

見　見　見

6급

玉(王) 11획

구슬(王)을 갈고 닦으면 이제 바로 무늬가 보이게(見) 나타나니
이제 현, 나타날 현

| 現 | 在 | **현재** ① 지금의 시간. |
| 이제 현 | 있을 재 | ② 기준으로 삼은 그 시점. |

| 實 | 現 | **실현** 꿈, 기대 등을 실제로 이룸. |
| 실제 실 | 나타날 현 | |

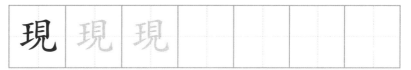

現　現　現

5급

見 11획

사내(夫)가 눈여겨보아야(見) 할 법이니 **법 규**

👨‍🏫 **선생님의 한 말씀**

혈기 왕성한 사내는 자칫 법을 어길 수 있으니 조심해야 하지요.

| 法 | 規 | **법규** 지켜야 할 규범. |
| 법 법 | 법 규 | |

| 規 | 則 | **규칙** 여러 사람이 다 같이 지키기로 한 법칙. |
| 법 규 | 법칙 칙 | |

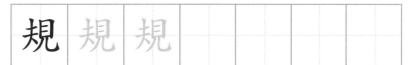

規　規　規

Day 12

태세(설·열)[兌說]
－ 兌로 된 한자

2급

人(儿) 7획

요모조모 **나누어(八)** 생각하여 **형(兄)**이 마음을 바꾸니 **바꿀 태**

5급

言 14획

(알아듣도록) 말(言)을 **바꾸어(兌)** 가며 달래고 말씀하면 기쁘니
달랠 세, 말씀 설, 기쁠 열

說 話	설화 있지 아니한 일에 대하여 사실처럼 재미있게 말함. 또는
말씀 설 말씀 화	그런 이야기.
說 明	설명 (내용을 잘 알 수 있도록) 분명하게 말함.
말씀 설 밝을 명	

說	說	說					

141

서유의[西酉醫]
– 西와 酉로 된 한자

🔍 구조로 암기

한 일(一) 아래에 사람 인 발(儿)과 에운담, 나라 국(囗)이면 서쪽 서(西), 술 담는 그릇을 본떠서 술그릇 유, 술 유, 닭 유(酉), 술그릇 유, 술 유, 닭 유(酉) 위에 상자 방(匚)과 화살 시(矢), 칠 수, 창 수, 몽둥이 수(殳)면 의원 의(醫)

8급

西 6획

지평선(一) 아래(囗)로 해가 들어가는(儿) 서쪽이니 서쪽 서

+ 儿('사람 인 발'이지만 여기서는 들어가는 모양으로 봄)

東 西   동서 동쪽과 서쪽을 아울러 이르는 말.
동쪽 동 서쪽 서

西	西	西				

3급

酉 7획

술 담는 그릇을 본떠서 술그릇 유, 술 유

또 술 마시듯 고개 들고 물을 마시는 닭이니 닭 유

😎 선생님의 한 말씀

술과 관련된 한자에 부수로 많이 쓰입니다.

6급

酉 18획

상자(匚)처럼 패이고 화살(矢)과 창(殳)에 찔린 곳을 약술(酉)로
소독하고 치료하는 의원이니 의원 의

+ 약 医 – 약상자(匚)를 들고 화살(矢)처럼 달려가 치료하는 의원이니 '의원 의'
+ 殳(칠 수, 창 수, 몽둥이 수) – 제목번호 159 發의 주 참고

醫 院   의원 진료 시설을 갖추고 의사가 의료 행위를 하는 곳.
의원 의 집 원

醫 術   의술 병을 고치는 기술.
의원 의 기술 술

醫	醫	醫				

142

금념[今念]

– 今으로 된 한자

🔍 **구조로 암기**

사람 인(人) 아래에 한 일(一)과 이를 급, 미칠 급(及)의 변형(ㄱ)이면 이제 금, 오늘 금(今), 이제 금, 오늘 금(今) 아래에 마음 심, 중심 심(心)이면 생각 념(念)

6급

人 4획

사람(人)이 하나(一)같이 모여드는(ㄱ) 때가 바로 이제 오늘이니

이제 금, 오늘 금

+ ㄱ['이를 급, 미칠 급(及)'의 변형으로 봄]

東	西	古	今	동서고금 '동양이나 서양이나 예나 지금이
동쪽 동	서쪽 서	옛 고	이제 금	나'로, 언제 어디서나.

今	日			금일 오늘.
오늘 금	날 일			

今	今	今					

5급

心 8획

지금(今) 마음(心)에 있는 생각이니 **생각 념(염)**

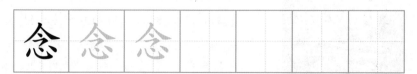

念	願	염원 (마음속으로) 생각하고 원함.
생각 염	원할 원	

記	念	기념 기억하여 생각함.
기억할 기	생각 념	

念	念	念					

143

령(영)명[令命]

– 令으로 된 한자 1

🔍 구조로 암기

사람 인(人) 아래에 한 일(一)과 무릎 꿇을 절, 병부 절(卩)의 변형(卪)이면 하여금 령, 명령할 령, 착할 령, 아름다울 령, 계절 령(令), 하여금 령, 명령할 령(令) 앞에 입 구, 말할 구, 구멍 구(口)면 명령할 명, 목숨 명, 운명 명(命)

人　5획

사람(人)으로 하여금 하나(一)같이 무릎 꿇게(卪) 명령하니
하여금 령(영), 명령할 령(영)
또 명령을 따르듯 착하고 아름다우니
착할 령, 아름다울 령
또 명령을 따르듯 바뀌는 계절이니 계절 령

+ 卪['무릎 꿇을 절, 병부 절(卩)'의 변형으로 봄]

命　令　　명령　윗사람이 시키는 분부.
명령할 **명**　명령할 **령**

傳　令　　전령　명령을 전함. 또는 전하는 사람.
전할 **전**　명령할 **령**

口　8획

입(口)으로 명령하니(令) 명령할 **명**
또 명령으로 좌우되는 목숨이나 운명이니 목숨 **명**, 운명 **명**

任　命　　임명　일정한 지위나 임무를 남에게 맡김.
맡을 **임**　명령할 **명**

救　命　　구명　사람의 목숨을 구함.
구원할 **구**　목숨 **명**

運　命　　운명　인간을 포함한 모든 것을 지배하는 초인간적인 힘. 또는
운수 **운**　운명 **명**　　그것에 의하여 이미 정하여져 있는 목숨이나 처지.

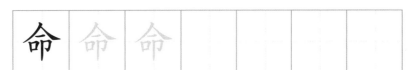

144

랭령[冷領]

– 令으로 된 한자 2

🔍 **구조로 암기**

하여금 령, 명령할 령(令) 앞에 이 수 변(冫)이면 찰 랭(冷), 뒤에 머리 혈(頁)이면 거느릴 령, 우두머리 령(領)

5급

氷(冫) 7획

얼음(冫)처럼 상관의 **명령**(令)은 차니 **찰 랭(냉)**

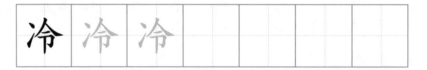
👨‍🏫 **선생님의 한 말씀**

冫은 얼음 빙(氷)이 부수로 쓰일 때의 모양으로, 점이 둘이니 '이 수 변'이라 합니다.

冷 찰 냉	氣 기운 기	**냉기** 찬 기운.
冷 찰 냉	情 정 정	**냉정** '차가운 정'으로, 매정하고 쌀쌀한 마음.

冷	冷	冷					

5급

頁 14획

명령하며(令) 거느리는 **우두머리**(頁)니

거느릴 령(영), 우두머리 령(영)

領 거느릴 령	土 흙 토	**영토** '거느리는 땅'으로, 국가의 통제권이 미치는 구역.
要 중요할 요	領 우두머리 령	**요령** ① 가장 긴요하고 으뜸이 되는 골자나 줄거리. ② 일을 하는 데 꼭 필요한 묘한 이치. ③ 적당히 넘기는 잔 꾀.

領	領	領					

학년   반 성명:

공부한 날짜: 점수:

※ 다음 漢字의 訓(뜻)과 音(소리)을 쓰세요.

01. 順 ☐

02. 兒 ☐

※ 다음 훈음에 맞는 漢字를 쓰세요.

03. 빛 광 ☐

04. 이제 현 ☐

※ 다음 문장 중 漢字로 표기된 단어의 독음을 쓰세요.

05. 이 상점은 **定價**대로 물건을 판다. ☐☐

06. 학과들이 특성화되면서 교과의 **種類**가 많아졌다. ☐☐

※ 다음 문장 중 밑줄 친 단어를 漢字로 쓰세요.

07. 그는 엉뚱하게 **동문서답**하면서 딴청을 피웠다. ☐☐☐☐

08. 현대에는 **의술**이 발달하여 웬만한 병은 다 고칠 수 있다. ☐☐

※ 다음 漢字語의 뜻을 쓰세요.

09. 充足 ☐

10. 完成 ☐

정답

01. 순할 순 02. 아이 아 03. 光 04. 現 05. 정가 06. 종류 07. 東問西答 08. 醫術 09. 분량에 차서 넉넉함.
10. 완전히 다 이룸.

145

합급답[合給答]

– 合으로 된 한자

🔍 **구조로 암기**

사람 인(人) 아래에 한 일(一)과 입 구, 말할 구, 구멍 구(口)면 합할 합, 맞을 합(合), 합할 합, 맞을 합(合) 앞에 실 사, 실 사 변(糸)이면 줄 급(給), 위에 대 죽(⺮)이면 대답할 답, 값을 답(答)

6급

口 6획

사람(人)이 하나(一) 같이 말할(口) 정도로 뜻이 서로 합하여 맞으니
합할 **합**, 맞을 **합**

合 합할 합	席 자리 석	**합석** 자리를 함께하여 앉음.
合 맞을 합	格 격식 격	**합격** 어떤 조건이나 격식에 맞음.

合 合 合

5급

糸 12획

실(糸)을 합치듯(合) 이어 주니 줄 **급**

給 줄 급	食 먹을 식	**급식** 식사를 제공함.
月 달 월	給 줄 급	**월급** 한 달을 단위로 주는(받는) 돈.

給 給 給

7급

⺮(竹) 12획

대(⺮)에 글을 써 뜻에 맞게(合) 대답하고 값으니
대답할 **답**, 값을 **답**

筆 글씨 필	答 대답할 답	**필답** 글로 써서 대답함.
答 대답할 답	案 생각 안	**답안** 문제의 해답. 또는 그 해답을 쓴 것.

😊 **선생님의 한 말씀**

종이가 없던 시절에는 대쪽에 글을 써서 주고받았답니다.

答 答 答

146 망망[亡望]
– 亡으로 된 한자

🔍 **구조로 암기**

머리 부분 두(亠) 아래에 감출 혜, 덮을 혜(乚)면 망할 망, 달아날 망, 죽을 망(亡), 망할 망, 달아날 망, 죽을 망(亡) 뒤에 달 월, 육 달 월(月) 아래에 임금 왕, 으뜸 왕, 구슬 옥 변(王)이면 바랄 망, 보름 망(望)

亠 | 3획

머리(亠)를 감추어야(乚) 할 정도로 망하여 달아나니

망할 망, 달아날 망

또 망하여 죽으니 죽을 망

+ 亠(머리 부분 두) – 제목번호 148 市 참고

👨‍🏫 **선생님의 한 말씀**

乚는 '감출 혜, 덮을 혜'로, 匸과 같은 한자입니다.

亡　身　망신 '몸을 망침'으로, 지위와 명망을 잃음.
망할 망　몸 신

敗　亡　패망 ① 싸움에서 져서 망함.
패할 패　달아날 망　② 싸움에서 져서 죽음.

死　亡　사망 죽음.
죽을 사　죽을 망

月 | 11획

망가진(亡), 즉 이지러진 달(月)을 보고 왕(王) 같은 보름달이 되기를 바라는 보름이니 **바랄 망, 보름 망**

👨‍🏫 **선생님의 한 말씀**

보름은 음력의 매월 15일로, 이때 둥근 보름달이 뜨지요.

所　望　소망 바라는 바. 희망.
바 소　바랄 망

望　月　망월 보름달.
보름 망　달 월

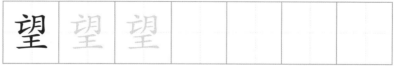

경경[京景]
− 京으로 된 한자

6급

亠 8획

높은(龺) 곳에도 작은(小) 집들이 많은 서울이니 서울 경

+ 龺['높을 고(高)'의 획 줄임]

👓 **선생님의 한 말씀**

지금은 정비되어 좋아졌지만 옛날에는 고지대에 달동네가 많았답니다.

北	京	**북경** '베이징'을 우리 한자음으로 읽은 이름.
북쪽 북	서울 경	

上	京	**상경** (시골에서) 서울로 올라옴.
오를 상	서울 경	

5급

日 12획

햇(日)볕이 서울(京)을 비추면 드러나는 경치가 크니
볕 경, 경치 경, 클 경

景	致	**경치** 자연의 아름다운 모습.
경치 경	이를 치	

雪	景	**설경** 눈이 내리거나 쌓인 경치.
눈 설	경치 경	

148

건 시야[巾 市夜]
– 巾과 亠로 된 한자

🔎 **구조로 암기**

멀 경, 성 경(冂)에 뚫을 곤(丨)이면 수건 건(巾), 머리 부분 두(亠) 아래에 수건 건(巾)이면 시장 시, 시내 시(市), 사람 인 변(亻)과 저녁 석(夕), 파임 불(乀)이면 밤 야(夜)

1급

巾 3획

성(冂)처럼 사람(丨)이 몸에 두르는 수건이니 **수건 건**

+ 丨('뚫을 곤'이지만 여기서는 사람으로 봄)

7급

巾 5획

머리(亠)를 수건(巾)으로라도 꾸미고 가던 시장이나 시내니

시장 **시**, 시내 **시**

+ 亠 – (옛날 갓을 쓸 때) 상투를 튼 머리 부분 모양에서 '머리 부분 두'
+ 상투 – 옛날에 장가든 남자가 머리털을 머리 위에 감아 맨 것.

| 出 | 市 | 출시 | 상품이 시중에 나옴. 또는 상품을 시중에 내보냄. |
| 나갈 출 | 시장 시 | | |

| 市 | 內 | 시내 | 도시의 안. 또는 시의 구역 안. |
| 시내 시 | 안 내 | | |

> 👨‍🏫 **선생님의 한 말씀**
>
> 옛날에는 모자처럼 수건을 두르고 시장에 갔던가 봐요.

| 市 | 市 | 市 | | | |

6급

夕 8획

머리(亠) 두르고 사람(亻)이 집으로 돌아가는 저녁(夕)부터 이어진(乀)

밤이니 **밤 야**

+ 乀('파임 불'이지만 여기서는 이어진 모양으로 봄)

| 夜 | 間 | 야간 | 밤사이. |
| 밤 야 | 사이 간 | | |

| 夜 | 景 | 야경 | 밤의 경치. |
| 밤 야 | 경치 경 | | |

| 夜 | 夜 | 夜 | | | |

149

녁 병병[疒 丙病]
─ 疒과 丙으로 된 한자

🔍 **구조로 암기**

머리 부분 두(亠)에 나무 조각 장, 장수 장 변(爿)의 약자(疒)면 병들 녁(疒), 한 일(一) 아래에 안 내(內)의 속자(内)면 남쪽 병, 밝을 병(丙), 병들 녁(疒)에 남쪽 병, 밝을 병(丙)이면 병들 병, 근심할 병(病)

부수자

5획

머리 부분(亠)을 나무 조각(爿)에 기대야 할 정도로 병드니 **병들 녁**

+ 앱 爿(나무 조각 장, 장수 장 변)

3급II

一 5획

(북반구의) 하늘(一)에서는 안(内)쪽이 남쪽이고 밝으니
남쪽 병, 밝을 병

+ 一('한 일'이지만 여기서는 하늘로 봄), 内[안 내(內)의 속자]

6급

疒 10획

병들어(疒) 불 밝혀(丙) 놓고 치료하며 근심하니
병들 병, 근심할 병

問 病	문병	앓는 사람을 찾아가 위로함.
물을 문 병들 병		

病 患	병환	병(病)의 높임말.
병들 병 근심 환		

病	病	病				

150 립위[立位]
– 立으로 된 한자

🔍 **구조로 암기**

사람이 다리 벌리고 땅(一)에 서 있는 모양에서 설 립(立),
설 립(立) 앞에 사람 인 변(亻)이면 자리 위(位)

立 5획

사람이 팔다리 벌리고 땅(一)에 서 있는 모양에서 **설 립(입)**

| 建
세울 건 | 立
설 **립** | **건립** | ① 건물, 기념비, 동상, 탑 등을 만들어 세움.
② 기관, 조직체 등을 새로 조직함. |
| 成
이룰 성 | 立
설 **립** | **성립** | 일이나 관계 등이 제대로 이루어짐. |

人(亻) 7획

사람(亻)이 서(立) 있는 자리니 **자리 위**

| 方
방향 **방** | 位
자리 **위** | **방위** | 어떤 방향의 위치. |
| 品
등급 **품** | 位
자리 **위** | **품위** | '등급에 맞는 자리'로, 의젓함을 지니는 몸가짐. |

151

음식(지)장[音識章]
- 음으로 된 한자

🔍 **구조로 암기**

설 립(立) 아래에 가로 왈(曰)이면 소리 음(音), 소리 음(音) 앞에 말씀 언(言), 뒤에 창 과(戈)면 알 식, 기록할 지(識), 아래에 열 십, 많을 십(十)이면 문장 장, 글 장(章)

6급

音 9획

서서(立) 말하듯(曰) 내는 소리니 **소리 음**

音 量 **음량** 악기 소리 등이 크거나 작게 울리는 정도.
소리 음 헤아릴 량

音	音	音					

5급

言 19획

말(言)이나 소리(音)를 창(戈)으로 알게 기록하니 **알 식, 기록할 지**

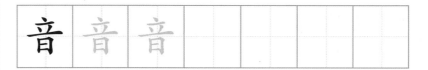 **선생님의 한 말씀**

전쟁이 잦았던 옛날에는 항상 무기를 가지고 생활했으니, 가지고 있던 무기로 땅에 기록하기도 했겠지요.

識 見 **식견** '학식과 견문'으로, 사물을 분별할 수 있는 능력을 말함.
알 식 볼 견

知 識 **지식** 어떤 대상에 대하여 배우거나 실천을 통하여 알게 된 명확
알 지 알 식   한 인식이나 이해.

識	識	識					

6급

立 11획

소리(音)를 적은 글자를 열(十) 개 정도면 되는 문장이나 글이니
문장 장, 글 장

文 章 **문장** 생각이나 느낌을 글자로 기록하여 나타낸 것.
글월 문 문장 장

圖 章 **도장** 나무, 수정 등의 재료를 깎아 이름을 새겨 개인이나 단체가
그림 도 문장 장   어떤 것을 확인했음을 표시하는 데 쓰는 물건.

章	章	章					

의억[意億]
– 意로 된 한자

🔍 **구조로 암기**

소리 음(音) 아래에 마음 심, 중심 심(心)이면 뜻 의(意),
뜻 의(意) 앞에 사람 인 변(亻)이면 억 억(億)

心 13획

소리(音)를 듣고 마음(心)에 생각되는 뜻이니 **뜻 의**

意　見　　의견　어떤 대상에 대하여 가지는 생각.
뜻 의　볼 견

意　思　　의사　마음 먹은 생각. 마음.
뜻 의　생각할 사

意	意	意				

人(亻) 15획

너무 커서 사람(亻)이 뜻(意)을 생각해 보는 억이니 **억 억**

🧑‍🏫 **선생님의 한 말씀**

億은 1초에 하나를 세는 속도로 3년 이상을 쉬지도 않고 자지도 않고 세어야 하는 큰 수입니다.

數　億　　　　　수억　억의 두서너 배가 되는 수.
두어 수　억 억

億　萬　長　者　억만장자　수억의 돈을 가진 부자.
억 억　일만 만　어른 장　놈 자

億	億	億				

153

동종[童鐘]
– 童으로 된 한자

🔍 **구조로 암기**

마을 리, 거리 리(里) 위에 설 립(立)이면 아이 동(童),
아이 동(童) 앞에 쇠 금, 금 금, 돈 금, 성씨 김(金)이면
쇠북 종, 종치는 시계 종(鐘)

6급

立 12획

서서(立) 마을(里)에서 노는 사람은 주로 아이니 **아이 동**

👨‍🏫 **선생님의 한 말씀**

어른들은 일터에 나가고 마을에서 노는 사람은 주로 아이들이지요.

童	心	동심	어린이의 마음. 어린이처럼 순진한 마음.
아이 동	마음 심		

惡	童	악동	① 행실이 나쁜 아이.
악할 악	아이 동		② 장난꾸러기.

童	童	童					

특급Ⅱ

金 20획

쇳(金)소리가 아이(童) 소리처럼 맑은 쇠북이니 **쇠북 종**

또 쇠북처럼 종치는 시계니 **종치는 시계 종**

154

신행[辛幸]
– 幸으로 된 한자

🔍 **구조로 암기**

설 립(立) 아래에 열 십, 많을 십(十)이면 고생할 신, 매울 신(辛), 고생할 신, 매울 신(辛) 위에 한 일(一)이면 행복할 행, 바랄 행(幸)

辛 7획

서(立) 있는 곳이 십(十)자가 위인 것처럼 고생하니 **고생할 신**

또 먹기에 고생하도록 매우니 **매울 신**

> 👨‍🏫 **선생님의 한 말씀**
>
> '십(十)자가 위에 서(立) 있는 것처럼 고생하니 고생할 신'으로 어원을 풀면 더 자연스러운데, 필순을 고려해서 어원을 풀다 보니 어색한 어원이 되었네요. 이 교재는 좀 어색한 어원이 되더라도 모두 필순을 고려해서 어원을 풀었습니다.

干 8획

하나(一) 정도만 바꿔 생각하면 고생(辛)도 행복하니 **행복할 행**

또 행복은 누구나 바라니 **바랄 행**

> 👨‍🏫 **선생님의 한 말씀**
>
> 모든 것은 마음먹기에 따라 달라져, 조금만 바꿔 생각하면 고생도 행복이 되지요.

幸　福　**행복** 욕구가 충족되어 부족감이 없는 상태.
행복할 행　복 복

多　幸　**다행** '많은 행복'으로, 운수가 좋음.
많을 다　행복할 행

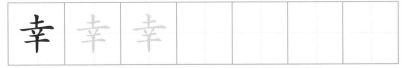

착업대[丵業對]
– 丵으로 된 한자

🔍 구조로 암기

고생할 신, 매울 신(辛) 위에 점 셋을 붙여 풀 무성할 착(丵),
풀 무성할 착(丵) 아래에 나무 목(木)이면 업 업, 일 업(業),
아래에 한 일(一)과 뒤에 마디 촌, 법도 촌(寸)이면 상대할 대,
대답할 대(對)

급외자

| 10획

매울 신, 고생할 신(辛) 위에 점 셋(ᐝ)을 더 붙여 풀 무성한 모양을
나타내어 **풀 무성할 착**

6급

木 13획

풀 무성한(丵) 곳에 있는 나무(木)와 같이 이미 정해진 업이고 일이니
업 업, 일 업

作 業   작업 일을 함. 또는 그 일.
지을 작 일 업

產 業   산업 (인간 생활에 필요한
낳을 산 일 업   여러 가지 재화를) 생
            산하는 일.

👓 선생님의 한 말씀

업(業)은 몸과 입과 뜻으로 짓는 선
악의 소행, 또는 직업을 이르는 말입
니다.

業	業	業					

6급

寸 14획

풀 무성하듯(丵) 많은 사람이 자리(一)에 앉아 정해진 법도(寸)에
따라 상대하고 대답하니 **상대할 대, 대답할 대**

+ 속 처 – 글(文)로 법도(寸)에 따라 상대하고 대답하니 '상대할 대, 대답할 대'
+ 文(무늬 문, 글월 문)

對 話   대화 마주 대하여 이야기를 주고받음.
상대할 대 이야기 화

對 答   대답 (묻는 말에) 대하여 답함.
대답할 대 대답할 답

對	對	對					

156

친신[親新]
– 立, 木으로 된 한자

🔍 **구조로 암기**

설 립(立)과 나무 목(木) 뒤에 볼 견, 뵐 현(見)이면 어버이 친, 친할 친(親), 도끼 근, 저울 근(斤)이면 새로울 신(新)

6급

見 16획

서(立) 있는 나무(木)를 돌보듯(見) 자식을 보살피는 어버이니
어버이 친

또 어버이처럼 친하니 **친할 친**

親 庭 **친정** 시집간 여자의 본집.
어버이 친 뜰 정

親 切 **친절** '친절하고 간절함'으로 매우 정답고 고맙게 함.
친할 친 간절할 절

親	親	親				

Day 13

6급

斤 13획

서(立) 있는 나무(木)를 도끼(斤)로 잘라 새로 만들어 새로우니
새로울 신

最 新 **최신** 가장 새로움.
가장 최 새로울 신

新 規 **신규** 새로운 규칙이나 규정.
새로울 신 법 규

新	新	新				

※ 다음 漢字의 訓(뜻)과 音(소리)을 쓰세요.

01. 給 [   ]

02. 位 [   ]

※ 다음 훈음에 맞는 漢字를 쓰세요.

03. 합할 합 [ ]

04. 서울 경 [ ]

※ 다음 문장 중 漢字로 표기된 단어의 독음을 쓰세요.

05. 끊임없는 노력 끝에 마침내 **所望**을 이루었다. [ ][ ]

06. 천지를 뒤덮은 **雪景**이 볼수록 아름다웠다. [ ][ ]

※ 다음 문장 중 밑줄 친 단어를 漢字로 쓰세요.

07. 오랜 **병고**로 인해 얼굴이 창백했다. [ ][ ]

08. 철수는 **음악** 시간이 좋았다. [ ][ ]

※ 다음 漢字語의 뜻을 쓰세요.

09. 夜景 [   ]

10. 對話 [   ]

정답

01. 줄 급 02. 자리 위 03. 合 04. 京 05. 소망 06. 설경 07. 病苦 08. 音樂 09. 밤의 경치.
10. 마주 대하여 이야기를 주고받음.

부배부[音倍部]

– 音로 된 한자

🔍 구조로 암기

설 립(立) 아래에 입 구, 말할 구, 구멍 구(口)면 침 부, 갈라질 부(音), 침 부, 갈라질 부(音) 앞에 사람 인 변 (亻)이면 곱 배, 갑절 배(倍), 뒤에 고을 읍 방(阝)이면 나눌 부, 마을 부, 거느릴 부(部)

급외자

口　8획

서서(立) 입(口)씨름하면서 튀기는 침처럼 갈라지니

침 부, 갈라질 부

5급

人(亻)　10획

사람(亻)이 둘로 가른(音) 곱이고 갑절이니 **곱 배, 갑절 배**

倍　加　**배가** 갑절로 늘리거나 늘어남.
곱 배　더할 가

倍　數　**배수** 어떤 수의 갑절이 되는 수.
갑절 배　셀 수

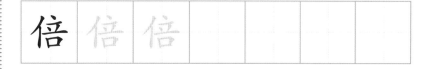

6급

邑(阝)　11획

갈라놓은(音) 것처럼 고을(阝)의 여기저기 나눠진 마을이니

나눌 부, 마을 부

또 나눠진 마을을 함께 거느리니 **거느릴 부**

部　品　**부품** 기계 등의 어떤 부분에 쓰는 물품.
나눌 부　물건 품

部　落　**부락** (시골의 몇 집씩) 나뉘고 떨어져 이루어진 마을.
마을 부　떨어질 락

158

두단두[豆短頭]
– 豆로 된 한자

🔍 구조로 암기

제기를 본떠서 제기 두(豆), 또 제기처럼 둥근 콩이니 콩 두(豆), 제기 두, 콩 두(豆) 앞에 화살 시(矢)면 짧을 단, 모자랄 단(短), 뒤에 머리 혈(頁)이면 머리 두, 우두머리 두(頭)

豆   7획

제기(🍲 → 豆) 모양을 본떠서 **제기 두**

또 제기처럼 둥근 콩이니 **콩 두**

+ 제기(祭器) – 제사 때 쓰는 그릇.
+ 祭(제사 제, 축제 제), 器(그릇 기, 기구 기)

矢   12획

화살(矢)이 콩(豆)만 하여 짧고 모자라니 **짧을 단, 모자랄 단**

+ 矢(화살 시) – 제목번호 237 참고

短	命	단명 목숨이 짧음.
짧을 단	목숨 명	
短	期	단기 짧은 기간.
짧을 단	기간 기	

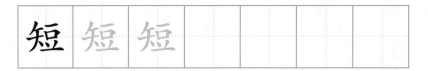

短	短	短					

頁   16획

콩(豆)처럼 둥근 머리(頁)니 **머리 두**

또 조직의 머리가 되는 우두머리니 **우두머리 두**

先	頭	선두 (대열이나 행렬, 활동 등에서) 맨 앞.
먼저 선	머리 두	
念	頭	염두 생각의 시초. 마음의 속.
생각 염	우두머리 두	

頭	頭	頭					

발등[發登]

– 癶로 된 한자

🔍 구조로 암기

등질 발, 걸을 발(癶) 아래에 활 궁(弓)과 칠 수, 창 수, 몽둥이 수(殳)면 쏠 발, 일어날 발(發), 제기 두, 콩 두(豆)면 오를 등, 기재할 등(登)

6급

癶 12획

걸어가(癶) 활(弓)과 창(殳)을 쏘면 전쟁이 일어나니

쏠 발, 일어날 발

+ 약 發 – 걸어가(癶) 두(二) 사람(儿)이 활을 쏘면 싸움이 일어나니 '쏠 발, 일어날 발'
+ 癶 – 등지고 걸어가는 모양에서 '등질 발, 걸을 발' – 부수자
+ 殳 – 안석(几) 같은 것을 손(又)에 들고 치니 '칠 수'
　　　또 들고 치는 창이나 몽둥이니 '창 수, 몽둥이 수'
+ 几(안석 궤, 책상 궤), 又(오른손 우, 또 우), 儿(사람 인 발)

發　熱　**발열** ① 열이 남.
쏠 발　더울 열　　　② 체온이 높아짐.

發　信　**발신** 소식이나 우편 또는 전신을 보냄.
일어날 발　소식 신

7급

癶 12획

제기(豆)처럼 납작한 곳을 디디며 걸어(癶) 높은 곳에 오르니 **오를 등**

또 문서에 올려 기재하니 **기재할 등**

登　用　**등용** 인재를 뽑아서 씀.
오를 등　쓸 용

登　記　**등기** (어떤 사실이나 관계를) 공식 문서에 올려 적음.
오를 등　기록할 기

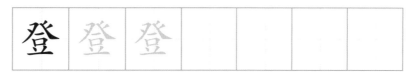

160

의표[衣表]

– 衣로 된 한자

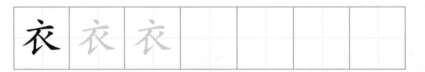

🔍 **구조로 암기**

동정과 옷고름 있는 저고리를 본떠서 옷 의(衣), 옷 의(衣)
위에 흙 토(土)면 겉 표(表)

6급

衣　6획

동정과 옷고름 있는 저고리를 본떠서 옷 **의**

👨‍🏫 **선생님의 한 말씀**

글자의 앞에 붙는 부수인 변으로 쓰일 때는 '옷 의 변(衤)'으로 씁니다. 참고로 동정은 한복의
저고리 깃 위에 조금 좁게 덧대어 꾸미는 하얀 헝겊을 말하지요.

衣　服　　**의복** 옷.
옷 의　옷 복

衣　類　　**의류** 여러 가지 옷을 통틀어 이르는 말.
옷 의　무리 류

衣	衣	衣					

6급

衣　8획

흙(土)이 옷(衣)에 묻은 겉이니 겉 **표**

表　情　　**표정** 마음속에 품은 감정이나 정서 등의 심리 상태가 겉으로
겉 표　정 정　　　　드러남.

表　紙　　**표지** 책의 맨 앞뒤의 겉장.
겉 표　종이 지

表	表	表					

원원원[袁遠園]

– 袁으로 된 한자

2급

衣 10획

한(一) 벌씩 옷(衣)을 식구(口) 수대로 챙기니 **옷 챙길 원**

6급

辶(辶) 14획

옷 챙겨(袁) 가야(辶) 할 만큼 머니 **멀 원**

遠　近　　원근 멀고 가까움.
멀 원　가까울 근

永　遠　　영원 '길고 멂'으로, 언제까지나 계속되어 끝이 없음.
길 영　멀 원

6급

口 13획

옷 챙겨(袁) 싸듯 울타리를 친(口) 동산이니 **동산 원**

公　園　　공원 관광이나 자연 보호를 위하여 지정된 지역.
대중 공　동산 원

果　樹　園　과수원 과일나무를 전문적으로 재배하는 동산(곳).
과실 과　나무 수　동산 원

자자 [子字]

– 子로 된 한자

7급

子 3획

아들이 두 팔 벌린 모양을 본떠서 **아들 자**

또 아들처럼 만들어져 나오는 물건의 뒤에 붙이는 접미사니 **접미사 자**

世 子   **세자** 임금의 자리를 이을 임금의 아들.
세대 세   아들 자

卓 子   **탁자** 높게 만든 책상이나 식탁 등.
탁자 탁   접미사 자

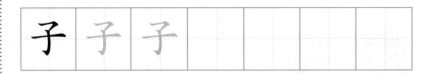

7급

子 6획

집(宀)에서 자식(子)이 배우고 익히는 글자니 **글자 자**

赤 字   **적자** 수지 결산에서 지출이 수입보다 많은 일.
붉을 적   글자 자

字 典   **자전** 많은 한자를 모아 낱낱이 그 뜻을 풀어놓은 책.
글자 자   책 전

163

여야서[予野序]
– 予로 된 한자

3급

亅 4획

좌우 손으로 주고받는 모양에서 줄 **여**

또 주는 나를 뜻하여 나 **여**

6급

里 11획

마을(里)에서 나(予)에게 먹을거리를 주는 들이니 들 **야**

또 들에서 일하면 손발이 거치니 거칠 **야**

平	野	**평야** 평평한 넓은 들.
평평할 **평**	들 **야**	

野	性	**야성** '거친 성품'으로, 산야에서 제멋대로 자란 것 같은 성질.
거칠 **야**	성품 **성**	

5급

广 7획

집(广)에서도 내(予)가 먼저 지켜야 하는 차례니 먼저 **서**, 차례 **서**

序	曲	**서곡** 개막 전에 연주하는 노래.
먼저 **서**	노래 **곡**	

順	序	**순서** 정하여 있는 차례.
순할 **순**	차례 **서**	

기기개[己記改]
－ 己로 된 한자

🔍 구조로 암기

사람이 엎드려 절하는 모양에서 몸 기, 자기 기(己), 몸 기, 자기 기(己) 앞에 말씀 언(言)이면 기록할 기, 기억할 기 (記), 뒤에 칠 복(攵)이면 고칠 개(改)

己 3획

사람이 엎드려 절하는 모양에서 **몸 기, 자기 기**

利　己　心　　**이기심** 자기의 이익만을 꾀하는 마음.
이로울 이　자기 기　마음 심

自　己　　　　**자기** 그 사람 자신.
자기 자　자기 기

言 10획

말(言) 중에 자기(己)에게 필요한 부분은 기록하거나 기억하니
기록할 기, 기억할 기

傳　記　　**전기** 사람의 일대를 기록한 것.
전할 전　기록할 기

記　號　　**기호** 어떠한 뜻을 나타내기 위하여 쓰는 부호.
기록할 기　부호 호

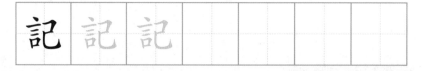

攵 7획

자기(己)를 치며(攵) 허물을 고치니 **고칠 개**

✚ 攵(칠 복) － 제목번호 265 참고

改　名　　**개명** 이름을 고침.
고칠 개　이름 명

改　定　　**개정** 이미 정하였던 것을 고쳐 다시 정함.
고칠 개　정할 정

165

파읍색[巴邑色]
– 巴로 된 한자

🔍 **구조로 암기**

뱀 사(巳)에 뚫을 곤(丨)이면 뱀 파, 꼬리 파, 땅 이름 파(巴), 뱀 파, 꼬리 파, 땅 이름 파(巴) 위에 입 구, 말할 구, 구멍 구(口)면 고을 읍(邑), 사람 인(人)의 변형(クフ)이면 빛 색(色)

巳 4획

뱀(巳)에 먹이가 내려가는 볼록한 모양(丨)을 본떠서 뱀 **파**

또 뱀 꼬리처럼 생긴 땅 이름이니 꼬리 **파**, 땅 이름 **파**

+ 丨('뚫을 곤'이지만 여기서는 볼록한 모양으로 봄)

> 👨‍🏫 **선생님의 한 말씀**
>
> 巳는 몸을 사리고 꼬리를 든 뱀 모양으로 '뱀 사', 뱀은 먹이를 통째로 삼켜 내려가는 부분이 볼록하지요.

邑 7획

일정한 경계(口)의 땅(巴)에 있는 고을이니 고을 **읍**

> 👨‍🏫 **선생님의 한 말씀**
>
> 글자의 왼쪽에 붙는 阝는 언덕 부(阜)가 부수로 쓰일 때의 모양으로 '언덕 부 변', 阝가 글자의 오른쪽에 붙으면 고을 읍(邑)이 부수로 쓰일 때의 모양으로 '고을 읍 방'이라 부릅니다.

邑　内　　읍내 고을 안.
고을 읍　안 내

邑	邑	邑				

色 6획

사람(クフ)이 뱀(巴)을 보고 놀라는 얼굴빛이니 빛 **색**

+ クフ['사람 인(人)'의 변형으로 봄]

具　色　　구색 여러 가지 물건을 골고루 갖춤.
갖출 구　빛 색

特　色　　특색 보통의 것과 다른 점.
특별할 특　빛 색

色	色	色				

166

절절[㔾卩節]
- 㔾로 된 한자

🔍 구조로 암기

사람이 무릎 꿇은 모양을 본떠서 무릎 꿇을 절(㔾), 또 부절이나 병부의 반쪽을 본떠서 병부 절(卩), 무릎 꿇을 절, 병부 절(卩) 앞에 어질 량, 좋을 량(良)의 변형(皀), 위에 대 죽(竹)이면 마디 절, 절개 절, 계절 절, 명절 절(節)

부수자

㔾 2획

사람이 무릎 꿇은 모양을 본떠서 **무릎 꿇을 절**

또 부절이나 병부의 반쪽을 본떠서 **병부 절** (= 卩)

👨‍🏫 **선생님의 한 말씀**

부절(符節)은 인쇄술이 발달하기 전에 대(竹)나 옥(玉)으로 만든 일종의 신분증이고, 병부(兵符)는 병사를 동원하는 문서로, 똑같이 만들거나 하나를 둘로 나누어 가졌다가 필요 시 맞추어 보았답니다.

5급

竹(⺮) 15획

대(⺮)에 좋게(皀) 무릎 꿇은(卩) 모양으로 생기는 마디니 **마디 절**

또 마디마디 곧은 절개니 **절개 절**

또 마디처럼 나눠지는 계절이나 명절이니 **계절 절, 명절 절**

+ 皀['어질 량, 좋을 량(良)'의 변형으로 봄]

節 約	절약 함부로 쓰지 아니하고 꼭 필요한 데에만 써서 아낌.
마디 절 맺을 약	
調 節	조절 균형이 맞게 바로잡음. 또는 적당하게 맞추어 나감.
고를 조 마디 절	
時 節	시절 철, 때, 기회, 사람의 한평생을 나눈 한 동안.
때 시 계절 절	

節	節	節					

복복[𠬝服]
― 𠬝으로 된 한자

Day 14

구조로 암기

무릎 꿇을 절, 병부 절(卩)에 오른손 우, 또 우(又)면 다스릴 복(𠬝), 다스릴 복(𠬝) 앞에 달 월, 육 달 월(月)이면 옷 복, 먹을 복, 복종할 복(服)

참고자

4획

병부(卩)를 손(又)으로 잡아 다스리니 **다스릴 복**

선생님의 한 말씀

어원 해설을 위한 참고자로, 실제 쓰이는 한자는 아닙니다.

6급

肉(月) 8획

몸(月)을 잘 다스리기(𠬝) 위해서는 옷도 입어야 하고, 밥도 먹어야 하며 상관의 명령에도 복종해야 하니 **옷 복, 먹을 복, 복종할 복**

道 服	도복	유도나 태권도 등을 할 때 입는 운동복.
도리 도 옷 복		
服 藥	복약	약을 먹음.
먹을 복 약 약		
不 服	불복	남의 명령·결정 등에 대하여 복종·항복·복죄 등을 하지 아니함.
아닐 불 복종할 복		

168

녀모[女母]

– 女로 된 한자

🔍 **구조로 암기**

두 손 모으고 앉아 있는 여자 모양을 본떠서 여자 녀(女),
여자 녀(女)의 변형(母)이면 어머니 모(母)

8급

女 3획

두 손 모으고 앉아 있는 여자 모양을 본떠서 **여자 녀(여)**

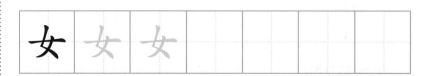

女 兒　　여아 여자아이.
여자 여　아이 아

女 史　　여사 학덕이 높고 어진 여자를 높여 이르는 말.
여자 여　역사 사

女	女	女				

8급

母 5획

여자(母) 중 젖(ː)을 드러낸 어머니니 **어머니 모**

＋ 母['여자 녀(女)'의 변형으로 봄]

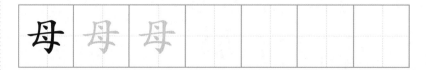

母 情　　모정 (자식에 대한) 어머니의 정.
어머니 모　정 정

食 母　　식모 남의 집에 고용되어 주로 부엌일을 맡아 하는 여자.
먹을 식　어머니 모

母	母	母				

※ 다음 漢字의 訓(뜻)과 音(소리)을 쓰세요.

01. 改 [   ]

02. 倍 [   ]

※ 다음 훈음에 맞는 漢字를 쓰세요.

03. 짧을 단 [   ]

04. 머리 두 [   ]

※ 다음 문장 중 漢字로 표기된 단어의 독음을 쓰세요.

05. 부지런히 일한 덕분에 소득이 **倍加**하였다. [   ][   ]

06. 그들은 **順序**에 맞추어 일을 했다. [   ][   ]

※ 다음 문장 중 밑줄 친 단어를 漢字로 쓰세요.

07. 자동차의 낡은 **부품**을 교체했다. [   ][   ]

08. 사건 **발생** 십 일 만에 범인이 검거되었다. [   ][   ]

※ 다음 漢字語의 뜻을 쓰세요.

09. 登用 [   ]

10. 表紙 [   ]

정답

01. 고칠 개 02. 곱 배, 갑절 배 03. 短 04. 頭 05. 배가 06. 순서 07. 部品 08. 發生 09. 인재를 뽑아서 씀.
10. 책의 맨 앞뒤의 겉장.

면 안안[宀 安案]

‒ 宀과 安으로 된 한자

부수자

3획

지붕으로 덮여 있는 집을 본떠서 **집 면**

👨‍🏫 선생님의 한 말씀

보자기로 덮은 모양을 본뜬 '冖(덮을 멱)'과 혼동하지 마세요.

7급

宀 6획

집(宀)에서 여자(女)가 실림하면 편안하니 **편안할 안**

安　心　　안심　모든 걱정을 떨쳐 버리고 마음을 편히 가짐.
편안할 안　마음 심

不　安　　불안　편안하지 않음.
아닐 불　편안할 안

安	安	安				

5급

木　10획

편안하게(安) 공부하도록 나무(木)로 만든 책상이니 **책상 안**
또 책상에 앉아서 짠 생각이나 계획이니 **생각 안, 계획 안**

案　席　　안석　벽에 세워 놓고 앉을 때 몸을 기대는 방석.
책상 안　자리 석

案　件　　안건　토의하거나 조사해야 할 사실.
생각 안　사건 건

方　案　　방안　일을 처리하거나 해결하여 나갈 방법이나 계획.
방법 방　계획 안

案	案	案				

170

매해[每海]
– 每로 된 한자

🔍 **구조로 암기**

어머니 모(母) 위에 사람 인(人)의 변형(乀)이면 매양 매, 항상 매(每), 매양 매, 항상 매(每) 앞에 삼 수 변(氵)이면 바다 해(海)

제1편 한자 익히기

7급

母 7획

사람(乀)이 매양 어머니(母)를 생각하듯 매양(항상)이니

매양 매, 항상 매

+ 매양 – 번번이. 매 때마다. 항상.
+ 乀['사람 인(人)'의 변형으로 봄]

每	時	間	**매시간** 한 시간마다.
매양 매	때 시	사이 간	

每	週		**매주** 각 주. 또는 주마다.
매양 매	돌 주		

Day 15

7급

水(氵) 10획

물(氵)이 항상(每) 있는 바다니 **바다 해**

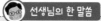

👨‍🏫 **선생님의 한 말씀**

작은 바다는 '바다 해(海)', 큰 바다는 '큰 바다 양, 서양 양(洋)'

海	流	**해류** 바닷물의 흐름.
바다 해	흐를 류	

海	物	**해물** 바다에서 나는 동식물.
바다 해	물건 물	

관실[貫實]
171
– 貫으로 된 한자

🔍 **구조로 암기**

꿰뚫을 관(毌) 아래에 조개 패, 재물 패, 돈 패(貝)면 꿸 관, 무게 단위 관(貫), 꿸 관, 무게 단위 관(貫) 위에 집 면(宀)이면 열매 실, 실제 실(實)

3급II

貝 11획

옛날 돈인 엽전은 구멍이 있어서 일정한 양만큼 꿰어 보관했으니, 꿰어(毌) 놓은 돈(貝)의 무게를 생각하여

꿸 관, 무게 단위 관

🧑‍🏫 **선생님의 한 말씀**

毌은 무엇을 꿰뚫는 모양에서 '꿰뚫을 관'이고, 1관은 3.75kg입니다.

5급

宀 14획

수확하여 집(宀)에 꿰어(貫) 놓은 열매니 **열매 실**

또 열매처럼 중요한 실제니 **실제 실**

+ 曾 実 – 집(宀)에 두(二) 개씩 크게(大) 꿰어 놓은 열매니 '열매 실'

| 口
입 구 | 實
열매 실 | **구실** 핑계를 삼을 만한 재료. |
| 實
실제 실 | 感
느낄 감 | **실감** 실제로(체험하듯이) 느낌. |

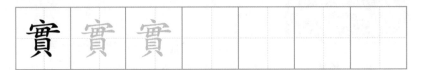

實	實	實					

시전[尸展]
― 尸로 된 한자

🔍 **구조로 암기**

누워 있는 몸을 본떠서 주검 시, 몸 시(尸), 주검 시, 몸 시(尸) 아래에 초 두(艹)와 될 화, 변화할 화(化)의 변형(𠬝)이면 펼 전, 넓을 전(展)

특급II

尸 3획

누워 있는 몸을 본떠서 **주검 시, 몸 시**

👨 **선생님의 한 말씀**

사람이나 집과 관련된 한자에 부수로도 쓰입니다.

5급

尸 10획

죽은(尸) 풀(艹)이 쓰러져 펴지고 넓게 되니(𠬝) **펼 전, 넓을 전**

＋ 𠬝['될 화, 변화할 화(化)'의 변형으로 봄]

👨 **선생님의 한 말씀**

艹는 풀 초(草)가 부수로 쓰일 때의 모양인 초 두(艹)의 약자로 3획입니다.

展 示   전시 벌여 놓아 보이게 함.
펼 전 보일 시

發 展   발전 더 낫고 좋은 상태나 더 높은 단계로 나아감.
일어날 **발** 펼 전

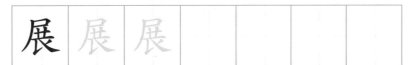

🔍 구조로 암기

주검 시, 몸 시(尸) 아래에 파임 불(乀)이면 자 척(尺), 자 척(尺)의 변형(月) 아래에 입 구, 말할 구, 구멍 구(口)면 판 국, 관청 국(局)

3급Ⅱ

尸 4획

몸(尸) 구부리고(乀) 길이를 재는 자니 자 척

+ 乀('파임 불'이지만 여기서는 구부리는 모양으로 봄)

> 🧑‍🏫 **선생님의 한 말씀**
>
> 1척은 한 치의 10배로 약 30.3cm에 해당합니다.

5급

尸 7획

**자(月)로 재어 말(口)로 구역을 확정 지은 판이나 관청이니
판 국, 관청 국**

+ 月['자 척(尺)'의 변형으로 봄]

> 🧑‍🏫 **선생님의 한 말씀**
>
> '판'은 일이 벌어진 자리 또는 그 장면을 뜻합니다.

局 面 판 국　얼굴 면	**국면** 승패를 다루는 판의 얼굴(형세).	
當 局 당할 당　관청 국	**당국** 어떤 일을 담당하는 부분(곳).	
局 長 관청 국　어른 장	**국장** 기관이나 조직에서 한 국(局)을 맡아 다스리는 직위.	

局	局	局				

174 호소[戶所]
– 戶로 된 한자

4급Ⅱ

戶 4획

한 짝으로 된 문(戶)을 본떠서 **문 호**

또 (옛날에는 대부분 문이 한 짝씩 달린 집이었으니) 집도 나타내어
집 호

> 👓 **선생님의 한 말씀**
>
> 두 짝으로 된 문은 '문 문(門)'

7급

戶 8획

집(戶)에 도끼(斤)를 두는 장소니 **장소 소**

또 장소처럼 앞에서 말한 내용을 이어받는 '바'로도 쓰여 **바 소**

+ 斤(도끼 근, 저울 근) – 제목번호 249 참고

> 👓 **선생님의 한 말씀**
>
> '바'는 앞에서 말한 내용 그 자체나 일 등을 나타내는 말을 뜻하거나, 어미 '~을' 뒤에 쓰여 일의 방법이나 방도를 나타내는 말로 쓰입니다.

場　所　　장소 어떤 일이 이루어지거나 일어나는 곳.
마당 **장** 장소 **소**

所　聞　　소문 사람들 입에 오르내려 전하여 들리는 말.
바 **소** 들을 **문**

문문간[門問間]
– 門으로 된 한자 1

🔍 구조로 암기

좌우 두 개의 문짝 있는 문을 본떠서 문 문(門), 문 문 (門)에 입 구, 말할 구, 구멍 구(口)면 물을 문(問), 해 일, 날 일(日)이면 사이 간(間)

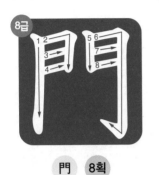

門 8획

좌우 두 개의 문짝 있는 문을 본떠서 **문 門**

👨‍🏫 선생님의 한 말씀

한 짝으로 된 문은 '문 호, 집 호(戶)'로 씁니다.

正　門　　정문 건물의 정면에 있는 주가 되는 출입문.
바를 정　문 문

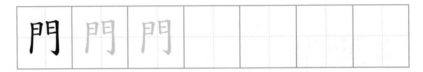

口 11획

문(門) 앞에서 말하여(口) 물으니 **물을 문**

質　問　　질문 알고자 하는 바를 얻기 위해 물음.
바탕 질　물을 문

問　責　　문책 (잘못을) 묻고 꾸짖음.
물을 문　꾸짖을 책

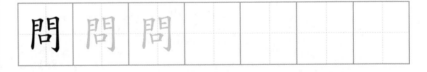

門 12획

문(門) 안으로 햇(日)빛이 들어오는 사이니 **사이 간**

間　食　　간식 끼니와 끼니 사이에 음식을 먹음.
사이 간　먹을 식

世　間　　세간 세상 일반.
세상 세　사이 간

176

문개관[聞開關]
– 門으로 된 한자 2

구조로 암기

문 문(門)에 귀 이(耳)면 들을 문(聞), 한 일(一)과 받쳐
들 공(廾)이면 열 개, 시작할 개(開), 작을 요, 어릴 요
(幺) 둘과 이쪽(爿)저쪽(卩)이면 빗장 관, 관계 관(關)

6급

耳　14획

문(門)에 귀(耳) 대고 들으니 **들을 문**

風　聞　　**풍문** 바람처럼 떠도는 소문.
바람 풍　들을 문

聞	聞	聞				

6급

門　12획

문(門)의 빗장(一)을 받쳐 들듯(廾) 잡아 여니 **열 개**

또 문을 열고 시작하니 **시작할 개**

開　場　　**개장** 극장이나 시장, 해수욕장 등의 영업을 시작함.
열 개　마당 장

開　通　　**개통** 길·다리·철도·전화·전신 등을 완성하거나 이에 통
시작할 개　통할 통　　하게 함.

開	開	開				

5급

門　19획

문(門)에 작고(幺) 작게(幺) 이쪽(爿)저쪽(卩)을 이어 닫는 빗장이니
빗장 관

또 빗장처럼 이어지는 관계니 **관계 관**

+ 関 – 문(門)의 양쪽(ᵛ)으로 나눠지는 문짝을 하나(一)로 크게(大) 막은 빗장이니
　　'빗장 관'

關　門　　**관문** 어떤 일을 하려면 반드시 거쳐야 하는 중요한 대목.
빗장 관　문 문

關　心　　**관심** 어떤 일이나 대상에 흥미를 가지고 마음을 쓰거나 알고
관계 관　마음 심　　싶어하는 상태.

關	關	關				

177

궤 범풍[几 凡風]
– 几와 凡으로 된 한자

🔍 **구조로 암기**

안석이나 책상의 모양을 본떠서 안석 궤, 책상 궤(几), 안석 궤, 책상 궤(几)에 점 주, 불똥 주(丶)면 무릇 범, 보통 범(凡), 무릇 범, 보통 범(凡)에 벌레 충(虫)이면 바람 풍, 풍속 풍, 경치 풍, 모습 풍, 기질 풍, 병 이름 풍(風)

几 2획

안석이나 책상의 모양을 본떠서 **안석 궤, 책상 궤**

> 👨‍🏫 **선생님의 한 말씀**
>
> 안석(案席)은 벽에 세워 놓고 앉을 때 몸을 기대는 방석을 말합니다.
> ✚ 案(책상 안, 생각 안, 계획 안), 席(자리 석)

几 3획

공부하는 책상(几)에 점(丶)이 찍힘은 무릇 보통이니
무릇 범, 보통 범

> 👨‍🏫 **선생님의 한 말씀**
>
> '무릇'은 '종합하여 살펴보건대, 헤아려 생각하건대, 대체로 보아'의 뜻입니다.

風 9획

무릇(凡) 벌레(虫)를 옮기는 바람이니 **바람 풍**
또 어떤 바람으로 말미암은
풍속 풍, 경치 풍, 모습 풍, 기질 풍, 병 이름 풍

> 👨‍🏫 **선생님의 한 말씀**
>
> 작은 벌레는 바람을 타고 옮겨간다고 하지요.

熱 風   **열풍** 뜨거운 바람.
더울 열 바람 풍

風 景   **풍경** 경치.
경치 풍 경치 경

風	風	風					

178

주선[舟船]
– 舟로 된 한자

🔍 **구조로 암기**

통나무배를 본떠서 배 주(舟), 배 주(舟)뒤에 안석 궤, 책상 궤(几)와 입 구, 말할 구, 구멍 구(口)면 배 선(船)

3급

舟 6획

통나무배를 본떠서 **배 주**

5급

舟 11획

배(舟) 중 안석(几)처럼 패인 구멍(口)에도 다니도록 만든 배니
배 선

船　長　　선장 배에 탄 승무원의 우두머리.
배 선 어른 장

風　船　　풍선 종이・고무・비닐 등으로 만든 크고 작은 주머니 속에 공
바람 풍 배 선　　기 또는 헬륨가스를 넣어 부풀게 하여 가지고 노는 완구.

경 앙영[冂 央英]

– 冂과 央으로 된 한자

🔍 **구조로 암기**

멀리 떨어져 윤곽만 보이는 성이니 멀 경, 성 경(冂), 멀 경, 성 경(冂)에 큰 대(大)면 가운데 앙(央), 가운데 앙(央) 위에 초 두(艹)면 꽃부리 영, 영웅 영(英)

부수자

2획

멀리 떨어져 윤곽만 보이는 성이니 **멀 경, 성 경**

> 👨‍🏫 **선생님의 한 말씀**
>
> 좌우 두 획은 문의 기둥이고 가로획은 빗장을 그린 것이지요.

3급Ⅱ

大   5획

성(冂)처럼 큰(大) 둘레의 가운데니 **가운데 앙**

6급

草(艹)   9획

풀(艹)의 가운데(央)에서 핀 꽃부리니 **꽃부리 영**

또 꽃부리처럼 빛나는 업적을 쌓은 영웅이니 **영웅 영**

> 👨‍🏫 **선생님의 한 말씀**
>
> 꽃부리는 꽃잎 전체를 이르는 말로, 꽃받침과 함께 꽃술을 보호하는 역할을 합니다.

英 語 꽃부리 영 말씀 어	영어	영국을 비롯한 미국·캐나다·오스트레일리아·뉴질랜드 등의 공용어.
英 才 영웅 영 재주 재	영재	뛰어난 재주. 또는 그런 사람.

英	英	英					

쾌결[夬決]
– 夬로 된 한자

🔍 구조로 암기

가운데 앙(央)의 앞쪽이 터지니 터질 쾌(夬), 터질 쾌(夬)
앞에 삼 수 변(氵)이면 터질 결, 결단할 결(決)

특급

大 4획

가운데 앙(央)의 앞쪽이 터지니 **터질 쾌**

5급

水(氵) 7획

물(氵)이 한쪽으로 터지니(夬) **터질 결**
또 물(氵)이 한쪽으로 터지듯(夬) 무엇을 한쪽으로 결단하니
결단할 결

決 勝 　**결승** 최후의 승부를 결정함.
결단할 **결** 이길 **승**

決 定 　**결정** 무슨 일을 결단하여 정함.
결단할 **결** 정할 **정**

Day
15

※ 다음 漢字의 訓(뜻)과 音(소리)을 쓰세요.

01. 船 ☐

02. 展 ☐

※ 다음 훈음에 맞는 漢字를 쓰세요.

03. 들을 문 ☐

04. 열 개 ☐

※ 다음 문장 중 漢字로 표기된 단어의 독음을 쓰세요.

05. 해결 **方案**이 번쩍 떠올랐다.   ☐☐

06. 이번 시합은 너의 **實力**을 발휘할 좋은 기회이다.   ☐☐

※ 다음 문장 중 밑줄 친 단어를 漢字로 쓰세요.

07. 우수아는 더욱 우수하게 **영재** 교육을 시켜야 한다.   ☐☐

08. 그들은 **문답**을 주고받았다.   ☐☐

※ 다음 漢字語의 뜻을 쓰세요.

09. 每週 ☐

10. 不安 ☐

정답

01. 배 선 02. 펼 전, 넓을 전 03. 聞 04. 開 05. 방안 06. 실력 07. 英才 08. 問答 09. 각 주. 또는 주마다.
10. 편안하지 않음.

동동[同洞]
– 同으로 된 한자

구조로 암기

멀 경, 성 경(冂) 안에 한 일(一)과 입 구, 말할 구, 구멍 구 (口)면 한 가지 동, 같을 동(同), 한 가지 동, 같을 동(同) 앞에 삼 수 변(氵)이면 마을 동, 동굴 동(洞)

7급

口 6획

성(冂)에서 하나(一)의 출입구(口)로 다니는 것처럼 한 가지로 같으니
한 가지 **동**, 같을 **동**

同　一　　**동일** (차이 없이) 똑같음.
같을 **동**　한 **일**

同　情　　**동정** 남의 어려운 처지를 자기 일처럼 딱하고 가엾게 여김.
같을 **동**　정 **정**

同	同	同			

7급

水(氵) 9획

물(氵)을 같이(同) 쓰는 마을이나 동굴이니 **마을 동, 동굴 동**

洞　里　　**동리** 마을. 동네. 부락.
마을 **동**　마을 **리**

洞　口　　**동구** 동네 어귀.
마을 **동**　구멍 **구**

洞	洞	洞			

Day
16

182 향재[向再]
– 冂으로 된 한자 1

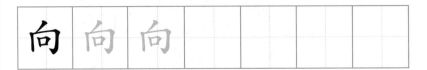

구조로 암기

멀 경, 성 경(冂) 안에 입 구, 말할 구, 구멍 구(口), 위에 삐침 별(丿)이면 향할 향, 나아갈 향(向), 멀 경, 성 경(冂) 위에 한 일(一), 가운데에 흙 토(土)면 다시 재, 두 번 재(再)

6급

口 6획

표시(丿)된 성(冂)의 입구(口) 쪽을 향하여 나아가니
향할 향, 나아갈 향

+ 丿('삐침 별'이지만 여기서는 안내 표시로 봄)

性	向	성향 성질상의 경향.
성품 성	향할 향	

向	後	향후 이것에 뒤이어 오는 때나 자리.
나아갈 향	뒤 후	

向　向　向

5급

冂 6획

한(一) 개의 성(冂)처럼 흙(土)으로 다시 두 번씩 쌓아 올리니
다시 재, 두 번 재

再	建	재건 (이미 없어졌거나 허물어진 것을) 다시 일으켜 세움.
다시 재	세울 건	

再	開	재개 어떤 활동이나 회의 등을 한동안 중단했다가 다시 시작함.
다시 재	열 개	

再　再　再

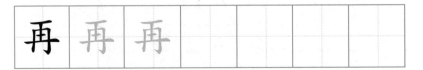

남상[南商]

183

– 冂으로 된 한자 2

🔍 **구조로 암기**

멀 경, 성 경(冂) 위에 열 십, 많을 십(十) 안에 이쪽저쪽의
모양(丷)과 방패 간, 범할 간, 얼마 간, 간할 간(干)이면 남쪽
남(南), 멀 경, 성 경(冂) 위에 머리 부분 두(亠)와 머리에
인 모양(丷), 안에 사람 인 발(儿)과 입 구, 말할 구, 구멍
구(口)면 장사할 상, 헤아릴 상(商)

8급

十 9획

많은(十) 성(冂)마다 양쪽(丷)으로 열리는 방패(干) 같은 문이 있는
남쪽이니 **남쪽 남**

+ 干(방패 간, 범할 간, 얼마 간, 마를 간) – 제목번호 050 참고

👨‍🏫 **선생님의 한 말씀**

우리가 사는 북반구에서는 남쪽이 밝고 따뜻하니 대부분의 성은 남향으로 짓고 문도 남쪽에 있
지요.

南 半 球　　**남반구** 적도를 경계로 지구를 반으로 나누었을 때의
남쪽 남　반 반　공 구　　　　　　 남쪽 부분.

南 向　　　　**남향** 남쪽으로 향함.
남쪽 남　향할 향

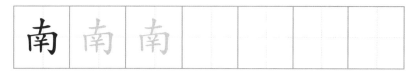

5급

口 11획

머리(亠)에 물건을 이고(丷) 다니며 성(冂) 안에서 사람(儿)이
말하며(口) 장사하니 **장사할 상**
또 장사하듯 이익을 헤아리니 **헤아릴 상**

+ 丷(머리에 인 모양으로 봄)

商 店　　　　**상점** 물건을 파는 가게.
장사할 상　가게 점

通 商　　　　**통상** 나라들 사이에 서로 물품을 사고 팖. 또는 그런 관계.
통할 통　장사할 상

Day
16

184 상상[尙賞]
– 尙으로 된 한자 1

🔍 구조로 암기

작을 소(小) 아래에 높을 고(高)의 획 줄임(冂)이면 오히려 상, 높을 상, 숭상할 상(尙), 오히려 상, 높을 상, 숭상할 상(尙)의 변형(⺌) 아래에 조개 패, 재물 패, 돈 패(貝)면 상줄 상, 구경할 상(賞)

3급Ⅱ

小 8획

(말도 실수하지 않으려고) 작은(小) 일이라도 성(冂)처럼 입(口) 지킴을 오히려 높이 숭상하니 **오히려 상, 높을 상, 숭상할 상**

> 👨‍🏫 선생님의 한 말씀
>
> 尙은 변형된 ⺌ 모양으로 다른 글자의 구성 요소에 쓰이기도 하지요.

5급

貝 15획

숭상하여(⺌) 재물(貝)로 상도 주고 구경도 보내니
상줄 상, 구경할 상

| 賞 | 金 | 상금 상으로 주는 돈. |
| 상줄 상 | 돈 금 | |

| 賞 | 春 | 상춘 봄을 맞아 경치를 구경하며 즐김. |
| 구경할 상 | 봄 춘 | |

賞	賞	賞				

당당[堂當]
– 尚으로 된 한자 2

오히려 상, 높을 상, 숭상할 상(尚)의 변형(⺌) 아래에 흙 토(土)면 집 당, 당당할 당(堂), 밭 전(田)이면 마땅할 당, 당할 당(當)

土 11획

높이(⺌) 흙(土)을 다져 세운 집이니 **집 당**

또 집에서처럼 당당하니 **당당할 당**

書　堂　　**서당** 예전에 한문을 사사로이 가르치던 곳.
글 서　집 당

明　堂　　**명당** 어떤 일에 썩 좋은 자리.
밝을 명　당당할 당

田 13획

(농업을) 숭상하여(⺌) 먹을거리를 생산하는 전답(田)을 잘 가꾸는 일처럼 마땅하니 **마땅할 당**

또 마땅하게 어떤 일을 당하니 **당할 당**

+ 唧 当 – 작은(小) 손(크)길이라도 정성스럽게 대해야 함이 마땅하니 '마땅할 당'

當　然　　**당연** 마땅히 그렇게 되어야 할 일.
마땅할 당　그러할 연

當　番　　**당번** 일할 차례에 당함. 또는 그 사람.
당할 당　차례 번

고 정정[高 亭停]
― 高와 亭으로 된 한자

6급

高   10획

높은 누각( → 高)을 본떠서 **높을 고**

高	價	고가 높은 값.
높을 고	값 가	

高	度	고도 ① 평균 해수면 등을 0으로 하여 측정한 대상 물체의 높이.
높을 고	정도 도	② 수준이나 정도 등의 매우 높거나 뛰어남.

高	高	高					

3급Ⅱ

亠   9획

높이(髙) 지어 장정(丁)들이 쉬도록 한 정자니 **정자 정**

+ 髙['높을 고(高)'의 획 줄임], 丁(고무래 정, 못 정, 장정 정) ―
제목번호 243 참고

5급

亻(亻)   11획

사람(亻)이 정자(亭)에 머무르니 **머무를 정**

停	止	정지 (움직이고 있던 것이) 동작을 멈춤.
머무를 정	그칠 지	

停	車	場	정거장 버스나 열차가 일정하게 머무르도록 정하여진
머무를 정	수레 거	마당 장	장소.

停	停	停					

187

요 교교[夭 喬橋]
- 夭와 喬로 된 한자

🔎 구조로 암기

삐침 별(丿) 아래에 큰 대(大)면 젊을 요, 예쁠 요, 일찍
죽을 요(夭), 젊을 요, 예쁠 요, 일찍 죽을 요(夭) 아래에
높을 고(高)의 획 줄임(𠮷)이면 높을 교(喬), 높을 교(喬)
앞에 나무 목(木)이면 다리 교(橋)

1급

大 4획

위(丿)로 크게(大) 자라나는 모양이 젊고 예쁘니 **젊을 요, 예쁠 요**

또 기울어(丿) 큰(大) 뜻을 펼치지 못하고 일찍 죽으니 **일찍 죽을 요**

+ 丿('삐침 별'이지만 여기서는 위와 기운 모양으로 봄)

1급

口 12획

젊은(夭) 사람이 높이(𠮷) 올라가 높으니 **높을 교**

5급

木 16획

나무(木)로 높이(喬) 걸쳐 만든 다리니 **다리 교**

陸　橋　　육교　교통이 번잡한 도로나 철로 위에 가로질러 놓은 다리.
육지 육　다리 교

鐵　橋　　철교　철을 주재료로 하여 놓은 다리.
쇠 철　다리 교

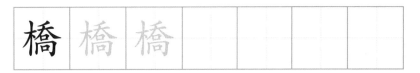

188

우설전 [雨雪電]

― 雨로 된 한자

🔍 구조로 암기

한 일(一) 아래에 멀 경, 성 경(冂)과 물 수 발(氺)의 변형(朩)이면 비 우(雨), 비 우(雨) 아래에 고슴도치 머리 계, 오른손 우(彐)의 변형(彐)이면 눈 설, 씻을 설(雪), 아뢸 신, 펼 신, 원숭이 신(申)의 변형(电)이면 번개 전, 전기 전(電)

雨   8획

하늘(一)의 구름(冂)에서 물(氺)로 내리는 비니 **비 우**

> 👨‍🏫 선생님의 한 말씀
>
> 雨는 날씨와 관계되는 한자의 부수로도 많이 쓰입니다.

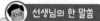

雨	期	우기 일년 중 비가 가장 많이 오는 시기.
비 우	기간 기	

雨   11획

비(雨)가 얼어 고슴도치 머리(彐)처럼 어지럽게 내리는 눈이니 **눈 설**

또 눈처럼 깨끗하게 씻으니 **씻을 설**

雪	景	설경 눈이 내리거나 눈이 쌓인 경치.
눈 설	경치 경	

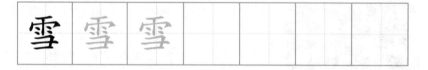

雨   13획

비(雨) 올 때 번쩍 빛을 펼치는(电) 번개니 **번개 전**

또 번개처럼 빛나는 전기니 **전기 전**

節	電	절전 전기를 아껴 씀. 또는 전력을 절약함.
마디 절	전기 전	

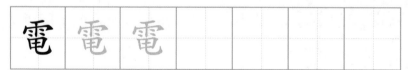

189

구구구[求球救]
– 求로 된 한자

🔍 **구조로 암기**

물 수 발(氺) 위에 한 일(一)과 점 주, 불똥 주(丶)면 구할 구(求),
구할 구(求)의 앞에 임금 왕, 으뜸 왕, 구슬 옥 변(王)이면 둥글
구, 공 구(球), 뒤에 칠 복(攵)이면 구원할 구, 도울 구(救)

4급Ⅱ

水(氺) 7획

하나(一)의 물(氺)방울(丶)이라도 구하니 **구할 구**

6급

玉(王) 11획

구슬(王)처럼 재료를 구해(求) 만든 둥근 공이니 **둥글 구, 공 구**

野　球 야구 9명 또는 10명으로 구성된 두 팀이 방망이와 공을 사용하여
들 야　둥글 구　　　겨루는 구기 종목.

球　技 구기 공을 사용하는 운동 경기.
공 구　재주 기

5급

攵 11획

(나쁜 길에 빠진 사람을 쳐서라도) 구하기(求) 위하여 치며(攵) 구원하고
도우니 **구원할 구, 도울 구**

🧑‍🏫 **선생님의 한 말씀**

내가 필요해서 구하면 구할 구(求), 남을 구원하고 도와주면 구원할 구, 도울 구(救)입니다.

救　出 구출 구하여 냄.
구원할 구　날 출

救　急　車 구급차 위급한 환자나 부상자를 신속하게 병원으로
구원할 구　급할 급　차 차　　　실어 나르는 자동차.

Day 16

록록[彔綠]
– 彔으로 된 한자

🔍 구조로 암기

엇갈리게(彑) 한(一)곳으로 물(氺) 같은 진액이 나오도록
나무를 깎고 새기니 깎을 록, 새길 록(彔), 깎을 록, 새길
록(彔) 앞에 실 사, 실 사 변(糸)이면 푸를 록(綠)

특급

彑 8획

엇갈리게(彑) 한(一)곳으로 물(氺) 같은 진액이 나오도록 나무를
깎고 새기니 **깎을 록(녹), 새길 록(녹)**

👨‍🏫 선생님의 한 말씀

원래는 彑(고슴도치 머리 계, 오른손 우)와 氺(물 수 발)로 나누어 부수가 彑이지요. 彑는 변형하
여 彑로도 쓰니까요.

6급

糸 14획

실(糸)이 나무 깎을(彔) 때 나오면 푸르니 **푸를 록(녹)**

綠	地	녹지	① 천연적으로 풀이나 나무가 우거진 곳.
푸를 녹	땅 지		② 도시의 자연환경 보전과 공해 방지를 위하여 풀이나 나무를 일부러 심은 곳.

草	綠	초록	녹색보다 조금 더 푸른색을 띤 색깔.
풀 초	푸를 록		

綠	綠	綠					

아악(오)[亞惡]

191

– 亞로 된 한자

🔍 **구조로 암기**

(신체적 능력이 보통 사람보다 부족한) 두 곱사등이를 본 떠서 버금 아, 다음 아(亞), 버금 아, 다음 아(亞) 아래에 마음 심, 중심 심(心)이면 악할 악, 미워할 오(惡)

3급Ⅱ

二 8획

(신체 능력이 보통 사람보다 부족한) 두 곱사등이()를 본떠서

버금 아, 다음 아

+ 약 亜 – 버금 아, 다음 아(亞)를 쉽게 써서 '버금 아, 다음 아'

> 🧑‍🏫 **선생님의 한 말씀**
>
> '버금'은 으뜸의 바로 아래로, '다음, 두 번째'의 뜻입니다.

5급

心 12획

(최선이 아닌) 다음(亞)을 생각하는 마음(心)이 악하니 **악할 악**

또 악은 모두 미워하니 **미워할 오**

+ 약 悪

> 🧑‍🏫 **선생님의 한 말씀**
>
> 나쁜 짓을 하는 것만이 악이 아니라, 최선을 다하지 않고 이번에 안 되면 다음에 하지 식으로, 다음을 생각하는 마음이 제일 큰 악이지요.

惡 用   **악용** 알맞지 않게 쓰거나 나쁜 일에 씀.
악할 악 쓸 용

惡 寒   **오한** 몸에 열이 나면서 오슬오슬 춥고 괴로운 증세.
미워할 오 찰 한

괘(와)과[咼過]

─ 咼로 된 한자

급외자

口 9획

입(口)이 비뚤어진 모양을 본떠서

입 비뚤어질 **괘**, 입 비뚤어질 **와**

5급

辵(辶) 13획

비뚤어지게(咼) 지나가(辶) 지나치니 지날 **과**, 지나칠 **과**

또 지나쳐서 생기는 허물이니 허물 **과**

過 去				과거 지나간 때.
지날 과 갈 거				

過	失	相	規	과실상규 지나친 실수를 하지 못하도록 서로 규제함(막음).
지나칠 과	잃을 실	서로 상	법 규	

功	過			공과 공로와 허물.
공 공	허물 과			

過	過	過					

실력 체크 퀴즈 (181~192)

학년   반   성명:
....
공부한 날짜: 점수:

※ 다음 漢字의 訓(뜻)과 音(소리)을 쓰세요.

01. 停 [   ]

02. 橋 [   ]

※ 다음 훈음에 맞는 漢字를 쓰세요.

03. 향할 향 [ ]

04. 집 당 [ ]

※ 다음 문장 중 漢字로 표기된 단어의 독음을 쓰세요.

05. 인질범들로부터 아이를 救出하였다.   [ ][ ]

06. 과학이 인류를 위협하는 수단으로 惡用될 수도 있다.   [ ][ ]

※ 다음 문장 중 밑줄 친 단어를 漢字로 쓰세요.

07. 이 상품은 고가에 판매되고 있다.   [ ][ ]

08. 바다는 지구에서 짠물이 괴어있는 넓고 큰 부분이다.   [ ][ ]

※ 다음 漢字語의 뜻을 쓰세요.

09. 賞金 [   ]

10. 功過 [   ]

정답

01. 머무를 정 02. 다리 교 03. 向 04. 堂 05. 구출 06. 악용 07. 高價 08. 地球 09. 상으로 주는 돈.
10. 공로와 허물.

193

용주[用周]
― 用과 周

6급

用 5획

(옛날에는 거북 등껍데기를 도구로 썼으니) 거북 등껍데기 모양을 본떠서

쓸 용

使	用		**사용** 일정한 목적이나 기능에 맞게 씀.
부릴 사	쓸 용		

善	用		**선용** ① 좋은 일에 씀.
잘할 선	쓸 용		② 알맞게 잘 씀.

🧑‍🏫 선생님의 한 말씀

한자는 글자마다 뜻이 있어 조사나 어미의 첨가 없이 얼마든지 글자를 바꾸어 필요한 말을 만들어 쓸 수 있습니다. 위에 나온 선용(善用)의 글자를 바꾸어 나쁘게 쓰면 악용(惡用), 잘못 쓰면 오용(誤用), 쓸모 있으면 유용(有用), 쓸모 없으면 무용(無用), 함부로 쓰면 남용(濫用)이 되지요.
+ 惡(악할 악, 미워할 오), 誤(그릇될 오), 有(가질 유, 있을 유), 無(없을 무), 濫[넘칠 람(남)]

用	用	用					

4급

口 8획

성(冂) 안의 **영토**(土)를 **입**(口)으로 잘 설명하여 두루 둘레까지 알게 하니 **두루 주, 둘레 주**

+ 두루 ― 빠짐없이 골고루.

194

조주[調週]

– 周로 된 한자

구조로 암기

두루 주, 둘레 주(周) 앞에 말씀 언(言)이면 고를 조, 어울릴 조, 가락 조(調), 밑에 뛸 착, 갈 착(辶)이면 돌 주, 주일 주(週)

言　15획

말(言)을 두루(周) 듣고 고르게 잘 어울리니 **고를 調, 어울릴 調**

또 높낮음이 고르게 어울린 노래 가락이니 **가락 調**

調　査	조사 (사물의 내용을) 고르게 살핌.
고를 조　조사할 사	
調　和	조화 서로 고르게 잘 어울림.
어울릴 조　화목할 화	
時　調	시조 고려 말기부터 발달하여 온 우리나라 고유의 정형시.
때 시　가락 조	

辵(辶)　12획

각 요일을 두루(周) 뛰어(辶) 돌 듯 도는 주일이니

돌 週, 주일 週

+ 周['두루 주, 둘레 주(周)'의 변형으로 봄]

週　日	주일 월요일부터 일요일까지의 이레 동안.
주일 주　날 일	
週　番	주번 한 주일마다 번갈아 하는 근무나 역할. 또는 그 사람.
주일 주　차례 번	

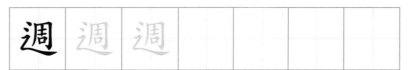

195

용용통[甬勇通]
– 甬으로 된 한자

🔍 구조로 암기

꽃봉오리가 부풀어 솟아오르는 모양을 본떠서 솟을 용(甬),
솟을 용(甬) 아래에 힘 력(力)이면 날랠 용(勇), 뛸 착, 갈
착(辶)이면 통할 통(通)

특급Ⅱ

用 7획

꽃봉오리가 부풀어 솟아오르는 모양을 본떠서 솟을 **용**

6급

力 9획

솟는(甬) 힘(力)이 있어 날래니 **날랠 용**

勇	氣	용기	날랜(씩씩하고 굳센) 기운.
날랠 용	기운 기		
勇	士	용사	용맹스러운 사람. 용감한 군사.
날랠 용	군사 사		

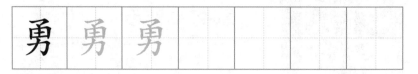

6급

辶(辵) 11획

무슨 일이나 솟을(甬) 정도로 뛰며(辶) 열심히 하면 통하니
통할 통

通	過	통과	어떤 곳이나 때를 거쳐서 지나감.
통할 통	지날 과		
流	通	유통	① 공기 등이 막힘이 없이 흘러 통함.
흐를 유	통할 통		② 화폐나 물품 등이 세상에서 널리 쓰임.
			③ 상품 등이 생산자에서 소비자에게 옮겨가는 여러 단계의 과정.

196

마각[馬角]
— 馬와 角

🔍 **구조로 암기**

옆에서 바라본 말을 본떠서 말 마(馬), 소나 양의 뿔을 본떠서 뿔 각(角), 또 뿔은 모나서 겨룰 때도 쓰이니 모날 각, 겨룰 각(角)

5급

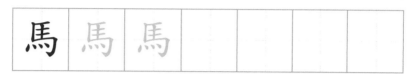

馬 10획

옆에서 바라본 말을 본떠서 말 마

馬　車　　**마차** 말이 끄는 수레.
말 **마**　차 **차**

白　馬　　**백마** 털빛이 흰 말.
흰 **백**　말 **마**

馬	馬	馬				

6급

角 7획

소나 양의 뿔을 본떠서 뿔 각

또 뿔은 모나서 싸우거나 겨룰 때도 쓰이니 모날 각, 겨룰 각

直　角　　**직각** 두 직선이 만나서 이루는 90도의 각.
곧을 **직**　모날 각

號　角　　**호각** 불어서 소리를 내는 신호용 도구.
부르짖을 **호**　뿔 각

角	角	角				

Day 17

197

사작작[乍作昨]
- 乍로 된 한자

🔍 **구조로 암기**

사람(𠂉)이 하나(丨) 둘(二)을 세는 잠깐이니 잠깐 사(乍),
잠깐 사(乍) 앞에 사람 인 변(亻)이면 지을 작(作), 해 일,
날 일(日)이면 어제 작(昨)

특급II

ノ 5획

사람(𠂉)이 하나(丨) 둘(二)을 세는 잠깐이니 **잠깐 사**

+ 𠂉['사람 인(人)'의 변형으로 봄], 丨('뚫을 곤'이지만 여기서는 하나로 봄)

6급

人(亻) 7획

사람(亻)이 잠깐(乍) 사이에 무엇을 지으니 **지을 작**

作 지을 작	品 물건 품	작품	① 만든 물품. ② 예술 창작 활동으로 얻어지는 제작물.
作 지을 작	業 일 업	작업	일을 함. 또는 그 일.

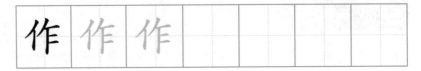

6급

日 9획

하루 해(日)가 잠깐(乍) 사이에 넘어가고 되는 어제니 **어제 작**

昨 어제 작	年 해 년	작년	지난해.
昨 어제 작	今 오늘 금	작금	① 어제와 오늘. ② 요즈음.

사이육[厶以育]
– 厶로 된 한자

🔎 구조로 암기

팔 굽혀 사사로이 나에게 끌어당기는 모양에서 사사로울 사,
나 사(厶), 사사로울 사, 나 사(厶)의 변형(⺄)에 사람 인(人)이
면 써 이, 까닭 이(以), 사사로울 사, 나 사(厶) 위에 머리
부분 두(亠), 아래 달 월, 육 달 월(月)이면 기를 육(育)

부수자

2획

팔 굽혀 사사로이 나에게 끌어당기는 모양에서
사사로울 사, 나 사

😊 선생님의 한 말씀

지금은 부수로만 쓰이고 '사사롭다' 뜻의 한자로는 '사사로울 사(私)'를 씁니다.

5급

人　5획

사사로운(⺄) 욕심 때문에 사람(人)으로서(써) 의 가치를 잃으니
써 이, 까닭 이

＋ ⺄['사사로울 사, 나 사(厶)'의 변형으로 봄]

😊 선생님의 한 말씀

'써'는 '그것을 가지고', '그것으로 인하여'의 뜻을 지닌 말입니다.

以　心　傳　心　　**이심전심** 마음으로써 마음을 전함.
써 이　마음 심　전할 전　마음 심

以	以	以					

7급

肉(月)　8획

머리(亠)부터 내(厶) 몸(月)처럼 기르니 **기를 육**

體　育　　**체육** ① 일정한 운동 등을 통하여 신체를 튼튼하게 단련시킴.
몸 체　기를 육　　　② 육체의 건강한 발육을 꾀하는 교육.

發　育　　**발육** 생물체가 자라남.
일어날 발　기를 육

育	育	育					

태(이)시[台始]

– 台로 된 한자

2급

口 5획

사사로운(厶) 말(口)들처럼 무수히 뜬 수많은 별이니 **별 태**

또 사사로운(厶) 말(口)들에도 나는 기쁘니 **나 이, 기쁠 이**

6급

女 8획

여자(女)가 기뻐하며(台) 결혼을 시작하는 처음이니 **처음 시**

始 球	시구	야구 경기 등을 시작하는 의식에서 맨 처음에 공을 던지는 일.
처음 시 공 구		
始 初	시초	맨 처음.
처음 시 처음 초		

始	始	始					

거법[去法]

– 去로 된 한자

🔍 **구조로 암기**

사사로울 사, 나 새(厶) 위에 흙 토(土)면 갈 거, 제거할 거(去),
갈 거, 제거할 거(去) 앞에 삼 수 변(氵)이면 법 법(法)

厶 5획

어떤 땅(土)으로 사사로이(厶) 가니 **갈 거**

또 가서 제거하니 **제거할 거**

去 갈 거	來 올 래	**거래**	① 가고 옴. ② 주고받음. 또는 사고 팖.
消 끌 소	去 갈 거	**소거**	글자나 그림 등이 지워짐. 또는 그것을 지워 없앰.

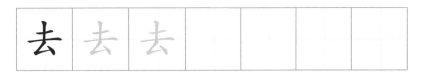

水(氵) 8획

물(氵)이 흘러가듯(去) 순리에 맞아야 하는 법이니 **법 법**

法 법 법	令 명령할 령	**법령**	법률과 명령의 총칭.
便 편할 편	法 법 법	**편법**	정상적인 절차를 따르지 않은 간편하고 손쉬운 방법.

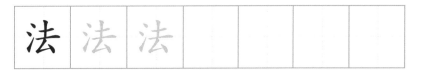

Day
17

201

운운[云雲]

– 云으로 된 한자

二　4획

둘(二)이 사사롭게(厶) 이르니(말하니) 이를 운, 말할 운

＋ 이르다 ┌ ① (어떤 장소나 시간에) 닿다. 미치다. – 至(이를 지, 지극할 지) – 제목번호 203 참고
　　　　 │ ② 말하다. 알아듣거나 깨닫게 하다. – 云(이를 운)
　　　　 └ ③ (정해진 시간보다) 빠르다. – 早(일찍 조) – 제목번호 046 참고
　　　　 여기서는 ②의 뜻.

雨　12획

비(雨)가 오리라고 말해(云) 주는 구름이니 구름 운

＋ 雨(비 우) – 제목번호 188 참고

구름이 끼면 비가 올 것을 알게 되지요.

雲	集	운집　구름처럼 많이 모임.
구름 운	모일 집	
雲	海	운해　바다처럼 널리 깔린 구름.
구름 운	바다 해	

雲	雲	雲					

202

참(삼)참[參慘]
– 參으로 된 한자

구조로 암기

사사로울 사, 나 사(厶) 셋 아래에 사람 인(人)과 터럭 삼, 긴머리 삼(彡)이면 참여할 참, 석 삼(參), 참여할 참, 석 삼(參) 앞에 마음 심 변(忄)이면 슬플 참(慘)

5급

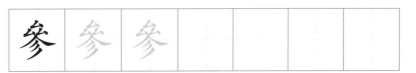

厶 11획

장식품(厶)을 사람(人)이 머리(彡)에 꽂고 행사에 참여하니
참여할 **참**
또 사람 인(人)에 사사로울 사(厶)와 **삐침 별**(丿)을 셋이나 썼으니
석 **삼**

+ 옌 参 – 사사로이(厶) 크게(大) 머리(彡)를 꾸미고 행사에 참여하니 '참여할 참'
또 사사로울 사(厶)와 큰 대(大)에 삐침 별(丿)를 세 개씩 썼으니 '석 삼'

선생님의 한 말씀

'석 삼'으로는 숫자를 변조하면 안 되는 계약서 등에 쓰입니다.

參　加　**참가** 모임이나 단체 또는 일에 관계하여 들어감.
참여할 **참** 더할 **가**

參　席　**참석** 모임이나 회의 등의 자리에 참여함.
참여할 **참** 자리 **석**

參	参	参				

Day
17

3급

心(忄) 14획

마음(忄)으로만 참여하고(參) 직접 하지 못하면 슬프니
슬플 **참**

+ 忄 – 마음 심, 중심 심(心)이 글자의 앞에 붙는 부수인 변으로 쓰일 때의 모양으로 '마음 심 변'

지도치[至到致]

203

– 조로 된 한자 1

🔍 **구조로 암기**

한 일(一) 아래에 사사로울 사, 나 사(厶)와 흙 토(土)면 이를 지, 지극할 지(至), 이를 지, 지극할 지(至) 뒤에 칼 도 방(刂)이면 이를 도, 주도면밀할 도(到), 칠 복(攵)이면 이룰 치, 이를 치(致)

4급Ⅱ

至 6획

하나(一)의 사사로운(厶) 땅(土)에 이르니 **이를 지**

또 이르러(至) 보살핌이 지극하니 **지극할 지**

5급

刀(刂) 8획

무사히 목적지에 이르려고(至) 위험을 대비하여 칼(刂)을 가지고

이를 정도로 주도면밀하니 **이를 도, 주도면밀할 도**

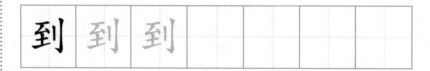

到 來	도래 이르러서 옴. 닥쳐 옴.
이를 도 올 래	

到 着	도착 목적한 곳에 다다름.
이를 도 붙을 착	

到	到	到					

5급

至 10획

지극하게(至) 치며(攵) 지도하면 꿈을 이루고 목표에 이르니

이룰 치, 이를 치

一 致	일치 '하나를 이룸'으로, 비교되는 대상들이 서로 어긋나지 아니
한 일 이룰 치	하고 같거나 들어맞음.

致 命	치명 죽을 지경에 이름.
이룰 치 목숨 명	

致	致	致					

204 옥실[屋室]
– 조로 된 한자 2

🔍 **구조로 암기**

이를 지, 지극할 지(至) 위에 주검 시, 몸 시(尸)면 집 옥 (屋), 집 면(宀)이면 집 실, 방 실, 아내 실(室)

5급

尸 9획

몸(尸)이 이르러(至) 쉬는 집이니 집 옥

✚ 尸(주검 시, 몸 시) – 제목번호 172 참고

屋	上	**옥상** 집 위.
집 옥	위 상	

韓	屋	**한옥** 한국 고유의 형식으로 지은 집.
한국 한	집 옥	

8급

宀 9획

지붕(宀) 아래 이르러(至) 쉬는 집이나 방이니 집 실, 방 실

또 주로 집에서 살림하는 아내도 가리켜서 아내 실

室	內	**실내** 집이나 방의 안.
집 실	안 내	

溫	室	**온실** 알맞은 온도와 습도를 유지할 수 있게 만든 건물.
따뜻할 온	집 실	

학년   반 성명:
....
공부한 날짜: 점수:

※ 다음 漢字의 訓(뜻)과 音(소리)을 쓰세요.

01. 馬 ☐

02. 法 ☐

※ 다음 훈음에 맞는 漢字를 쓰세요.

03. 쓸 용 ☐

04. 날랠 용 ☐

※ 다음 문장 중 漢字로 표기된 단어의 독음을 쓰세요.

05. 동시에 여러 소리를 調和시켜 부르는 것이 합창입니다. ☐☐

06. 물건의 去來가 활발하게 이루어졌다. ☐☐

※ 다음 문장 중 밑줄 친 단어를 漢字로 쓰세요.

07. 할아버지께 아이의 작명을 부탁드렸다. ☐☐

08. 나는 작년 이맘때에 비해 키가 부쩍 컸다. ☐☐

※ 다음 漢字語의 뜻을 쓰세요.

09. 以心傳心 ☐

10. 參席 ☐

정답

01. 말 마 02. 법 법 03. 用 04. 勇 05. 조화 06. 거래 07. 作名 08. 昨年 09. 마음으로써 마음을 전함.
10. 모임이나 회의 등의 자리에 참여함.

요후[幺後]
— 幺로 된 한자

부수자

3획

작고 어린 아기( ) 모양을 본떠서 작을 **요**, 어릴 **요**

7급

彳 9획

조금씩 걷고(彳) 조금(幺)씩 천천히 걸으면(夂) 뒤지고 늦으니
뒤 **후**, 늦을 **후**

+ 彳(조금 걸을 척), 夂(천천히 걸을 쇠, 뒤쳐 올 치) – 제목번호 267 참고

| 後 | 食 | **후식** | ① 식사 뒤에 먹는 과일 등의 간단한 음식. |
| 뒤 **후** | 먹을 **식** | | ② 나중에 먹음. |

| 後 | 發 | **후발** | 남보다 뒤늦게 어떤 일을 시작하거나 길을 떠남. |
| 뒤 **후** | 일어날 **발** | | |

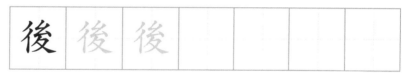

Day 18

악(락·요)약[樂藥]
– 樂으로 된 한자

6급

木 15획

(악기의 대표인) 북(白)을 작고(幺) 작은(幺) 실로 나무(木) 받침대 위에 묶어 놓고 치며 노래 부르고 즐기며 좋아하니

노래 악, 즐길 락(낙), 좋아할 요

+ 옙 樂 – (악기의 대표인) 북(白)을 나무(木) 받침대 위에 올려놓고 양손으로 두드리며(×) 노래 부르고 즐기며 좋아하니 '노래 악, 즐길 락(낙), 좋아할 요'

+ 白('흰 백, 밝을 백, 깨끗할 백, 아뢸 백'이지만 여기서는 북으로 봄)

音 樂 소리 음 노래 악	음악 목소리나 악기를 통하여 사상 또는 감정을 나타내는 예술.
苦 樂 괴로울 고 즐길 락	고락 괴로움과 즐거움을 아울러 이르는 말.
樂 山 樂 水 좋아할 요 산 산 좋아할 요 물 수	요산요수 산수(山水)의 자연을 즐기고 좋아함.

樂	樂	樂					

6급

草(艹) 19획

풀(艹) 중에 환자에게 좋은(樂) 약이니 **약 약**

+ 옙 薬

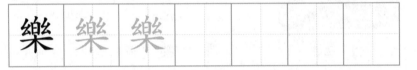
선생님의 한 말씀

옛날에는 물론 지금도 대부분의 약 성분은 풀에서 구합니다. 동물과 달리 위험이 있어도 피할 수 없는 식물은 자체에 방어 물질을 가지고 있는데, 그 방어 물질을 약으로 이용하지요.

藥 局 약 약 관청 국	약국 약을 파는 곳.
藥 水 약 약 물 수	약수 (먹거나 몸을 담그면) 약효(藥效)가 있는 샘물.

藥	藥	藥					

특급

糸 6획

실을 감아놓은 실타래() 모양을 본떠서 **실 사, 실 사 변**

👓 **선생님의 한 말씀**

'타래'는 뭉쳐 놓은 실이나 노끈 등의 뭉치를 말합니다.

4급

糸 7획

하나(丿)의 실(糸)처럼 이어지는 혈통이니 **이을 계, 혈통 계**

6급

子 10획

아들(子)의 대를 이어주는(系) 손자니 **손자 손**

長　　孫　　장손　한집안에서 맏이가 되는 후손.
길 장　손자 손

後　　孫　　후손　자신의 세대에서 여러 세대가 지난 뒤의 자녀를 말함.
뒤 후　손자 손

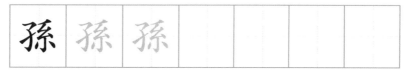

Day
18

종결[終結]
– 糸로 된 한자

🔍 **구조로 암기**

실 사, 실 사 변(糸) 뒤에 겨울 동(冬)이면 다할 종, 마칠 종(終), 길할 길, 상서로울 길(吉)이면 맺을 결(結)

5급

糸 11획

(누에 같은 벌레가) **실**(糸) 뽑아 집 짓는 일은 **겨울**(冬)이 되기 전에 다하여 마치니 **다할 종, 마칠 종**

+ 冬(겨울 동) – 제목번호 267 참고

終	結	**종결** 끝을 맺음.
다할 종	맺을 결	

終	日	**종일** '날을 마침'으로, 하루 낮 동안.
마칠 종	날 일	

終	終	終						

5급

糸 12획

실(糸)로 **좋게**(吉) 맺으니 **맺을 결**

+ 吉(길할 길, 상서로울 길) – 제목번호 057 참고

結	果	**결과** ① 과실을 맺음. 또는 그 과실.
맺을 결	과실 과	② 어떤 원인으로 생긴 결말.

結	合	**결합** 둘 이상의 사물이나 사람이 서로 관계를 맺어 하나가 됨.
맺을 결	합할 합	

結	結	結						

사 련변[絲 戀變]

– 絲와 戀으로 된 한자

4급
糸 12획

실타래의 실이 겹쳐진 모양을 본떠서 실 **사**

3급Ⅱ
心 23획

실(絲)처럼 계속 말(言)과 마음(心)이 이어가며 사모하니
사모할 련(연)
+ 약 恋 – 또(亦) 자꾸 마음(心)에 생각하며 사모하니 '사모할 련(연)'
+ 亦(또 역)

5급
言 23획

실(絲)처럼 길게 말하며(言) 치면(攵) 변하니 **변할 변**
+ 약 变 – 또(亦) 천천히(攵) 변하니 '변할 변'
+ 攵(칠 복), 夂(천천히 걸을 쇠, 뒤져 올 치) – 제목번호 265 참고

變 身	
변할 **변** 몸 신	**변신** 몸의 모양을 바꿈.

變 心	
변할 **변** 마음 **심**	**변심** 마음이 달라짐.

양양선[羊洋善]

– 羊으로 된 한자

4급Ⅱ

羊 6획

앞에서 바라본 양을 본떠서 **양 양**

> 👨‍🏫 **선생님의 한 말씀**
>
> 양은 성질이 온순하여 방목하거나 길들이기도 좋으며, 부드럽고 질긴 털과 가죽과 고기를 주는 이로운 짐승이니, 양(羊)이 부수로 쓰이면 대부분 좋은 의미의 글자입니다.

6급

水(氵) 9획

물결(氵)이 수만 마리 양(羊) 떼처럼 출렁이는 큰 바다니 **큰 바다 양**

또 큰 바다 건너편에 있는 서양이니 **서양 양**

海 洋	해양 넓고 큰 바다.
바다 해 큰 바다 양	

洋 式	양식 서양의 양식이나 격식.
서양 양 법 식	

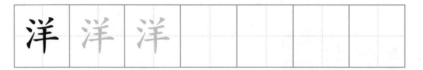

5급

口 12획

양(羊)처럼 풀(䒑)만 입(口)으로 먹는 짐승은 착하니 **착할 선**

또 착하면 좋고 시키는 일도 잘하니 **좋을 선, 잘할 선**

> 👨‍🏫 **선생님의 한 말씀**
>
> 초식 동물은 대부분 순하지요. 초 두(艹)는 원래 4획이지만 여기서는 3획의 약자 형태(艹)를 변형한 것(䒑)이네요.

改 善	개선 (나쁜 점을) 고쳐 좋게 함.
고칠 개 좋을 선	

211

미양착[美養着]
– 羊의 변형(羊)으로 된 한자

6급

羊(羊) 9획

양(羊)이 커(大)가는 모양처럼 아름다우니 **아름다울 미**

美	德
아름다울 미	덕 덕

미덕 아름다운 덕. 훌륭한 행위.

5급

食 15획

양(羊)을 먹여(食) 기르니 **기를 양**

養	育
기를 양	기를 육

양육 아이를 보살펴서 자라게 함.

養	成
기를 양	이룰 성

양성 가르쳐서 유능한 사람을 길러냄.

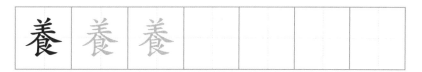

5급Ⅱ

目 12획

Day 18

털에 가린 양(羊)의 붙은(丿) 눈(目)처럼 붙으니 **붙을 착**

着	陸
붙을 착	육지 륙

착륙 비행기 등이 공중에서 활주로나 평평한 곳에 내림.

着	手
붙을 착	손 수

착수 어떤 일에 손을 댐. 또는 어떤 일을 시작함.

어어선[魚漁鮮]
― 魚로 된 한자

5급

魚 11획

물고기() 모양을 본떠서 물고기 어

魚	種	어종 물고기 종류.
물고기 어	종류 종	

活	魚	활어 살아 있는 물고기.
살 활	물고기 어	

👨‍🏫 **선생님의 한 말씀**

夕는 머리, 田은 몸통, 灬는 지느러미와 꼬리로 보았습니다.

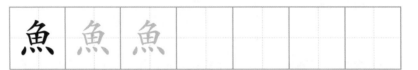

5급

水(氵) 14획

물(氵)에서 물고기(魚)를 잡으니 고기 잡을 어

漁	夫	어부 물고기를 잡는 사람. '어부(漁父)'로도 씀.
고기 잡을 어	사내 부	

漁	場	어장 ① 고기잡이를 하는 곳. ② 풍부한 수산 자원이 있고 어업을 할 수 있는 수역.
고기 잡을 어	마당 장	

👨‍🏫 **선생님의 한 말씀**

물고기 모양을 본떠서 '물고기 어(魚)', 물에서 물고기를 잡으니 물을 뜻하는 삼 수 변(氵)을 붙여서 '고기 잡을 어(漁)'로 구분하세요.

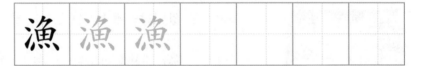

5급

魚 17획

물고기(魚)가 양(羊)처럼 곱게 깨끗하고 싱싱하니
고울 선, 깨끗할 선, 싱싱할 선

鮮	明	선명 깨끗하고 밝음.
깨끗할 선	밝을 명	

生	鮮	생선 먹기 위해 잡은 신선한 물고기.
살 생	싱싱할 선	

👨‍🏫 **선생님의 한 말씀**

羊(양 양)이 들어가면 대부분 좋은 의미의 글자입니다.

213

시가[豕家]
― 豕로 된 한자

🔍 **구조로 암기**

서 있는 돼지를 본떠서 돼지 시(豕), 돼지 시(豕) 위에 집 면(宀)이면 집 가, 전문가 가(家)

특급Ⅱ

豕 7획

서 있는 돼지를 본떠서 **돼지 시**

7급

宀 10획

지붕(宀) 아래 돼지(豕)처럼 먹고 자는 집이니 집 가

또 하나의 집처럼 어느 분야에 일가를 이룬 전문가도 뜻하여 전문가 가

＋ 일가(一家) ― ① 성(姓)과 본(本)이 같은 겨레붙이.
　　　　　　　　② 어느 분야에서 독자적인 경지나 체계를 이룬 상태.
　　　　　　　　여기서는 ②의 뜻.

| 家 計 | **가계** 한집안 살림의 수입과 지출의 상태. |
| 집 가　셀 계 | |

| 家 訓 | **가훈** 한집안의 조상이나 어른이 자손들에게 일러 주는 |
| 집 가　가르칠 훈 | 가르침. |

| 一 家 見 | **일가견** ① 자기대로의 독특한 의견이나 학설. |
| 한 일　전문가 가　볼 견 | ② 상당한 견문과 학식을 가진 의견. |

Day 18

214

도초[刀初]
— 刀로 된 한자 1

3급Ⅱ

刀 2획

옛날 칼(**𠃌→刀**) 모양을 본떠서 **칼 도**

> 🧑‍🏫 선생님의 한 말씀
>
> 글자의 오른쪽에 붙는 부수인 방으로 쓰일 때는 '칼 도 방(刂)'입니다.

5급

刀 7획

옷(衤)을 만드는 데는 옷감을 칼(刀)로 자르는 일이 처음이니 **처음 초**

初 期	초기 (어떤 기간의) 처음 기간.
처음 초 기간 기	
始 初	시초 맨 처음.
처음 시 처음 초	

初	初	初				

체(절)별[切別]

– 끼로 된 한자 2

5급

刀 **4획**

일곱(七) 번이나 칼(刀)질하여 모두 끊으니 **모두 체**, **끊을 절**

또 끊어지듯이 마음이 간절하니 **간절할 절**

一　切　**일체** 전부. 모든 것.
한 **일**　모두 **체**

切　半　**절반** 반절로 끊음(나눔). 또는 그 반.
끊을 **절**　반 **반**

親　切　**친절** '친하고 간절함'으로, 매우 정답고 고분고분함.
친할 **친**　간절할 **절**

6급

刀(刂) **7획**

입(口)으로 먹기 위해 힘(力)껏 칼(刂)로 나누어 다르니

나눌 별, **다를 별**

區　別　**구별** 성질이나 종류에 따라 차이가 남. 또는 성질이나 종류에
나눌 **구**　나눌 **별**　　　따라 나누어 놓음.

別　世　**별세** 윗사람이 죽음.
다를 **별**　세상 **세**

Day 18

216

비 화화[匕 化花]
– 匕와 化로 된 한자

🔍 **구조로 암기**

비수를 본떠서 비수 비, 숟가락 비(匕), 비수 비, 숟가락 비(匕) 앞에 사람 인 변(亻)이면 될 화, 변화할 화(化), 될 화, 변화할 화(化) 위에 초 두(艹)면 꽃 화(花)

1급

匕 2획

비수를 본떠서 **비수 비**

또 비수처럼 입에 찔러 먹는 숟가락이니 **숟가락 비**

👨‍🏫 **선생님의 한 말씀**

비수(匕首)는 짧고 날카로운 칼을 말합니다.

5급

匕 4획

사람(亻)이 비수(匕) 같은 마음을 품고 일하면 안 되는 일도 되고 변화하니 **될 화, 변화할 화**

化 石	화석 변해서 돌처럼 된 것.
될 화 돌 석	
變 化	변화 변하여 다르게 됨.
변할 변 변화할 화	

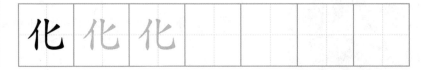

化 化 化

7급

草(艹) 8획

풀(艹)의 일부가 변하여(化) 피는 꽃이니 **꽃 화**

開 花	개화 (풀이나 나무의) 꽃이 핌.
열 개 꽃 화	
落 花	낙화 떨어진 꽃. 또는 꽃이 떨어짐.
떨어질 낙 꽃 화	

花 花 花

Day
18

실력 체크 퀴즈
(205~216)

학년   반 성명:
....
공부한 날짜: 점수:

※ 다음 漢字의 訓(뜻)과 音(소리)을 쓰세요.

01. 結 [   ]

02. 變 [   ]

※ 다음 훈음에 맞는 漢字를 쓰세요.

03. 손자 손 [   ]

04. 아름다울 미 [   ]

※ 다음 문장 중 漢字로 표기된 단어의 독음을 쓰세요.

05. 진행자의 끝인사로 행사가 **終結**되었다. [ ][ ]

06. 전문 인력의 **養成**은 중요하다. [ ][ ]

※ 다음 문장 중 밑줄 친 단어를 漢字로 쓰세요.

07. 할아버지는 아침마다 **약수**를 뜨러 가신다. [ ][ ]

08. 외국인들은 한식보다 **양식**을 좋아한다. [ ][ ]

※ 다음 漢字語의 뜻을 쓰세요.

09. 善良 [   ]

10. 鮮明 [   ]

 정답

01. 맺을 결 02. 변할 변 03. 孫 04. 美 05. 종결 06. 양성 07. 藥水 08. 洋食 09. (행실이) 착하고 어짊.
10. 깨끗하고 밝음.

비배(북)[比北]
― 比와 北

🔍 **구조로 암기**

두 사람이 나란히 앉은 모양을 본떠서 나란할 비(比), 또 나란히 앉혀 놓고 견주니 견줄 비(比), 두 사람이 등지고 달아나는 모양에서 등질 배, 달아날 배(北), 또 항상 남쪽을 향하여 앉는 임금의 등진 북쪽이니 북쪽 북(北)

比 4획

두 사람이 나란히 앉은 모양에서 **나란할 비**

또 나란히 앉혀 놓고 견주니 **견줄 비**

比 견줄 비	重 귀중할 중	**비중**	다른 것과 비교할 때 차지하는 중요도.
對 상대할 대	比 견줄 비	**대비**	두 가지의 차이를 밝히기 위하여 서로 맞대어 비교함. 또는 그런 비교.

比	比	比					

ヒ 5획

두 사람이 등지고 달아나는 모양에서 **등질 배, 달아날 배**

또 항상 남쪽을 향하여 앉았던 임금의 등진 북쪽이니 **북쪽 북**

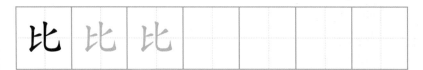

선생님의 한 말씀

임금은 어느 장소에서나 그곳의 북쪽에서 남쪽을 향하여 앉았으니, 항상 남쪽을 향하여 앉는 임금의 등진 쪽이라는 데서 '등질 배, 달아날 배(北)'에 '북쪽 북(北)'이라는 뜻이 붙게 되었지요.

敗 패할 패	北 달아날 배	**패배**	① 싸움에 짐. ② 싸움에 져서 달아남.
以 써 이	北 북쪽 북	**이북**	① 어떤 지점을 기준으로 하여 그 북쪽. ② 남북으로 분단된 대한민국의 휴전선 북쪽 지역을 가리키는 말.

北	北	北					

218

사 렬례[死 列例]

− 死와 列로 된 한자

🔍 **구조로 암기**

뼈 앙상할 알, 죽을 사 변(歹) 뒤에 비수 비, 숟가락 비(匕)면 죽을 사(死), 칼 도 방(刂)이면 벌일 렬, 줄 렬(列), 벌일 렬, 줄 렬(列) 앞에 사람 인 변(亻)이면 법식 례, 보기 례(例)

歹 6획

죽도록(歹) 비수(匕)에 찔려 죽으니 **죽을 사**

👨‍🏫 **선생님의 한 말씀**

歹는 하루(一) 저녁(夕) 사이에 뼈 앙상하게 말라 죽으니 '뼈 앙상할 알, 죽을 사 변(= 歺)'입니다.

死 別 　**사별** 죽어서 이별함.
죽을 사 　다를 별

死 體 　**사체** 사람 또는 동물 등의 죽은 몸뚱이.
죽을 사 　몸 체

刀(刂) 6획

짐승을 잡아(歹) 칼(刂)로 잘라 벌이니 **벌일 렬(열)**

또 벌여 놓은 줄이니 **줄 렬(열)**

👨‍🏫 **선생님의 한 말씀**

'벌이다'는 여러 가지 물건을 늘어놓는다는 말입니다.

人(亻) 8획

사람(亻)이 물건을 벌여(列) 놓는 법식과 보기니
법식 례(예), 보기 례(예)

例 規 　**예규** 관례로 되어 있는 규칙.
법식 예 　법 규

例 示 　**예시** 예를 들어 보임.
보기 예 　볼 시

Day 19

능태웅[能態熊]

– 能으로 된 한자

🔍 구조로 암기

사사로울 사, 나 사(厶) 아래에 달 월, 육 달 월(月), 뒤에 비수 비, 숟가락 비(匕) 둘이면 능할 능(能), 능할 능(能) 아래에 마음 심, 중심 심(心)이면 모양 태(態), 불 화 발(灬)이면 곰 웅(熊)

5급

肉(月) 10획

곰은 주둥이(厶)와 몸뚱이(月), 네 발(匕)로 재주 부림이 능하니 **능할 능**

+ 厶('사사로울 사, 나 사'지만 여기서는 곰의 주둥이로 봄), 匕('비수 비, 숟가락 비'가 둘이지만 여기서는 곰의 네 발로 봄)

能　力　**능력** '능한 힘'으로, 어떤 일을 제대로 할 수 있는 힘.
능할 능　힘 력

可　能　**가능** '가히 능함'으로, 할 수 있거나 될 수 있는 것.
가히 가　능할 능

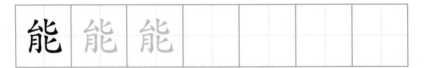

心 14획

능히(能) 할 수 있다는 마음(心)이 얼굴에 나타나는 모양이니 **모양 태**

2급

火(灬) 14획

능히(能) 불(灬) 속에서도 재주를 부리는 곰이니 **곰 웅**

+ 灬 – 불 화(火)가 글자의 아래에 붙는 부수인 발로 쓰일 때의 모양으로 '불 화 발'

로로[耂老]
– 耂로 된 한자 1

🔍 **구조로 암기**

흙 토(土)에 삐침 별(丿)이면 늙을 로 엄(耂), 늙을 로 엄
(耂) 아래에 비수 비, 숟가락 비(匕)면 늙을 로(老)

부수자

4획

늙을 로(老)가 부수로 쓰일 때의 모양으로, 흙(土)에 지팡이(丿)를
짚으며 걸어야 할 정도로 늙으니 **늙을 로 엄**

+ 丿('삐침 별'이지만 여기서는 지팡이로 봄)

 **선생님의 한 말씀**

'엄'은 글자의 위와 왼쪽을 덮는 부수 이름이기에 제목은 실제 뜻인 '늙을 로'의 '로'로 달았습니다.

7급

老 6획

흙(土)에 지팡이(丿)를 비수(匕)처럼 꽂으며 걸어야 할 정도로 늙으니
늙을 로(노)

老 化   **노화** 질병이나 사고에 의한 것이 아니라 시간이 흐름에 따라
늙을 노 될 화   생체 구조와 기능이 쇠퇴하는 현상.

敬 老   **경로** 노인을 공경함.
공경할 경 늙을 로

효고[孝考]

− 耂로 된 한자 2

🔍 **구조로 암기**

늙을 로 엄(耂) 아래에 아들 자, 접미사 자(子)면 효도
효(孝), 큰 대(大)의 변형(丂)이면 살필 고, 생각할 고(考)

7급

子   7획

늙은(耂) 부모를 아들(子)이 받드는 효도니 **효도 효**

孝   道   **효도** 부모를 잘 섬기는 도리.
효도 효 도리 도

孝   子   **효자** 효도하는 아들.
효도 효 아들 자

孝	孝	孝				

5급

耂   6획

노인(耂)처럼 크게(丂) 살피고 생각하니 **살필 고, 생각할 고**

+ 丂['공교할 교, 교묘할 교(丂)'의 변형이지만 여기서는 '큰 대(大)'의 변형으로 봄]

思   考   **사고** 생각하고 궁리함.
생각할 사 생각할 고

再   考   **재고** 다시 살피거나 생각함.
다시 재 생각할 고

考	考	考				

222

자도[者都]
– 者로 된 한자

🔍 **구조로 암기**

늙을 로 엄(耂) 아래에 흰 백, 밝을 백, 깨끗할 백, 아뢸 백(白)이면 놈 자, 것 자(者), 놈 자, 것 자(者) 뒤에 고을 읍 방(阝)이면 도읍 도, 모두 도(都)

6급

耂 9획

노인(耂)이 낮추어 말하는(白) 놈이나 것이니 놈 **자**, 것 **자**

👨‍🏫 **선생님의 한 말씀**

글의 문맥으로 보아 사람을 말할 때는 '놈'이나 '사람', 물건을 말할 때는 '것'으로 해석합니다. '놈'이나 '계집'이 요즘은 듣기 거북한 욕으로 쓰이지만 옛날에는 남자 여자를 보통으로 일컫는 말이었습니다.

記 者　**기자** 신문, 잡지, 방송 등에 실을 기사를 취재하여 쓰거나 편집
기록할 기　놈 자　　하는 사람.

患 者　**환자** 병을 앓는 사람.
병 환　놈 자

者	者	者			

5급

邑(阝) 12획

사람(者)들이 많이 사는 고을(阝)은 도읍이니 도읍 **도**
또 도읍은 사람이 많이 모인 모두니 모두 **도**

都 邑　**도읍** ① 서울(한 나라의 중앙 정부가 있는 곳).
도읍 도　고을 읍　　② 조금 작은 도시.

都 合　**도합** 모두 합한 셈.
모두 도　합할 합

都	都	都			

Day 19

223

호 호호[虍 虎號]
― 虍와 虎로 된 한자

🔍 **구조로 암기**

범 가죽 무늬를 본떠서 범 호 엄(虍), 범 호 엄(虍) 아래에 사람 인 발(儿)이면 범 호(虎), 범 호(虎) 앞에 입 구, 말할 구, 구멍 구(口)와 큰 대(大)의 변형(丂)이면 부르짖을 호, 이름 호, 부호 호(號)

부수자

6획

범의 머리를 본떠서 **범 호 엄**

😊 **선생님의 한 말씀**

범, 즉 호랑이와 관련된 한자에 부수로 쓰입니다. '엄'은 부수 이름이고 이 글자를 독음으로 찾으려면 '호'로 찾아야 하니 제목을 '호'로 했습니다.

3급Ⅱ

虍   8획

범(虎)은 사람처럼 영리하니 사람 인 발(儿)을 붙여서 **범 호**

6급

虍   13획

입(口)을 크게(丂) 벌리고 범(虎)처럼 부르짖는 이름이나 부호니
부르짖을 호, 이름 호, 부호 호

+ 약 号 ― 입(口)을 크게(丂) 벌리고 부르짖는 이름이나 부호니 '부르짖을 호, 이름 호, 부호 호'

+ 丂['공교할 교, 교묘할 교'지만 여기서는 '큰 대(大)'의 변형으로 봄]

號 令	호령	부르짖듯이 큰소리로 명령하거나 꾸짖음.
부르짖을호 명령할 령		
商 號	상호	상인이 영업상 자기를 표시하기 위하여 사용하는 명칭.
장사할 상 이름 호		

號	號	號					

224

내 급급[乃 及 級]
– 乃와 及으로 된 한자

🔍 **구조로 암기**

사람은 지팡이(丿)에 의지할 허리 굽은(ㅋ) 사람으로 이
에 곧 변하니 이에 내, 곧 내(乃), 이에 내, 곧 내(乃)에
파임 불(乀)이면 이를 급, 미칠 급(及), 이를 급, 미칠 급
(及) 앞에 실 사, 실 사 변(糸)이면 등급 급(級)

3급

丿 2획

(세월이 빨라) 사람은 **지팡이**(丿)에 의지할 **허리 굽은**(ㅋ) 사람으로
이에 곧 변하니 **이에 내, 곧 내**

> 👨‍🏫 **선생님의 한 말씀**
>
> 세월은 빠르고 인생은 짧으니, 백 년을 살아도 삼만 육천오백 일밖에 안 되네요.

3급Ⅱ

又 4획

곧(乃) 이르러 **미치니**(乀) **이를 급, 미칠 급**

6급

糸 10획

실(糸)을 **이을**(及) 때 따지는 등급이니 **등급 급**

> 👨‍🏫 **선생님의 한 말씀**
>
> 실을 이을 때는 아무 실이나 잇지 않고 굵기나 곱기의 등급을 따져 차례로 잇지요.

特 級   **특급** 특별한 계급이나 등급.
특별할 특   등급 급

高 級   **고급** ① 물건이나 시설 등의 품질이 뛰어나고 값이 비쌈.
높을 고   등급 급   ② 지위나 신분 또는 수준 등이 높음.

간근[艮根]
－ 艮으로 된 한자

2급

艮   6획

눈(艮) 앞에 비수(乀)처럼 위험한 것이 보이면 멈추니 **멈출 간**

＋ 艮['눈 목, 볼 목, 항목 목(目)'의 변형으로 봄], 乀['비수 비, 숟가락 비(匕)'의 변형으로
봄]

6급

木   10획

나무(木)를 머물러(艮) 있게 하는 뿌리니 **뿌리 근**

| 根
뿌리 근 | 氣
기운 기 | 근기 | ① 근본이 되는 힘.
② 참을성 있게 견뎌 내는 힘. |
| 根
뿌리 근 | 性
성품 성 | 근성 | ① 태어날 때부터 지니고 있는 근본적인 성질.
② 뿌리가 깊게 박힌 성질. |

根	根	根					

226

금(김)은[金銀]
– 金으로 된 한자

🔍 **구조로 암기**

사람 인(人) 아래에 한 일(一)과 흙 토(土), 점 주, 불똥 주(丶) 둘이면 쇠 금, 금 금, 돈 금, 성씨 김(金), 쇠 금, 금 금, 돈 금, 성씨 김(金) 뒤에 멈출 간(艮)이면 은 은(銀)

金 8획

덮여 있는(人) 한(一)곳의 흙(土) 속에 **반짝반짝**(丶丶) 빛나는 쇠나 금이니 **쇠 금, 금 금**

또 금처럼 귀한 돈이나 성씨니 **돈 금, 성씨 김**

+ 人('사람 인'이지만 여기서는 덮여 있는 모양으로 봄), 丶('점 주, 불똥 주'지만 여기서는 반짝반짝 빛나는 모양으로 봄)

料	金	요금 남의 힘을 빌리거나 사물을 사용·소비·관람한 대가로
값 요	돈 금	치르는 돈.

現	金	현금 현재 가지고 있는 돈.
이제 현	금 금	

金 14획

금(金) 다음에 머물러(艮) 있는 은이니 **은 은**

> 👨‍🏫 **선생님의 한 말씀**
>
> 금이 더 비싼데 은행(bank)을 금행(金行)으로 하지 않고 은행(銀行)으로 한 이유는 무엇일까요? 옛날에는 은이 금보다 생산량도 적고 정제 방법도 더 까다로웠기 때문에 더 비싸서, 세계 각국들이 은을 화폐의 기본으로 했기 때문이지요.

銀	賞	은상 상(賞)의 등급을 금, 은, 동으로 나누었을 때 2등
은 은	상줄 상	에 해당하는 상.

銀	河	水	은하수 '은하'를 강에 비유하여 일상적으로 이르는 말.
은 은	물 하	물 수	

Day 19

량랑[良朗]
– 良으로 된 한자

艮 7획

점(丶) 같은 작은 잘못도 그치면(艮) 좋고 어지니
좋을 **량(양)**, 어질 **량(양)**

良 어질 양	心 마음 심	**양심** 사물의 선악을 판단하는 능력.
改 고칠 개	良 좋을 량	**개량** (나쁜 점을) 고쳐 좋게 함.

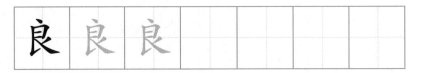

月 11획

어질어(良) 마음 씀이 달(月)빛처럼 밝으니 밝을 **랑(낭)**

朗 밝을 낭	讀 읽을 독	**낭독** '밝게 읽음'으로, 글을 소리 내어 읽음.
明 밝을 명	朗 밝을 랑	**명랑** (우울한 빛이 없이 활발하여) 밝음.

228

식음[食飮]
– 食으로 된 한자

🔍 **구조로 암기**

좋을 량, 어질 량(良) 위에 사람 인(人)이면 밥 식, 먹을 식(食), 밥 식, 먹을 식 변(飠) 뒤에 하품 흠, 모자랄 흠(欠)이면 마실 음(飮)

食 9획

사람(人) 몸에 좋은(良) 밥을 먹으니 **밥 식, 먹을 식**

글자의 변으로 쓰일 때는 飠(밥 식, 먹을 식 변)입니다.

食	事	식사 여러 가지 음식을 먹는 일. 또는 그 음식.
밥 **식**	일 **사**	

食	品	식품 사람이 일상적으로 섭취하는 음식물을 통틀어 이르는 말.
먹을 **식**	물건 **품**	

食 食 食

食(飠) 13획

먹을(飠) 때 하품(欠)하듯 입 벌리고 마시니 **마실 음**

+ 欠 – 사람(人)이 기지개 켜며 하품하는 모양에서 '하품 흠'
　　또 하품하며 게으르면 능력이 모자라니 '모자랄 흠'

飮	料	水	음료수 마실 거리.
마실 **음**	재료 **료**	물 **수**	

過	飮	과음 술을 정도에 지나치게 마심.
지나칠 **과**	마실 **음**	

飮 飮 飮

Day
19

※ 다음 漢字의 訓(뜻)과 음(소리)을 쓰세요.

01. 能 ☐

02. 朗 ☐

※ 다음 훈음에 맞는 漢字를 쓰세요.

03. 죽을 사 ☐

04. 뿌리 근 ☐

※ 다음 문장 중 漢字로 표기된 단어의 독음을 쓰세요.

05. 이곳은 **都農** 직거래 장터로 유명하다. ☐☐

06. **善良**한 사람은 어디서나 보호되어야 한다. ☐☐

※ 다음 문장 중 밑줄 친 단어를 漢字로 쓰세요.

07. 적절한 **예시**는 이해에 도움이 된다. ☐☐

08. **환자**는 잘 보살펴야 한다. ☐☐

※ 다음 漢字語의 뜻을 쓰세요.

09. 都合 ☐

10. 再考 ☐

정답

01. 능할 능 02. 밝을 랑 03. 死 04. 根 05. 도농 06. 선량 07. 例示 08. 患者 09. 모두 합한 셈.
10. 다시 살피거나 생각함.

229

력가로[力加勞]
– 力으로 된 한자

🔍 **구조로 암기**

팔에 힘줄이 드러난 모양에서 힘 력(力), 힘 력(力) 뒤에
입 구, 말할 구, 구멍 구(口)면 더할 가(加), 위에 불 화
(火) 둘과 덮을 멱(冖)이면 수고할 로, 일할 로(勞)

7급

力 2획

팔에 힘줄이 드러난 모양에서 **힘 력(역)**

| 力 | 說 | **역설** 힘주어 말함. |
| 힘 역 | 말씀 설 | |

| 全 | 力 | **전력** 온 힘. |
| 온전할 전 | 힘 력 | |

力	力	力				

5급

力 5획

힘(力)써 말하며(口) 용기를 더하니 **더할 가**

| 加 | 速 | **가속** 속도를 더함. |
| 더할 가 | 빠를 속 | |

| 加 | 熱 | **가열** (어떤 물질에) 열을 더함. |
| 더할 가 | 더울 열 | |

加	加	加				

5급

力 12획

불(火)과 불(火)에 덮인(冖) 곳에서도 힘(力)써 수고하며 일하니
수고할 로(노), 일할 로(노)

+ 〔약〕勞 – 불꽃(灬)으로 덮인(冖) 속에서도 힘(力)써 수고하며 일하니 '수고할 로(노),
　　　　일할 로(노)'

| 勞 | 力 | **노력** (목적을 이루기 위하여) 수고하고 힘을 씀. |
| 수고할 노 | 힘 력 | |

| 勞 | 使 | **노사** 노동자와 사용자. |
| 일할 노 | 부릴 사 | |

勞	勞	勞				

230

야지타[也地他]
- 也로 된 한자

구조로 암기

힘 력(力)의 변형(ヵ)에 새 을(乙)이 부수로 쓰일 때의
모양(ㄴ)이면 또한 야, 어조사 야(也), 또한 야, 어조사
야(也) 앞에 흙 토(土)면 땅 지, 처지 지(地), 사람 인 변
(亻)이면 다를 타, 남 타(他)

3급

乙(ㄴ) 3획

힘(ヵ)껏 새(ㄴ) 같은 힘도 또한 보태는 어조사니

또한 **야**, 어조사 **야**

선생님의 한 말씀

ㄴ은 새 을(乙)이 부수로 쓰일 때의 모양입니다.

7급

土 6획

흙(土) 또한(也) 온 누리에 깔린 땅이니 **땅 지**

또 어떤 땅 같은 처지니 **처지 지**

地 땅 지	表 겉 표	**지표** 지구의 표면. 또는 땅의 겉면.
度 헤아릴 탁	地 땅 지	**탁지** 토지를 측량함.

地 | 地 | 地 | | | | |

5급

人(亻) 5획

사람(亻) 또한(也) 모두 다르고 남이니 **다를 타, 남 타**

他 다를 타	國 나라 국	**타국** 다른 나라.
出 나갈 출	他 다를 타	**출타** (집에 있지 아니하고) 다른 곳에 나감.

他 | 他 | 他 | | | | |

231

기기기[气汽氣]

– 气로 된 한자

구조로 암기

사람(ᅩ) 입에서 입김(一)이 나오는(乀) 기운이니 기운 기(气), 기운 기(气) 앞에 삼 수 변(氵)이면 김 기(汽), 아래에 쌀 미(米)면 기운 기, 대기 기(氣)

부수자

4획

사람(ᅩ) 입에서 입김(一)이 나오는(乀) 기운이니 **기운 기**

+ ᅩ['사람 인(人)'의 변형으로 봄], 一('한 일'이지만 여기서는 입김으로 봄)

5급

水(氵) 7획

물(氵)이 끓으면서 기운(气)차게 올라가는 김이니 **김 기**

| 汽
김 기 | 船
배 선 | **기선** | 증기 기관을 동력으로 움직이는 배. |
| 汽
김 기 | 車
차 차 | **기차** | 기관차에 여객차나 화물 열차를 끌고 다니는 철도 차량. |

7급

气 10획

기운(气)이 쌀(米) 밥을 지을 때처럼 올라가는 기운이니 **기운 기**

또 이런 기운으로 이루어지는 대기니 **대기 기**

+ 阳 氕 – 기운(气)이 교차하는(乂) 모양에서 '기운 기, 대기 기'

| 氣
기운 기 | 勝
이길 승 | **기승** | ① 성미가 억척스럽고 굳세어 좀처럼 굽히지 않음.
② 기운이나 힘 등이 성해서 좀처럼 누그러들지 않음. |
| 感
느낄 감 | 氣
대기 기 | **감기** | 추위에 상하여 일어나는 호흡기 계통의 염증성 질환. |

Day 20

방방[方放]
– 方으로 된 한자

7급

方 4획

(쟁기로 갈라지는 흙이 모나고 일정한 방향으로 넘어가니)

쟁기로 밭 가는 모양을 본떠서 모 **방**, 방향 **방**

또 쟁기질은 밭을 가는 중요한 방법이니 방법 **방**

| 方
방향 **방** | 向
향할 **향** | **방향** | ① 어떤 방위(方位)를 향한 쪽.
② 어떤 뜻이나 현상이 일정한 목표를 향하여 나아가는 쪽. |
| 方
방법 **방** | 法
법 **법** | **방법** | 어떤 일을 해 나가거나 목적을 이루기 위하여 취하는 수단이나 방식. |

方	方	方						

6급

攵 8획

어떤 **방향**(方)으로 가도록 **쳐**(攵) 놓으니 놓을 **방**

+ 攵(칠 복) – 제목번호 265 참고

| 放
놓을 **방** | 任
맡을 **임** | **방임** | 돌보거나 간섭하지 않고 제멋대로 내버려 둠. |
| 放
놓을 **방** | 火
불 **화** | **방화** | 일부러 불을 지름. |

放	放	放						

려족기[旅族旗]
– 方으로 된 한자

🔍 구조로 암기

모 방, 방향 방, 방법 방(方) 뒤에 사람 인(人)의 변형
(𠂉) 아래에 성 씨, 뿌리 씨(氏)의 변형(氏)이면 군사 려,
나그네 려(旅), 사람 인(人)의 변형(𠂉) 둘과 큰 대(大)면
겨레 족(族), 그 기(其)면 기 기(旗)

5급

方 10획

사방(方) 사람(𠂉)들이 씨족(氏)처럼 모인 군사니 **군사 려(여)**

또 군사처럼 지나가는 나그네니 **나그네 려(여)**

旅	團	**여단** '군사들의 모임'으로, 부대의 한 단위.
군사 여	모일 단	
旅	行	**여행** 일이나 유람을 목적으로 다른 고장이나 외국에 가는 일.
나그네 여	다닐 행	

6급

方 11획

사방(方)에서 사람(𠂉)과 사람(𠂉)들이 크게(大) 모여 이룬 겨레니
겨레 족

家	族	**가족** 주로 부부를 중심으로 한, 친족 관계에 있는 사람들의 집단. 또는 그 구성원.
집 가	겨레 족	
部	族	**부족** 공통의 언어를 사용하고, 일정한 공통 영역을 가지며, 동질적인 문화와 전통을 가진 사람들의 집단.
마을 부	겨레 족	

7급

方 14획

사방(方) 사람(𠂉)들이 알아보는 그(其)것은 기니 **기 기**

+ 其(그 기) – 제목번호 282 참고

旗	手	**기수** '기를 드는 손'으로, 앞장서는 사람을 말함.
기 기	손 수	
反	旗	**반기** ① 반란을 일으킨 무리가 그 표시로 드는 기.
거꾸로 반	기 기	② 반대의 뜻을 나타내는 행동이나 표시.

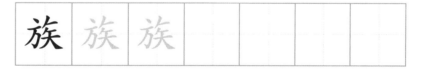

Day 20

234 궁 홍 강[弓 弘強]
- 弓과 弘으로 된 한자

🔍 **구조로 암기**

등이 굽은 활을 본떠서 활 궁(弓), 활 궁(弓) 뒤에 사사로울 사, 나 사(厶)면 넓을 홍, 클 홍(弘), 넓을 홍, 클 홍(弘)에 벌레 충(虫)이면 강할 강, 억지 강(強)

3급Ⅱ

弓 3획

등이 굽은 활(🏹 → 弓)을 본떠서 **활 궁**

3급

弓 5획

활(弓)시위를 내(厶) 앞으로 당기면 넓게 커지니 **넓을 홍, 클 홍**

6급

弓 11획

큰(弘) 벌레(虫)는 강하니 **강할 강**

또 강하게 밀어붙이는 억지니 **억지 강**

強 강할 강	行 행할 행	강행	① 어려운 점을 무릅쓰고 행함. ② 강제로 시행함. ③ 마지못하여 억지로 함.
強 억지 강	賣 팔 매	강매	억지로 팖.

強	強	強					

○ 구조로 암기

활 궁(弓) 둘에 삐침 별(丿) 둘씩이면 약할 약(弱), 활 궁 (弓)에 뚫을 곤(丨)의 변형(丿)과 뚫을 곤(丨)이면 아닐 불, 달러 불(弗), 아닐 불, 달러 불(弗) 아래에 조개 패, 재물 패, 돈 패(貝)면 쓸 비, 비용 비(費)

235

약 불비[弱 弗 費]
― 弱과 弗로 된 한자

6급

弓　10획

한 번에 활 두 개(弓弓)에다 화살 두 개(丿丿)씩을 끼워 쏘면 힘이 약하니 **약할 약**

心　弱　심약　마음이 약함.
마음 심　약할 약

老　弱　노약　늙은 사람과 약한 사람.
늙을 노　약할 약

弱	弱	弱			

2급

弓　5획

하나의 활(弓)로 동시에 두 개의 화살(刂)은 쏘지 않으니 **아닐 불**

또 글자가 미국 돈 달러($)와 비슷하니 **달러 불**

> 👨‍🏫 **선생님의 한 말씀**
>
> 하나의 활에 동시에 두 개의 화살을 쏘면 힘이 약하고 조준이 어려 우니 잘 쏘지 않지요.

5급

貝　12획

귀하지 않게(弗) 재물(貝)을 쓰니 **쓸 비**

또 쓰는 비용이니 **비용 비**

消　費　소비　돈이나 물자·시간·노력 등을 들이거나 써서 없앰.
삭일 소　쓸 비

費　用　비용　드는 돈. 쓰이는 돈.
비용 비　쓸 용

費	費	費			

Day 20

236

제제[弟第]

– 弟로 된 한자

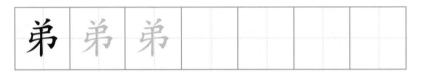

머리를 땋은 모양(丫)에 활 궁(弓)과 삐침 별(丿)이면 아우 제, 제자 제(弟), 아우 제, 제자 제(弟)의 획 줄임(弔) 위에 대 죽(竹)이면 차례 제(第)

8급

弓 7획

머리 땋고(丫) 활(弓)과 화살(丿)을 가지고 노는 아이는 아우나 제자니 아우 **제**, 제자 **제**

兄	弟	**형제** 형과 동생.
형 형	아우 제	

弟	子	**제자** 스승의 가르침을 받거나 받은 사람.
제자 제	아들 자	

弟	弟	弟				

8급

竹(⺮) 11획

대(⺮)마디처럼 아우(弟)들에게 있는 차례니 차례 **제**

第	三	者	**제삼자** 직접 관계없는 남을 말함.
차례 제	석 삼	놈 자	

落	第	**낙제** ① 진학 또는 진급을 못함.
떨어질 낙	차례 제	② 시험이나 검사 등에 떨어짐.
		③ 과거 시험에 응하였다가 떨어짐.

第	第	第				

237

시실지[矢失知]

– 矢로 된 한자

🔍 **구조로 암기**

화살을 본떠서 화살 시(矢), 화살 시(矢)의 위를 연장하여 잃을 실(失), 화살 시(矢) 뒤에 입 구, 말할 구, 구멍 구(口)면 알 지(知)

3급

矢 5획

화살(↑ → ↑)을 본떠서 **화살 시**

6급

大 5획

화살 시(矢) 위를 연장하여 이미 쏘아버린 화살을 나타내어

(쏘아진 화살은 잃어버린 것이란 데서) **잃을 실**

失 望	**실망**	바라던 일이 뜻대로 되지 아니하여 마음이 몹시 상함.
잃을 실 바랄 망		

過 失	**과실**	① 부주의나 태만 등에서 비롯된 잘못이나 허물.
지나칠 과 잃을 실		② 조심하지 아니하여 어떤 결과가 일어날 것을 미리 내다보지 못한 일.

5급

矢 8획

(과녁을 맞히는) 화살(矢)처럼 사실에 맞추어 말할(口) 정도로 아니 **알 지**

知 能	**지능**	① 아는 (두뇌의) 능력.
알 지 능할 능		② 지혜와 재능을 함께 이르는 말.

親 知	**친지**	친하게 알고 지내는 사람.
친할 친 알 지		

익과[弋戈]

238

– 弋과 戈

🔍 **구조로 암기**

주살을 본떠서 주살 익(弋), 주살 익(弋)에 삐침 별(丿)이면 창 과(戈)

특급

弋 3획

주살을 본떠서 **주살 익**

👨‍🏫 **선생님의 한 말씀**

'주살'은 줄을 매어 쏘는 화살로, 원래 '줄살'이었는데 ㄹ이 빠져 굳어진 말입니다.

2급

戈 4획

몸체가 구부러지고 손잡이가 있는 창을 본떠서 **창 과**

👨‍🏫 **선생님의 한 말씀**

옛날에는 전쟁을 많이 했기 때문에, 당시의 전쟁 무기였던 칼 도(刀), 활 궁(弓), 화살 시(矢), 주살 익(弋), 창 과(戈), 창 모(矛) 등과 관련되어 만들어진 한자들도 많습니다.

대식[代式]

– 弋으로 된 한자

🔍 구조로 암기

주살 익(弋) 앞에 사람 인 변(亻)이면 대신할 대, 세대 대, 대금 대(代), 아래에 장인 공, 만들 공, 연장 공(工)이면 법 식, 의식 식(式)

6급

人(亻) 5획

전쟁터에서 사람(亻)이 할 일을 주살(弋)이 대신하니 **대신할 대**

또 부모를 대신하여 이어가는 세대니 **세대 대**

또 물건을 대신하여 치르는 대금이니 **대금 대**

😊 선생님의 한 말씀

화살이나 주살은 멀리 떨어져 있는 적을 향해 쏠 수도 있고 글이나 불을 묶어 보낼 수도 있으니, 사람이 할 일을 대신하지요.

代 대신할 대	身 몸 신	대신 '대신하는 몸'으로, 어떤 대상의 자리나 구실을 바꾸어서 새로 맡음.
代 대신할 대	價 값 가	대가 ① 물건을 산 대신의 값. ② 어떤 일을 하기 위해 생기는 희생.
代 대금 대	金 돈 금	대금 물건을 치르는 돈.

6급

弋 6획

주살(弋)을 만들(工) 때 따르는 법과 의식이니 **법 식, 의식 식**

形 모양 형	式 의식 식	형식 ① 겉으로 드러나는 격식. ② 내용을 담고 있는 바탕이 되는 틀.
卒 마칠 졸	業 일 업	式 의식 식	졸업식 졸업장을 주는 의식.

Day
20

혹국[或國]
– 或으로 된 한자

구조로 암기

창 과(戈) 앞에 입 구, 말할 구, 구멍 구(口)와 한 일(一)이면 혹시 혹(或), 혹시 혹(或)에 에운 담, 나라 국의 약자(口)이면 나라 국(國)

4급

戈 8획

창(戈) 들고 식구(口)와 땅(一)을 지키며 혹시라도 있을지 모르는 적의 침입에 대비하니 **혹시 혹**

+ 口('입 구, 말할 구, 구멍 구'지만 여기서는 식구로 봄)

8급

口 11획

사방을 에워싸고(口) 혹시(或)라도 쳐들어올 것을 지키는 나라니 **나라 국**

+ 옉 国 – 사방을 에워싸고(口) 구슬(玉)처럼 소중히 국민을 지키는 나라니 '나라 국'
+ 玉(구슬 옥)

建	國	건국 나라를 세움.
세울 건	나라 국	
全	國	전국 온 나라.
온전할 전	나라 국	

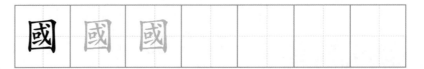

國	國	國					

Day
20

실력 체크 퀴즈
(229~240)

학년   반 성명:
....

공부한 날짜: 점수:

※ 다음 漢字의 訓(뜻)과 音(소리)을 쓰세요.

01. 加 ☐

02. 汽 ☐

※ 다음 훈음에 맞는 漢字를 쓰세요.

03. 놓을 방 ☐

04. 겨레 족 ☐

※ 다음 문장 중 漢字로 표기된 단어의 독음을 쓰세요.

05. 우리는 많은 **努力** 끝에 그 일을 해냈다. ☐☐

06. **旅行** 중에 여비가 모자라서 애를 먹었다. ☐☐

※ 다음 문장 중 밑줄 친 단어를 漢字로 쓰세요.

07. 악기를 연주할 때는 **강약**을 잘 조절해야 한다. ☐☐

08. 그는 자기의 **과실**을 인정했다. ☐☐

※ 다음 漢字語의 뜻을 쓰세요.

09. 他國 ☐

10. 强賣 ☐

🖊 정답

01. 더할 가 02. 김 기 03. 放 04. 族 05. 노력 06. 여행 07. 强弱 08. 過失 09. 다른 나라. 10. 억지로 팖.

재재철[㦰哉鐵]

241

− 㦰로 된 한자

🔍 구조로 암기

열 십, 많을 십(十) 아래에 창 과(戈)면 끊을 재(㦰), 끊을
재(㦰) 아래에 입 구, 말할 구, 구멍 구(口)면 어조사 재,
비로소 재(哉), 어조사 재, 비로소 재(哉) 아래에 임금 왕,
으뜸 왕, 구슬 옥 변(王), 앞에 쇠 금, 금 금, 돈 금, 성씨
김(金)이면 쇠 철(鐵)

참고자

6획

많이(十) 창(戈)으로 찍어 끊으니 **끊을 재**

> 👨‍🏫 **선생님의 한 말씀**
>
> 어원 풀이를 위한 참고자로 실제 쓰이는 한자는 아닙니다.

3급

口 9획

끊어서(㦰) 말할(口) 때 붙이는 어조사니 **어조사 재**

또 끊어서(㦰) 말하며(口) 결정하고 비로소 일을 시작하니 **비로소 재**

> 👨‍🏫 **선생님의 한 말씀**
>
> '비로소'는 어느 한 시점을 기준으로 그 전까지 이루어지지 아니하였던 사건이나 사태가 이루어
> 지거나 변화하기 시작함을 나타내는 말입니다.

5급

金 21획

쇠(金) 중에 비로소(哉) 왕(王)이 된 철이니 **쇠 철**

+ 역 鉄 − 쇠(金) 중 흔하여 잃어도(失) 되는 철이니 '쇠 철'

+ 失(잃을 실)

> 👨‍🏫 **선생님의 한 말씀**
>
> 철은 쇠 중에 제일 많이 쓰이니 쇠 중의 왕인 셈이지요. 또 흔하니 잃어도 된다고 보았네요.

鐵	路	**철로** 침목 위에 철제의 궤도를 설치하고, 그 위로 차량을 운전하여 여객과 화물을 운송하는 시설.
쇠 철	길 로	
鐵	則	**철칙** 바꾸거나 어길 수 없는 중요한 법칙.
쇠 철	법칙 칙	

鐵	鐵	鐵					

단전[單戰]
― 單으로 된 한자

🔍 **구조로 암기**

입 구, 말할 구, 구멍 구(口) 둘 아래에 밭 전(田)과 열 십, 많을 십(十)이면 홑 단(單), 홑 단(單) 뒤에 창 과(戈)면 싸울 전, 무서워 떨 전(戰)

4급Ⅱ

口 12획

식구의 입들(口口)을 먹여 살리기 위해 밭(田)에 많이(十) 나가 일하는 혼자니 **홑 단**

+ 얟 単 ― 반짝이는 불꽃(ﾂ)처럼 밭(田)에 많이(十) 나가 일하는 혼자니 '홑 단'

6급

戈 16획

홀로(單) 창(戈) 들고 싸우니 **싸울 전**

또 싸우면 무서워 떠니 **무서워 떨 전**

+ 얟 戦
+ 얟 战 ― 점령하려고(占) 창(戈)들고 싸우니 '싸울 전'
+ 占(점칠 점, 점령할 점) ― 제목번호 088 참고

| 戰 | 爭 | 전쟁 | ① 국가와 국가, 또는 교전 단체 사이에 무력을 사용하여 싸움. |
| 싸울 전 | 다툴 쟁 | | ② 극심한 경쟁이나 혼란 또는 어떤 문제에 대한 아주 적극적인 대응을 비유적으로 이르는 말. |

| 休 | 戰 | 휴전 | 교전국이 서로 합의하여, 전쟁을 얼마 동안 멈추는 일. |
| 쉴 휴 | 싸울 전 | | |

정타저[丁打貯]
– 丁으로 된 한자

4급

고무래나 못(丨)을 본떠서 **고무래 정, 못 정**

또 고무래처럼 튼튼한 장정도 가리켜서 **장정 정**

👨‍🏫 **선생님의 한 말씀**

'고무래'는 곡식을 말릴 때 넓게 펴서 고르는 도구니, 단단한 나무로 튼튼하게 만들었지요.

一 2획

5급

손(扌)에 망치 들고 못(丁)을 치듯이 치니 **칠 타**

打	開	타개	매우 어렵거나 막힌 일을 잘 처리해야 해결의 길을 엶.
칠 타	열 개		
打	順	타순	야구에서, 공을 치는 선수의 차례.
칠 타	순할 순		

手(扌) 5획

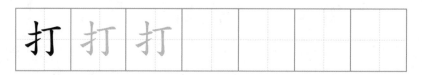

打　打　打

5급

재물(貝)을 집(宀)에 고무래(丁)로 당기듯 모아 쌓으니 **쌓을 저**

貯	金	저금	금융 기관 등에 돈을 맡겨 둠. 또는 그 돈.
쌓을 저	돈 금		
貯	水	저수	물을 인공적으로 모음. 또는 그 물.
쌓을 저	물 수		

貝 12획

貯　貯　貯

가가[可歌]

244

– 可로 된 한자 1

Day
21

🔍 **구조로 암기**

고무래 정, 못 정, 장정 정(丁)에 입 구, 말할 구, 구멍 구(口)면 옳을 가, 가히 가, 허락할 가(可), 옳을 가, 가히 가, 허락할 가(可) 둘 뒤에 하품 흠, 모자랄 흠(欠)이면 노래 가(歌)

5급

口　5획

장정(丁)처럼 씩씩하게 말할(口) 수 있는 것은 옳으니 **옳을 가**

또 옳으면 가히 허락하니 **가히 가, 허락할 가**

👨‍🏫 **선생님의 한 말씀**

'가히는 '~ ㄹ 만하다', '~ ㄹ 수 있다', '~ ㅁ직하다' 등과 함께 쓰여, '능히', '넉넉히'의 뜻입니다.

可　能　　**가능** '가히 능함'으로, 할 수 있거나 될 수 있는 것.
가히 가　능할 능

可　望　　**가망** 될 만하거나 가능성이 있는 희망.
가히 가　바랄 망

7급

欠　14획

옳다(可) 옳다(可) 하며 하품(欠)하듯 입 벌리고 부르는 노래니
노래 가

+ 欠(하품 흠, 모자랄 흠) – 제목번호 228 飮의 주 참고

歌　手　　　　**가수** 노래 부르는 일을 직업으로 삼는 사람.
노래 가　재주 있는
　　　　사람 수

流　行　歌　　**유행가** 번져 나가며 유행하는 대중가요.
번져 나갈 유　다닐 행　노래 가

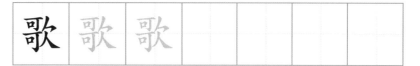

하하[何河]

– 可로 된 한자 2

🔍 **구조로 암기**

옳을 가, 가히 가, 허락할 가(可) 앞에 사람 인 변(亻)이면 어찌 하, 무엇 하(何), 삼 수 변(氵)이면 내 하, 강 하(河)

3급II

사(亻) 7획

사람(亻)이 옳은(可) 일만 하는데 어찌 무엇을 나무라겠는가에서

어찌 하, 무엇 하

5급

水(氵) 8획

물(氵)이 가히(可) 틀을 잡고 흘러가며 이룬 내나 강이니

내 하, 강 하

河	川	하천 시내. 강.
강 하	내 천	
氷	河	빙하 눈이 오랫동안 쌓여 다져져 육지
얼음 빙	강 하	의 일부를 덮고 있는 얼음층.

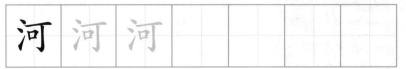

무성[戊成]
– 戊로 된 한자

🔍 **구조로 암기**

삐침 별(丿)에 창 과(戈)면 무성할 무(戊), 무성할 무(戊)에
고무래 정, 못 정, 장정 정(丁)의 변형(丁)이면 이룰 성(成)

3급

戈   5획

초목(丿)이 창(戈)처럼 자라 무성하니 **무성할 무**

😊 **선생님의 한 말씀**

보통 '무성하다'의 뜻의 한자로는 '무성할 무(茂)'를 주로 많이 씁니다.

6급

戈   6획

무성하게(戊) 장정(丁)처럼 일하여 이루니 **이룰 성**

成	功	성공 목적하는 바를 이룸.
이룰 성	공 공	

完	成	완성 완전히 다 이룸.
완전할 완	이룰 성	

술세[戌歲]
– 戌로 된 한자

🔍 **구조로 암기**

무성할 무(戊)에 한 일(一)이면 구월 술, 개 술(戌), 구월 술, 개 술(戌) 안에 적을 소, 젊을 소(少)의 변형(少), 위에 그칠 지(止)면 해 세, 세월 세(歲)

3급

戊 6획

무성하던(戊) 잎 하나(一)까지 떨어지는 구월(9월)이니 **구월 술**

또 무성하게(戊) 잎 하나(一) 같이 짖는 개니 **개 술**

👓 **선생님의 한 말씀**

한자 어원에 나오는 월(月)과 일(日)은 모두 음력이고, 7, 8, 9월이 가을이니 9월은 늦가을이지요.

5급

止 13획

크기를 그치고(止) 개(戌)가 작은(少) 새끼를 낳으면 태어난 지 한 해가 된 세월이니 **해 세, 세월 세**

+ 止(그칠 지) – 제목번호 090 참고

👓 **선생님의 한 말씀**

개는 태어난 지 1년쯤 되면 크기를 그치고(다 커서) 새끼를 낳는다는 데서 만들어진 글자네요.

| 年
해 연 | 歲
해 세 | **연세** '나이'의 높임말. |
| 歲
세월 세 | 月
달 월 | **세월** ① 흘러가는 시간.
② 지내는 형편이나 사정 또는 재미.
③ 살아가는 세상. |

歲	歲	歲					

함감[咸感]
– 咸으로 된 한자

Day 21

구조로 암기

구월 술, 개 술(戌) 안에 입 구, 말할 구, 구멍 구(口)면 다 함(咸), 다 함(咸) 아래에 마음 심, 중심 심(心)이면 느낄 감, 감동할 감(感)

3급

口 9획

개(戌)는 한 마리만 짖어도(口) 다 짖으니 **다 함**

6급

心 13획

정성을 다해(咸) 마음(心)쓰면 누구나 느끼고 감동하니
느낄 **감**, 감동할 **감**

感　動　감동　깊이 느끼어 마음이 움직임.
느낄 감　움직일 동

五　感　오감　시각, 청각, 후각, 미각, 촉각의 다섯 가지 감각.
다섯 오　느낄 감

근근[斤近]

249

– 斤으로 된 한자

3급

斤 | 4획

도끼나 옛날 저울을 본떠서 **도끼 근, 저울 근**

 **선생님의 한 말씀**

도끼나 물건을 들어 올려 달던 옛날 저울의 모양을 본뜬 글자로, 근(斤)은 저울로 다는 무게 단위를 말하기도 합니다. 1근은 보통 약 600g, 원칙이나 약재 같은 것은 375g으로 재지요.

6급

辶(辶) | 8획

(저울에 물건을 달 때) 저울(斤)의 막대가 눈금에서 좌우로 옮겨 가는(辶) 거리처럼 가깝고 비슷하니 **가까울 근, 비슷할 근**

最　近
가장 최　가까울 근

최근 ① 얼마 되지 않은 지나간 날부터 현재. 또는 바로 직전까지의 기간.
② 거리 등이 가장 가까움.

近　來
가까울 근　올 래

근래 가까운 요즈음. 요사이.

近	近	近				

250

구병[丘兵]
– 丘로 된 한자

🔍 **구조로 암기**

도끼 근, 저울 근(斤) 아래에 한 일(一)이면 언덕 구(丘), 언덕 구(丘) 아래에 여덟 팔, 나눌 팔(八)이면 군사 병(兵)

3급Ⅱ

一 · 5획

도끼(斤)를 하나(一)씩 들고 적을 지키는 언덕이니 **언덕 구**

👨‍🏫 **선생님의 한 말씀**

언덕은 숨어서 적을 지켜보기 좋은 곳이지요. 무기가 별로 없었던 옛날에는 도끼로도 싸웠답니다.

5급

八 · 7획

언덕(丘) 아래에 여덟(八) 명씩 있는 군사니 **군사 병**

👨‍🏫 **선생님의 한 말씀**

요즘도 군대의 작은 단위(분대)는 약 8~9명으로 편성되지요.

兵 士
군사 병 · 선비 사
병사 예전에, 군인이나 군대를 이르던 말.

兵 長
군사 병 · 길 장
병장 사병 계급의 하나. 하사의 아래, 상등병의 위로 사병 계급에서 가장 높은 계급.

251

거신[巨臣]
– 巨와 臣

4급

工 5획

ㄷ자 형의 큰 자를 손에 든(巨) 모양을 본떠서 **클 거**

😎 **선생님의 한 말씀**

지금도 큰 작업을 하는 분들은 ㄷ자나 T자 모양의 큰 자를 사용하지요. 원래는 '큰 자'라는 뜻이었는데, 후대로 내려오면서 '크다'의 뜻으로 쓰이게 되었습니다.

5급

臣 6획

임금 앞에 엎드려 눈을 크게 뜬 신하를 본떠서 **신하 신**

臣	下	신하 임금을 섬기어 벼슬하는 사람.
신하 **신**	아래 **하**	
使	臣	사신 임금이나 국가의 명령을 받고 외국에 사절로 가는 신하.
부릴 **사**	신하 **신**	

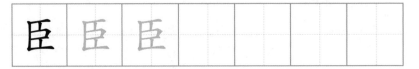

臣	臣	臣					

252

공강공[工江功]
– 工으로 된 한자

7급

工 3획

장인이 물건을 만들 때 쓰는 자를 본떠서
장인 **공**, 만들 **공**, 연장 **공**

着 工   **착공** 공사를 시작함.
붙을 착   만들 공

工 具   **공구** 기계 등을 만들거나 조작하는 데 쓰이는 기구.
연장 공   기구 구

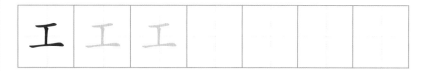

7급

水(氵) 6획

물(氵)이 흘러갈 때 만들어지는(工) 강이니 **강 강**

江 山   **강산** 강과 산.
강 강   산 산

漢 江   **한강** 우리나라 중부를 흐르는 강.
한나라 한   강 강

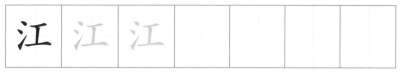

6급

力 5획

만드는(工) 데 힘(力)들인 공이며 공로니 **공 공**, 공로 **공**

功 過   **공과** 공로와 과실.
공 공   허물 과

功 勞   **공로** 어떤 목적을 이루는 데에 힘쓴 노력이나 수고.
공 공   수고할 로

※ 다음 漢字의 訓(뜻)과 音(소리)을 쓰세요.

01. 鐵　　[　　　　　]

02. 打　　[　　　　　]

※ 다음 훈음에 맞는 漢字를 쓰세요.

03. 강 강　[　　]

04. 싸울 전　[　　]

※ 다음 문장 중 漢字로 표기된 단어의 독음을 쓰세요.

05. 용돈을 남겨 **貯金**을 한다.　[　][　]

06. 우리는 성공의 **可能**을 믿고 있다.　[　][　]

※ 다음 문장 중 밑줄 친 단어를 漢字로 쓰세요.

07. **근래**에 와서 전원주택이 늘었다.　[　][　]

08. 그녀는 **가수**로 데뷔했다.　[　][　]

※ 다음 漢字語의 뜻을 쓰세요.

09. 完成　[　　　　　　　　　]

10. 感動　[　　　　　　　　　]

정답

01. 쇠 철　02. 칠 타　03. 江　04. 戰　05. 저금　06. 가능　07. 近來　08. 歌手　09. 완전히 다 이룸.
10. 깊이 느끼어 마음이 움직임.

천주[川州]
– 川으로 된 한자

7급

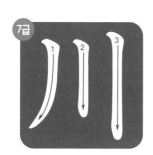

川 **3획**

물 흐르는 내를 본떠서 내 **천**

| 畫 | 夜 | 長 | 川 | **주야장천** 밤낮으로 쉬지 아니하고 연달아. |
| 낮 주 | 밤 야 | 길 장 | 내 천 |

| 淸 | 川 | **청천** ① 맑은 물이 흐르는 강. |
| 맑을 청 | 내 천 | ② 물결이 잔잔하여 깊은 속까지 잘 보이는 강. |

川	川	川				

5급

川 **6획**

내(川) 사이에 점들(丶丶丶)처럼 집들이 있는 고을이니 **고을 주**

🧑 **선생님의 한 말씀**

나주(羅州), 충주(忠州)처럼 고을 이름에 주(州)가 들어가면 물가에 있습니다.

| 州 | 郡 | **주군** 옛날 지방 행정 구역의 명칭. |
| 고을 주 | 고을 군 |

| 全 | 州 | **전주** 전라북도 중앙부에 있는 시. |
| 온전할 전 | 고을 주 |

州	州	州				

훈류[訓流]

– 川으로 된 한자

254

6급

言 | 10획

말(言)을 내(川)처럼 길게 하며 가르치니 **가르칠 훈**

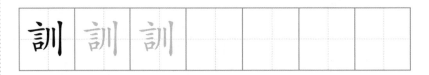

訓 育
가르칠 훈 기를 육

훈육 품성이나 도덕 등을 가르쳐 기름.

級 訓
등급 급 가르칠 훈

급훈 학급에서 교육 목표로 정한 덕목.

訓	訓	訓					

5급

水(氵) | 10획

물(氵)이 소리 내며(㐬) 내(巛)를 이루어 흐르고 번져나가니
흐를 류(유), 번져 나갈 류(유)

流 失
흐를 유 잃을 실

유실 흘러가 잃어버림.

流 行
번져나갈 유 다닐 행

유행 번져나가 널리 다님(퍼짐).

流	流	流					

255

천재[巛 災]
– 巛으로 된 한자

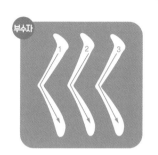

川(巛) **3획**

내 천(川)이 부수로 쓰일 때의 모양으로 개미허리 같다 하여
개미허리 **천**

火 **7획**

냇(巛)물이나 불(火)로 인하여 입는 재앙이니 **재앙 재**

水　　災　　**수재** 물로 인한 재앙.
물 수　재앙 재

災　　害　　**재해** 재앙으로 말미암아 받는 피해.
재앙 재　해칠 해

경경[巠輕]

256

– 巠으로 된 한자

🔍 **구조로 암기**

한 일(一) 아래에 개미허리 천(巛)과 장인 공, 만들 공,
연장 공(工)이면 물줄기 경(巠), 물줄기 경(巠) 앞에 수레
거, 차 차(車)면 가벼울 경(輕)

급외자

巛 7획

하나(一)의 냇물(巛)처럼 만들어지는(工) 물줄기니 물줄기 경

+ 약 조 – 또(又) 흙(土) 위에 생긴 물줄기니 '물줄기 경'
+ 又(오른손 우, 또 우), 土(흙 토)

5급

車 14획

수레(車)가 물줄기(巠)처럼 저절로 달리도록 가벼우니 가벼울 경

+ 약 軽

輕 量	경량	가벼운 무게.
가벼울 경 용량 량		

輕 重	경중	① 가벼움과 무거움. 또는 가볍고 무거운 정도.
가벼울 경 무거울 중		② 중요함과 중요하지 않음.

輕	輕	輕				

257

조도[鳥島]

– 鳥로 된 한자

🔍 **구조로 암기**

앉아있는 새의 옆 모양을 본떠서 새 조(鳥), 새 조(鳥)의
획 줄임(鸟) 아래에 산 산(山)이면 섬 도(島)

4급Ⅱ

鳥　11획

앉아있는 새(鳥)의 옆 모양을 본떠서 **새 조**

5급

山　10획

바다에 새(鳥)가 앉을 수 있는 산(山)같은 섬이니 **섬 도**

+ 鸟['새 조(鳥)'의 획 줄임]

半	島
반 **반**	섬 **도**

반도 '반이 섬'으로, 삼면이 바다로 둘러싸이고 한 면
은 육지에 이어진 땅.

韓	半	島
한국 **한**	반 **반**	섬 **도**

한반도 우리나라를 지형적으로 일컫는 말.

島	島	島				

추집[隹集]
– 隹로 된 한자 1

급외자

隹 8획

꽁지 짧은 새(🐦)를 본떠서 **새 추**

> 👨‍🏫 **선생님의 한 말씀**
>
> 새 추(隹)는 '살 주, 사는 곳 주(住)'와 비슷하네요.

6급

隹 12획

새(隹)들이 **나무(木)** 위에 모이듯 모이니 **모일 집, 모을 집**

또 여러 내용을 모아 만든 책도 나타내어 **책 집**

集 모일 집	團 모일 단	**집단**	여럿이 모여 이룬 모임.
結 맺을 결	集 책 집	**결집**	어떤 일을 해낼 수 있는 힘을 한곳에 모음.

259

웅요[雄曜]
– 隹로 된 한자 2

🔍 구조로 암기

새 추(隹) 앞에 열 십, 많을 십(十)의 변형(ナ)과 사사로울 사, 나 사(厶)면 수컷 웅, 클 웅(雄), 위에 날개 우, 깃 우(羽), 앞에 해 일, 날 일(日)이면 빛날 요, 요일 요(曜)

5급
隹 12획

열(ナ) 마리를 사사로이(厶) 거느린 새(隹)는 수컷이며 크니
수컷 웅, 클 웅

👨‍🏫 **선생님의 한 말씀**

보통 수컷 한 마리에 암컷 열 마리의 비율로 짐승을 기르지요.

| 雄
클 웅 | 大
큰 대 | **웅대** 웅장하고 큼. |
| 英
영웅 영 | 雄
클 웅 | **영웅** 지혜와 재능이 뛰어나고 용맹하여 보통 사람이 하기 어려운 일을 해내는 사람. |

雄	雄	雄			

5급
日 18획

해(日) 뜨면 날개(羽)치는 새(隹)들처럼 활동하는 요일이니
요일 요

+ 羽(날개 우, 깃 우) – 제목번호 261 참고

| 曜
요일 요 | 日
날 일 | | **요일** 1주일의 각 날을 이르는 말. |
| 土
흙 토 | 曜
요일 요 | 日
날 일 | **토요일** 월요일을 기준으로 한 주의 여섯째 날. |

曜	曜	曜			

관관[雚觀]
– 雚으로 된 한자

급외자

隹 18획

풀(艹) 속에 입(口)과 입(口)을 넣어 먹이를 찾는 새(隹)는 황새니

황새 관

👓 선생님의 한 말씀

황새는 물가에서 고기나 여러 생물을 잡아먹고 사니 다리도 길고 목과 부리도 길지요.

5급

見 25획

황새(雚)처럼 목을 늘이고 보니(見) 볼 관

觀	光	관광 (다른 나라나 다른 지방의) 문화·풍광 등을 봄.
볼 관	경치 광	
觀	客	관객 운동 경기·공연·영화 등을 보거나 듣는 사람.
볼 관	손님 객	

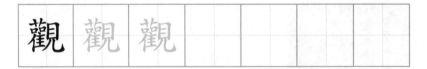

261

우습[羽習]
– 羽로 된 한자

🔍 **구조로 암기**

새의 양 날개와 깃을 본떠서 날개 우, 깃 우(羽), 날개 우, 깃 우(羽) 아래에 흰 백, 밝을 백, 깨끗할 백, 아뢸 백(白)이면 익힐 습(習)

羽 6획

새의 양 날개와 깃( )을 본떠서 **날개 우, 깃 우**

羽 11획

아직 깃(羽)이 흰(白) 어린 새가 나는 법을 익히니 **익힐 습**

👨 **선생님의 한 말씀**

새는 종류에 관계없이 아주 어릴 때는 깃이 모두 흰색이고, 새도 처음부터 나는 것이 아니라 나는 법을 익혀서 낢을 생각하고 만든 한자네요.

| 實 習 | 실습 | 이미 배운 이론을 토대로 하여 실지로 해보고 익히는 일. |
실제 실 익힐 습

| 風 習 | 풍습 | 풍속과 습관을 아울러 이르는 말. |
바람 풍 익힐 습

| 見 習 | 견습 | 학업이나 실무 등을 배워 익힘. 또는 그런 일. |
볼 견 익힐 습

예흉[乂凶]

－ 乂로 된 한자 1

🔍 **구조로 암기**

이리저리 베어 다스리는 모양이 어지니 벨 예, 다스릴 예, 어질 예(乂), 벨 예, 다스릴 예, 어질 예(乂) 아래에 입 벌릴 감, 그릇 감(凵)이면 흉할 흉, 흉년 흉(凶)

특급 II

丿 2획

이리저리 베어 다스리는 모양이 어지니

벨 **예**, 다스릴 **예**, 어질 **예**

5급

凵 4획

움푹 패이고(凵) 베인(乂) 모양이 흉하니 **흉할 흉**

또 먹을 것이 없어 흉하게 살아야 할 흉년이니 **흉년 흉**

＋ 흉하다 － ① 운이 사납거나 불길하다.
　　　　　　② 생김새나 태도가 보기에 언짢거나 징그럽다.
　　　　　　③ 일이 나쁘거나 궂다.
＋ 凵('입 벌릴 감, 그릇 감'이지만 여기서는 움푹 패인 모양으로 봄)

凶	家	**흉가** 사는 사람마다 흉한 일을 당하는 불길한 집.
흉할 **흉**	집 **가**	
凶	年	**흉년** 농작물이 잘 되지 않은 해.
흉할 **흉**	해 **년**	

문부[文父]
– 乂로 된 한자 2

7급

文 4획

머릿(亠)속의 생각을 다스려(乂) 무늬처럼 써 놓은 글월이니
무늬 **문**, 글월 **문**

文 法 **문법** 글을 짜고 꾸미는 법칙.
글월 문 법 법

文 具 **문구** 학용품과 사무용품 등을 통틀어 이르는 말.
글월 문 갖출 구

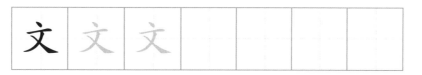

8급

父 4획

사람이 알아야 할 것을 조목조목 나누어(八) 어질게(乂) 가르치는
아버지 **부**

父 母 **부모** 아버지와 어머니.
아버지 부 어머니 모

祖 父 **조부** 할아버지.
할아버지 조 아버지 부

父 傳 子 傳 **부전자전** 아들의 성격이나 생활 습관 등이
아버지 부 전할 전 아들 자 전할 전 아버지로부터 대물림된 것처럼
　　　　　　　　　　　　　　　　　　같거나 비슷함.

264

교교효[交校效]
— 交로 된 한자

구조로 암기

머리 부분 두(亠) 아래에 아버지 부(父)면 사귈 교, 오고 갈 교(交), 사귈 교, 오고갈 교(交) 앞에 나무 목(木)이면 학교 교(校), 뒤에 칠 복(攵)이면 본받을 효, 효험 효(效)

亠 6획

(옛날에는) **머리**(亠)에 갓을 쓰고 **아버지**(父)는 사람을 사귀거나 오고갔으니 **사귈 교, 오고갈 교**

交 信　**교신** 우편, 전신, 전화 등으로 정보나 의견을 주고받음.
사귈 교　소식 신

交 感　**교감** 서로 접촉하여 따라 움직이는 느낌.
사귈 교　느낌 감

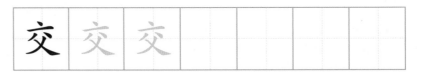

木 10획

나무(木)에 받침대를 **교차**(交)시켜 바로잡듯이 사람을 바르게 가르치는 학교니 **학교 교**

休 校　**휴교** 학교가 수업을 한동안 쉼.
쉴 휴　학교 교

校 則　**교칙** 학생이 지켜야 할 학교의 규칙.
학교 교　법칙 칙

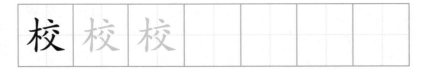

攵 10획

좋은 분과 사귀며(交) 자신을 치며(攵) 본받으면 효험이 있으니 **본받을 효, 효험 효**

效 則　**효칙** 본받아 법으로 삼음.
본받을 효　법칙 칙

效 果　**효과** 어떤 목적을 지닌 행위에 의하여 드러나는 보람이나 좋은 결과.
효험 효　결과 과

실력 체크 퀴즈

Day 22

(253~264)

학년   반   성명:
....
공부한 날짜: 점수:

※ 다음 漢字의 訓(뜻)과 音(소리)을 쓰세요.

01. 州 [   ]

02. 災 [   ]

※ 다음 훈음에 맞는 漢字를 쓰세요.

03. 가르칠 훈 [   ]

04. 익힐 습 [   ]

※ 다음 문장 중 漢字로 표기된 단어의 독음을 쓰세요.

05. 올해에는 짧은 머리가 <u>流行</u>이다. [   ][   ]

06. 삼 면이 바다로 둘러싸이고 한 면은 육지에 이어진 땅이 <u>半島</u>이다. [   ][   ]

※ 다음 문장 중 밑줄 친 단어를 漢字로 쓰세요.

07. 기차역에 내일 아침 9시까지 <u>집합</u>해야 한다. [   ][   ]

08. 우리는 <u>학교</u>를 졸업하였다. [   ][   ]

※ 다음 漢字語의 뜻을 쓰세요.

09. 輕量 [   ]

10. 祖父 [   ]

정답

01. 고을 주 02. 재앙 재 03. 訓 04. 習 05. 유행 06. 반도 07. 集合 08. 學校 09. 가벼운 무게. 10. 할아버지.

복패[攵敗]
− 攵으로 된 한자

🔍 구조로 암기

이리(丿)저리(一) 어질게(乂) 치니 칠 복(攵= 攴), 칠 복
(攵) 앞에 조개 패, 재물 패, 돈 패(貝)면 패할 패(敗)

부수자

4획

이리(丿)저리(一) 엇갈리게(乂) 치니 **칠 복** (= 攴)

+ 乂(벨 예, 다스릴 예, 어질 예)

5급

攵   11획

재물(貝) 때문에 치고(攵) 싸워서 패하니 **패할 패**

勝	敗	승패 승리와 패배를 아울러 이르는 말.
이길 **승**	패할 **패**	
失	敗	실패 일을 잘못하여 뜻한 대로 되지 아니하거나 그르침.
잃을 **실**	패할 **패**	

교 루수(삭)[敎 婁數]

― 敎와 婁로 된 한자

🔍 **구조로 암기**

벨 예, 다스를 예, 어질 예(乂) 아래에 열 십, 많을 십(十)의 변형(𠂉)과 아들 자, 접미사 자(子), 뒤에 칠 복(攵)이면 가르칠 교(敎), 쌓이게(毌) 여자(女)가 끌어다 쌓으니 끌 루, 쌓을 루(婁), 끌 루, 쌓을 루(婁) 뒤에 칠 복(攵)이면 셀 수, 두어 수(數)

8급

女 11획

어질게(乂) 많이(𠂉) 자식(子)을 치며(攵) 가르치니 **가르칠 교**

+ 图 敎 – 늙은이(耂)가 자식(子)을 치며 가르치니 '가르칠 교'

敎　育　　**교육** 가르쳐서 기름.
가르칠 교　기를 육

敎　材　　**교재** 가르치는 데에 쓰이는 재료.
가르칠 교　재료 재

특급 II

女 11획

쌓이게(毌) 여자(女)가 끌어 쌓으니 **끌 루(누), 쌓을 루(누)**

7급

女 15획

쌓인(婁) 물건을 치면서 세는(攵) 두어 개니 **셀 수, 두어 수**

+ 图 数 – 쌀(米)자루를 여자(女)가 치면서(攵) 두어 개씩 세니 '셀 수, 두어 수'
+ 米(쌀 미)

數　量　　**수량** 수효와 분량.
셀 수　헤아릴 량

多　數　　**다수** 수효가 많음.
많을 다　셀 수

쇠(치)하동[夂夏冬]
– 夂로 된 한자

🔍 **구조로 암기**

사람(ク)이 다리를 끌며(乀) 천천히 걸어 뒤져 오니 천천히 걸을 쇠, 뒤져 올 치(夂), 천천히 걸을 쇠, 뒤져 올 치(夂) 위에 한 일(一)과 자기 자, 스스로 자, 부터 자(自)면 여름 하(夏), 아래에 이 수 변(冫)의 변형(夂)이면 겨울 동(冬)

부수자

3획

사람(ク)이 다리를 끌며(乀) 천천히 걸어 뒤져 오니

천천히 걸을 **쇠**, 뒤져 올 **치**

👨‍🏫 **선생님의 한 말씀**

칠 복(攵, = 攴)은 4획, 천천히 걸을 쇠, 뒤져 올 치(夂)는 3획이네요.

7급

夂 **10획**

(너무 더워서) 하나(一)같이 스스로(自) 천천히 걸으려고(夂) 하는 여름이니 **여름 하**

夏	服		하복 여름옷.
여름 하	옷 복		

春	夏	秋	冬	춘하추동 봄·여름·가을·겨울.
봄 춘	여름 하	가을 추	겨울 동	

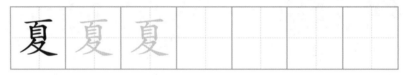

7급

水(冫) **5획**

계절 중 뒤에 와서(夂) 물이 어는(冫) 겨울이니 **겨울 동**

冬	期	동기 겨울철의 기간.
겨울 동	기간 기	

冬	服	동복 겨울철에 입는 옷.
겨울 동	옷 복	

268

포 물물[勹 勿物]
– 勹와 勿로 된 한자

Day 23

🔍 **구조로 암기**

사람이 몸을 구부려 에워싸니 쌀 포(勹), 쌀 포(勹) 안에 삐침 별(丿) 둘이면 없을 물, 말 물(勿), 없을 물, 말 물(勿) 앞에 소 우 변(牜)이면 물건 물(物)

부수자

2획

사람(人)이 몸을 구부려 에워싸니 **쌀 포**

> 👨‍🏫 **선생님의 한 말씀**
>
> 사람을 나타내는 人의 한쪽을 구부린 모양으로 쌀 포(勹)를 만들었네요.

3급Ⅱ

勹 4획

싸(勹) 놓은 것을 털어 버리면(丿丿) 없으니 **없을 물**

또 이처럼 털어 버리지 말라는 데서 **말 물**

+ 丿('삐침 별'이지만 여기서는 터는 모양으로 봄)

7급

牛(牜) 8획

소(牜)를 팔아 없애서(勿) 그 돈으로 사는 물건이니 **물건 물**

> 👨‍🏫 **선생님의 한 말씀**
>
> 옛날에는 소가 집안의 재산 목록 1호였으니, 큰 일이 있으면 소를 팔아서 그 돈으로 필요한 물건을 샀지요.

物 件 **물건** 일정한 형체를 갖춘 모든 물질적 대상.
물건 물 물건 건

物 色 **물색** ① 물건의 빛깔.
물건 물 빛 색 ② 어떤 기준으로 거기에 알맞은 사람이나 물건, 장소를 고르는 일.

物	物	物				

구구경[句苟敬]
– 句로 된 한자

🔍 **구조로 암기**

쌀 포(勹) 안에 입 구, 말할 구, 구멍 구(口)면 글귀 구, 굽을 구(句), 글귀 구, 굽을 구(句) 위에 초 두(艹)면 구차할 구, 진실로 구(苟), 구차할 구, 진실로 구(苟) 뒤에 칠 복(攵)이면 공경할 경(敬)

4급Ⅱ
口 5획

몇 단어씩 싸서(勹) 입(口)으로 읽기 좋게 나누어 놓은 글귀니 **글귀 구**

또 몸 구부리고(勹) 구멍(口)으로 들어가는 모양처럼 굽으니 **굽을 구**

3급
草(艹) 9획

풀(艹)처럼 굽어(句) 사는 모양이 구차하니 **구차할 구**

또 구차하지만 진실로 구하니 **진실로 구**

5급
攵 13획

진실한(苟) 마음이면 채찍질(攵)해도 공경하니 **공경할 경**

敬 意 공경할 경 뜻 의	경의	존경하는 뜻.
敬 禮 공경할 경 예도 례	경례	공경을 표하기 위해 인사하는 예도.

敬	敬	敬			

작약적[勺約的]
― 勺으로 된 한자

🔍 **구조로 암기**

쌀 포(勹) 안에 점 주, 불똥 주(丶)면 구기 작, 작은 그릇 작
(勺), 구기 작, 작은 그릇 작(勺) 앞에 실 사, 실 사 변(糸)이
면 맺을 약, 약속할 약(約), 흰 백, 밝을 백, 깨끗할 백, 아뢸
백(白)이면 과녁 적, 맞힐 적(的)

1급

勹 3획

싸서(勹) 한 점(丶)의 물이나 담을 수 있는 구기 같은 작은 그릇이니
구기 **작**, 작은 그릇 **작**

+ 구기 ― 자루가 달린 술 따위를 푸는 용기.

 **선생님의 한 말씀**

쌀 포(勹) 안에 점 주, 불똥 주(丶)를 찍기도 하고 한 일(一)을
넣기도 합니다.

5급

糸 9획

실(糸)로 작은(勺) 매듭을 맺듯이, 맺고 약속하니
맺을 **약**, 약속할 **약**

約 束   **약속** '맺고 묶음'으로, 미리 정하여 두는 것.
맺을 약 묶을 속

要 約   **요약** (말이나 글에서) 중요한 것만 맺음(묶음).
중요할 요 맺을 약

5급

白 8획

하얗게(白) 싼(勺) 판에 점(丶) 찍어 맞히는 과녁이니
맞힐 **적**, 과녁 **적**

的 中   **적중** (화살이) 과녁에 맞음.
과녁 적 맞힐 중

的 當   **적당** '마땅하게 들어맞음'으로, 꼭 들어맞음.
맞힐 적 마땅할 당

271

단양[旦昜]
– 旦으로 된 한자

🔍 **구조로 암기**

해 일, 날 일(日) 아래에 한 일(一)이면 아침 단(旦), 아침 단(旦) 아래에 없을 물, 말 물(勿)이면 볕 양, 햇살 양(昜)

3급Ⅱ

日 5획

해(日)가 지평선(一) 위로 떠오르는 아침이니

아침 단

> 🧑‍🏫 **선생님의 한 말씀**
>
> 아침 단(旦)은 설날 같은 아주 특별한 아침에, 아침 조(朝)는 보통의 아침에 쓰입니다.

특급

日 9획

아침(旦)마다 없던(勿) 해가 떠서 비치는 볕과 햇살이니

볕 양, 햇살 양

272

양장[陽場]
– 昜으로 된 한자

6급

阜(阝) 12획

언덕(阝)을 비추는 볕(昜)이니 **볕 양**

또 볕이 비추면 드러나니 **드러날 양**

陽 光 **양광** 태양의 빛. 또는 따뜻한 햇빛.
볕 양 빛 광

漢 陽 **한양** 서울의 옛 이름.
한나라 한 볕 양

7급

土 12획

흙(土)이 햇살(昜)처럼 넓게 펴진 마당이니 **마당 장**

또 마당에서 벌어지는 상황이니 **상황 장**

登 場 **등장** ① 무대나 연단 등에 나옴.
오를 등 마당 장 ② 어떤 사건이나 분야에서 새로운 제품이나 현상, 인물 등이 세상에 처음으로 나옴.
③ 연극, 소설 등에 어떤 인물이 나타남.

工 場 **공장** 원료나 재료를 가공하여 물건을 만들어 내는 설비를 갖춘 곳.
만들 공 상황 장

Day 23

273

도 단단[圖 亶壇]
- 圖와 亶으로 된 한자

🔍 **구조로 암기**

종이(口)의 모양에 입 구, 말할 구, 구멍 구(口)와 머리 부분 두(亠), 돌 회, 돌아올 회, 횟수 회(回)면 그림 도, 꾀할 도(圖), 머리 부분 두(亠) 아래에 돌 회, 돌아올 회, 횟수 회(回)와 아침 단(므)이면 많을 단, 믿음 단(亶), 많을 단, 믿음 단(亶) 앞에 흙 토(土)면 제단 단, 단상 단(壇)

6급 □ 14획

종이(口)에 말하듯(口) 머리(亠) 돌리며(回) 그림을 그리고 꾀하니

그림 **도**, 꾀할 **도**

+ ⑨ 図 – 일정한 지면(口)을 점점(丷)이 다스려(乂) 그림을 그리고 꾀하니 '그림 도, 꾀할 도'
+ 乂(벨 예, 다스릴 예, 어질 예)

圖 그림 도	書 글 서	도서	그림, 글씨, 책 등을 통틀어 이르는 말.
意 뜻 의	圖 꾀할 도	의도	무엇을 하고자 하는 생각이나 계획. 또는 무엇을 하려고 꾀함.

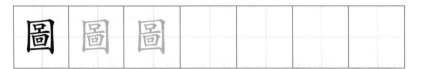

특급Ⅱ 亠 13획

머리(亠) 돌려(回) 아침(므)부터 열중하는 많은 믿음이니

많을 **단**, 믿음 **단**

+ 回 – 축을 중심으로 도는 모양에서 '돌 회'
　　　또 돌 듯 돌아오는 횟수니 '돌아올 회, 횟수 회'
+ 므(아침 단) – 제목번호 271 참고

5급 土 16획

흙(土)을 많이(亶) 쌓아 만든 제단이나 단상이니 제단 **단**, 단상 **단**

登 오를 등	壇 단상 단	등단	① 단상에 오름. ② 어떠한 사회적 분야에 처음으로 등장함.
教 가르칠 교	壇 단상 단	교단	① 교실에서 교사가 강의하는 단. ② 교육계.

274

위위[韋偉]
– 韋로 된 한자

Day 23

구조로 암기

잘 다듬어진 가죽을 본떠서 가죽 위(韋), 또 서로 반대 방향으로 어기는 모양에서 어길 위(韋), 가죽 위, 어길 위(韋) 앞에 사람 인 변(亻)이면 클 위, 훌륭할 위(偉)

2급

韋   9획

잘 다듬어진 가죽을 본떠서 **가죽 위**

또 서로 반대 방향으로 어기는 모양에서 **어길 위**

5급

人(亻)   11획

보통 사람(亻)과 달리(韋) 크고 훌륭하니 **클 위, 훌륭할 위**

偉　力　위력 큰 힘.
클 위　힘 력

偉　人　위인 훌륭한 사람.
훌륭할 위　사람 인

偉　偉　偉

275

간 한조 [卓 韓朝]

– 卓과 朝로 된 한자

🔍 **구조로 암기**

나무 사이에 해(日) 돋는 모양에서 해 돋을 간(卓), 해 돋을 간(卓) 뒤에 클 위, 위대할 위(偉)의 획 줄임(韋)이면 한국 한(韓), 달 월, 육 달 월(月)이면 아침 조, 조정 조, 뵐 조(朝)

참고자

8획

나무 사이에 해(日) 돋는 모양에서 **해 돋을 간**

👨‍🏫 **선생님의 한 말씀**

어원 해설을 위한 참고자로 실제 쓰이는 한자는 아닙니다.

8급

韋 17획

해 돋는(卓) 동쪽의 위대한(韋) 한국이니 **한국 한**

+ 韋['가죽 위, 어길 위'지만 여기서는 '클 위, 위대할 위(偉)'의 획 줄임]

大	韓	民	國	대한민국 우리나라의 국호(國號).
큰 대	한국 한	백성 민	나라 국	

6급

月 12획

해 돋는(卓) 데 아직 달(月)도 있는 아침이니 **아침 조**

또 (신하는) 아침마다 조정에 나가 임금을 뵈었으니 **조정 조, 뵐 조**

👨‍🏫 **선생님의 한 말씀**

달은 일찍 지지만 그믐에 가까울 때의 달은 아침에도 떠 있지요.

朝	鮮	조선 우리나라 최초의 국가.
아침 조	고울 선	
先	朝	선조 바로 전대의 왕조.
먼저 선	조정 조	

276

초입공[⺾艹卄廾]
- ⺾, 艹과 廾

🔍 **구조로 암기**

풀 초(草)가 부수로 쓰일 때의 모양으로 주로 글자의 머리 부분에 붙으니 머리 두(頭)를 붙여서 초 두(⺾), 열 십, 많을 십(十) 둘을 합쳐서 스물 입(卄 = 廿), 양손으로 물건을 받쳐 든 모양을 본떠서 받쳐 들 공(廾)

4획

풀 초(草)가 부수로 쓰일 때의 모양으로, 주로 글자의 머리 부분에 붙으니 머리 두(頭)를 붙여서 **초** 두

> 👨 **선생님의 한 말씀**
>
> 약자일 때는 3획인 艹 형태로 씁니다. '두'는 글자의 머리 부분에 붙는 부수 이름이기에 제목을 원래 글자의 독음인 '초'로 했고, 어원 풀이에서 훈과 음 색을 조정하지 않았습니다.

十 3획

열 십, 많을 십(十) 둘을 합쳐서 스물 **입**

> 👨 **선생님의 한 말씀**
>
> 卄은 아래 부분을 막아 써도(廿) 같은 글자입니다.

3획

양손으로 물건을 받쳐 든 모양을 본떠서 **받쳐 들 공**

학년   반   성명:
....
공부한 날짜: 점수:

※ 다음 漢字의 訓(뜻)과 音(소리)을 쓰세요.

01. 敬 ☐

02. 偉 ☐

※ 다음 훈음에 맞는 漢字를 쓰세요.

03. 아침 조 ☐

04. 여름 하 ☐

※ 다음 문장 중 漢字로 표기된 단어의 독음을 쓰세요.

05. <u>失敗</u>는 성공의 어머니이다. ☐☐

06. <u>約束</u>은 꼭 지켜야 합니다. ☐☐

※ 다음 문장 중 밑줄 친 단어를 漢字로 쓰세요.

07. <u>양지</u>가 음지 되고 음지가 양지 된다. ☐☐

08. 산에서 <u>지도</u>를 보고 길을 찾아갔다. ☐☐

※ 다음 漢字語의 뜻을 쓰세요.

09. 立場 ☐

10. 朝鮮 ☐

정답

01. 공경할 경 02. 클 위, 훌륭할 위 03. 朝 04. 夏 05. 실패 06. 약속 07. 陽地 08. 地圖 09. 당면하고 있는 상황.
10. 우리나라 최초의 국가.

277

공선[共選]
– 共으로 된 한자

🔍 **구조로 암기**

스물 입(卄) 아래에 한 일(一)과 여덟 팔, 나눌 팔(八)이면 함께 공(共), 함께 공(共) 위에 뱀 사(巳) 둘, 아래에 뛸 착, 갈 착(辶)이면 뽑을 선(選)

6급

八 **6획**

많은(卄) 사람들이 마당(一)에서 일을 나누어(八) 함께하니

함께 공

共 學　**공학** 남자와 여자 또는 다른 민족끼리 같이 배움.
함께 공　배울 학

共 有　**공유** 두 사람 이상이 한 물건을 공동으로 소유함.
함께 공　있을 유

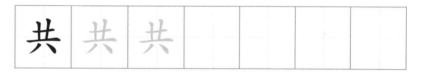

5급

辵(辶) **16획**

뱀들(巳巳)처럼 어울려 함께(共) 가(辶) 뽑으니 **뽑을 선**

+ 巳(뱀 사) – 제목번호 165 巳 참고

選 別　**선별** 가려서 따로 나눔.
뽑을 선　나눌 별

選 擧　**선거** ① 일정한 조직이나 집단이 대표자와 임원을 뽑는 일.
뽑을 선　일으킬 거　② 선거권을 가진 사람이 공직에 임할 사람을 투표로 뽑는 일.

Day 24

서 석도(탁)[庶 席度]

― 庶와 庶의 획 줄임(庶)으로 된 한자

🔍 구조로 암기

집 엄(广) 아래에 스물 입(廿)과 불 화 발(灬)이면 여러 서, 백성 서, 첩의 아들 서(庶), 여러 서, 백성 서, 첩의 아들 서(庶)의 획 줄임(庶) 아래에 수건 건(巾)이면 자리 석(席), 오른손 우, 또 우(又)면 법도 도, 정도 도, 헤아릴 탁(度)

3급

广 11획

집(广)에 스물(廿) 한(一) 곳, 즉 많은 곳에 불(灬)을 때며 모여 사는 여러 백성이니 **여러 서, 백성 서**

또 일반 백성처럼 취급되는 첩의 아들이니 **첩의 아들 서**

> 👨‍🏫 선생님의 한 말씀
>
> 계급 제도가 있었던 옛날에는 본부인의 아들을 적자(嫡子), 첩의 아들을 서자(庶子)라 부르며 차별하였답니다.
> ╋ 嫡(본 마누라 적)

6급

巾 10획

여러(庶) 사람이 앉도록 수건(巾)을 깐 자리니 **자리 석**

立	席	입석 (열차·버스·극장 등에서 지정된 자리가 없어) 서서 타거나 구경하는 자리.
설 입	자리 석	

方	席	방석 앉을 때 밑에 까는 작은 깔개.
모 방	자리 석	

席	席	席							

6급

广 9획

여러(庶) 사람이 손(又)으로 법도에 따라 정도를 헤아리니
법도 도, 정도 도, 헤아릴 탁

速	度	속도 빠르기의 정도.
빠를 속	정도 도	

溫	度	온도 따뜻함과 차가움의 정도. 또는 그것을 나타내는 수치.
따뜻할 온	정도 도	

度	度	度							

279 황광[黃廣]
– 黃으로 된 한자

🔍 구조로 암기

스물 입(廾)과 한 일(一) 아래에 까닭 유, 말미암아 유(由)와 여덟 팔, 나눌 팔(八)이면 누를 황(黃), 누를 황(黃) 위에 집 엄(广)이면 넓을 광(廣)

6급

黃 12획

이십(廾) 일(一) 년이나 지남으로 말미암아(由) 팔(八)방이 황무지로 변하여 누르니 **누를 황**

黃 土 **황토** 누렇고 거무스름한 흙.
누를 황 흙 토

黃 海 **황해** '누런 빛의 바다'로, 한반도와 중국에 둘러싸인 바다.
누를 황 바다 해

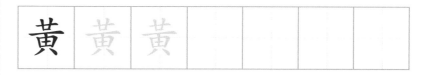

5급

广 15획

집(广) 아래 누런(黃) 들판이 넓으니 **넓을 광**

+ 略 広 – 집(广) 안에 사사로이(厶) 이용하는 땅이 넓으니 '넓을 광'

廣 告 **광고** 넓게(널리) 알림.
넓을 광 알릴 고

廣 場 **광장** 넓은(너른) 마당.
넓을 광 마당 장

280

근 근한 [堇 菓 漢]
– 堇과 菓으로 된 한자

🔍 **구조로 암기**

스물(卄) 한(一) 번이나 입(口)으로 하나(一) 같이 숨 헐떡이며 걸어야 할 진흙(土)이니 진흙 근(堇), 스물(卄) 한(一) 번이나 말하며(口) 하나(一) 같이 크게(大) 힘써 걸어야 할 진흙이니 진흙 근(菓), 진흙 근(菓) 앞에 삼 수 변(氵)이면 한나라 한(漢)

土　11획

너무 끈끈하여 스물(卄) 한(一) 번이나 입(口)으로 하나(一) 같이 숨 헐떡이며 가야 할 진흙(土)이니 **진흙 근**

> 😊 **선생님의 한 말씀**
> 진흙은 너무 끈끈하여 걷기 힘들지요.

卄(卄)　11획

너무 끈끈하여 스물(卄) 한(一) 번이나 말하며(口) 하나(一) 같이 크게(大) 힘써 걸어야 할 진흙이니 **진흙 근**

水(氵)　14획

물(氵)과 진흙(菓)이 많은 곳(중국 양자강 유역)에 세운 한나라니 **한나라 한**

> 😊 **선생님의 한 말씀**
> 한나라는 진나라를 이은 중국 두 번째의 통일 왕국이고, 중국 역사를 창조해 낸 중국 최고의 제국이었기 때문에 漢字(한자), 漢文(한문)처럼 옛날 중국을 대표하는 말로도 쓰이고 있습니다.

漢　族　　한족 중국 본토에서 예로부터 살아온, 중국의 중심이 되는 종족.
한나라 한　겨레 족

惡　漢　　악한 나쁜 짓을 하는 남자.
악할 악　한나라 한

漢	漢	漢					

세엽[世葉]

– 世로 된 한자

🔍 구조로 암기

열 십, 많을 십(十) 셋을 합치고 (세대는 서로 연결되어 있다는 데서) 아래 부분을 연결하여 세대 세(世), 또 세대들이 모여 사는 세상도 뜻하여 세상 세(世), 세대 세, 세상 세(世) 위에 초 두(艹), 아래에 나무 목(木)이면 잎 엽(葉)

7급

一   5획

(한 세대를 30년으로 봐서) 열 **십**, 많을 십(十) 셋을 합치고

(세대는 서로 연결되어 있다는 데서) 아래 부분을 연결하여 세대 **세**

또 세대들이 모여 사는 세상도 뜻하여 세상 **세**

出	世	**출세** 사회적으로 높은 지위에 오르거나 유명하게 됨.
나갈 출	세상 세	
世	習	**세습** 세상의 풍습.
세상 세	익힐 습	

世	世	世				

5급

草(艹)   13획

풀(艹)처럼 세대(世)마다 나무(木)에 나는 잎이니 잎 **엽**

👨‍🏫 **선생님의 한 말씀**

잎 엽(葉)에서 세대(世)는 풀이 돋아나서 씨앗을 맺고 죽는 1년 정도를 가리킵니다.

葉	書	**엽서** 규격을 한정하고 우편 요금을 냈다는 증표를 인쇄한 용지.
잎 엽	글 서	
落	葉	**낙엽** 나뭇잎이 떨어짐. 또는 떨어진 잎.
떨어질 낙	잎 엽	

葉	葉	葉				

Day 24

282

기기기[其期基]
– 其로 된 한자

🔍 구조로 암기

달 감(甘)의 변형(其) 아래에 대 기(丌)면 그 기(其), 그 기(其) 뒤에 달 월, 육 달 월(月)이면 기간 기, 기약할 기(期), 아래에 흙 토(土)면 터 기, 기초 기(基)

3급Ⅱ

八 8획

단(甘)것을 받침대(丌)에 올려 유인하는 그니 **그 기**

+ 甘 – 단맛을 느끼는 혀 앞부분에 일(一)을 그어서 '달 감' – 4급
+ 丌 – 무엇을 받친 대의 모양에서 '대 기'

5급

月 12획

그(其) 달(月)이 차고 이지러진 것을 보고 기간을 정하고 기약했으니
기간 기, 기약할 기

> 🧑‍🏫 **선생님의 한 말씀**
>
> 달은 늘 모양이 변하니 달의 어떤 모양일 때 다시 만나자고 할 수 있지요.

期	間	기간	어느 때부터 다른 어느 때까지의 사이.
기간 기	사이 간		

期	約	기약	때를 정하여 약속함.
기약할 기	맺을 약		

期	期	期					

5급

土 11획

그(其) 바탕에 흙(土)을 다진 터나 기초니 **터 기, 기초 기**

基	金	기금	어떤 목적을 위하여 준비해 놓은 기초 자금.
기초 기	돈 금		

基	本	기본	사물이나 현상, 이론, 시설 등을 이루는 바탕.
기초 기	근본 본		

基	基	基					

여 여거 [舁 與擧]

― 舁와 與로 된 한자

🔍 **구조로 암기**

절구 구(臼) 아래에 받쳐 들 공(廾)의 변형(廾)이면 마주 들 여(舁), 마주 들 여(舁)의 변형(舁)에 줄 여의 변형(与)이면 줄 여, 더불 여, 참여할 여(與), 줄 여, 더불 여, 참여할 여(與) 아래에 손 수, 재주 수, 재주 있는 사람 수(手)면 들 거, 행할 거, 일으킬 거(擧)

급외자

臼 10획

절구(臼)를 마주 드니(廾) 마주 들 여

 선생님의 한 말씀

절구는 커서 혼자는 못 들고 여럿이 마주 들어야 하지요.

4급

臼 14획

마주 들어(舁) 주며(与) 더불어 참여하니
줄 여, 더불 여, 참여할 여

+ 약 与 ― 하나(一)씩 작은 그릇(与)에 나누어 주며 더불어 참여하니 '줄 여, 더불 여, 참여할 여'
+ 与['구기 작, 작은 그릇 작(勺)'의 변형으로 봄]

5급

手 18획

더불어(與) 손(手)으로 들어 행하고 일으키니
들 거, 행할 거, 일으킬 거

+ 약 挙 ― 점(丶)점(丶)점(丿) 하나(一)씩 나누어(八) 손(手)에 들고 행하여 일으키니 '들 거, 행할 거, 일으킬 거'

擧	手	거수 손을 듦.
들 거	손 수	

擧	事	거사 큰일을 일으킴.
일으킬 거	일 사	

284

구구사[臼舊寫]
− 臼로 된 한자

1급

臼 6획

곡식을 찧거나 빻는 절구를 본떠서 **절구 구**

🧑‍🏫 **선생님의 한 말씀**

'절구'는 곡식을 빻거나 찧거나 떡을 치기도 하는 도구로, 통나무나
돌, 쇠 등을 속이 우묵하게 만들어 곡식 등을 넣고 절굿공이로 빻거나
찧습니다.

5급

臼 18획

풀(艹)로 새(隹)들이 절구(臼) 같은 둥지를 만듦은 오래된 옛날부터니
오랠 구, 옛 구

+ 약 旧 − 일(丨) 일(日)만 지났어도 오래된 옛날이니 '오랠 구, 옛 구'

親	舊	친구 친하게 오래 사귄 사람.
친할 친	오랠 구	

舊	面	구면 예전부터 알고 있는 처지. 또는 그런 사람.
오랠 구	얼굴 면	

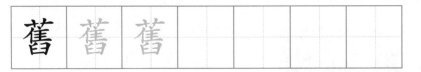

5급

宀 15획

집(宀)에 절구(臼)와 아궁이에 싸여(勹) 있는 불(灬)을 소재로 그리니
그릴 사

또 그리듯 베끼니 **베낄 사**

약 写 − 덮어(冖) 놓고 주어진(与)대로만 그리고 베끼니 '그릴 사, 베낄 사'
+ 冖 (덮을 멱), 与(줄 여, 더불 여, 참여할 여)

寫	本	사본 원본 그대로 베낌. 또는 베낀 책이나 서류.
베낄 사	근본 본	

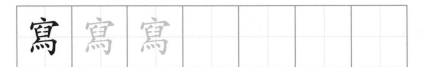

285

효학[爻學]
– 爻로 된 한자

🔍 구조로 암기

육효가 서로 엇갈린 점괘를 본떠서 점괘 효(爻), 또 서로 교차하여 사귀며 좋은 점을 본받으니 사귈 효, 본받을 효(爻), 절구 구(臼)의 변형(臼=臼) 사이에 점괘 효, 사귈 효, 본받을 효(爻), 아래에 덮을 멱(冖)과 아들 자, 접미사 자(子)면 배울 학, 학교 학(學)

제1편 한자 익히기

爻 4획

육효가 서로 엇갈린 점괘를 본떠서 **점괘 효**

또 서로 교차하여 사귀며 좋은 점을 본받으니 **사귈 효, 본받을 효**

👨‍🏫 선생님의 한 말씀

육효(六爻)는 주역(周易: 중국의 점에 관한 책으로 오경의 하나)의 괘를 이루는 6개의 가로 그은 획을 말합니다.

子 16획

절구(臼=臼)같은 교실에서 친구도 사귀며(爻) 덮인(冖) 책을 펴놓고

아들(子)이 글을 배우니 **배울 학**

또 글을 배우는 학교니 **학교 학**

➕ 옙 学 – 점(丶)점(丶) 많은 글자(字)를 배우니 '배울 학'

學	校	학교 학생에게 교육을 실시하는 기관.
학교 학	학교 교	

放	學	방학 너무 덥거나 추워서 학교를 쉼.
놓을 방	배울 학	

Day 24

우만[禺萬]

286

– 禺로 된 한자

🔍 **구조로 암기**

밭 전(田)에 발자국 유(内)면 원숭이 우(禺), 원숭이 우
(禺) 위에 초 두(⺾)면 많을 만, 일만 만(萬)

급외파

内 9획

밭(田)에 기른 농작물을 발자국(内) 남기며 훔쳐 먹는 원숭이니

원숭이 우

+ 内 – 성(冂)처럼 사사로이(厶) 남긴 발자국이니 '발자국 유'
+ 冂(멀 경, 성 경), 厶(사사로울 사, 나 사)

8급

草(⺾) 13획

풀(⺾)밭에는 원숭이(禺)도 많으니 **많을 만**

또 많은 숫자인 일만이니 **일만 만**

+ 역 万 – 하늘(一) 아래에 싸여(勹) 있는 물건도 많으니 '많을 만'
　　　　또 많은 숫자인 일만이니 '일만 만'
+ 一('한 일'이지만 여기서는 하늘로 봄), 勹(쌀 포)

萬 많을 만	能 능할 능	만능	많은 일에 능숙함.
萬 많을 만	歲 해 세	만세	① 만년(萬年). ② 오래 살아 헤아릴 수 없이 많은 나이. ③ 어떠한 축복이나 영원한 번영을 위하여 외치는 소리.

萬	萬	萬					

287

봉(풍)해[丰害]

– 丰으로 된 한자

🔍 **구조로 암기**

풀이 무성하게 자라 예쁘니 풀 무성할 봉, 예쁠 봉, 풍성할 풍(丰), 풀 무성할 봉, 예쁠 봉, 풍성할 풍(丰)의 변형(生) 위에 집 면(宀), 아래에 입 구, 말할 구, 구멍 구(口)면 해칠 해, 방해할 해(害)

특급

| 4획

풀이 무성하게 자라 예쁘니 **풀 무성할 봉, 예쁠 봉**

또 재물이 삼(三)대까지 이어질(丨) 정도로 풍성하니 **풍성할 풍**

5급

宀 10획

집(宀)에서 어지럽게(生) 말하며(口) 해치고 방해하니
해칠 해, 방해할 해

自 害   자해   ① 자기 몸을 스스로 다치게 함.
스스로 자 해할 해   ② 스스로 자기의 목숨을 끊음.

有 害   유해   해로움이 있음.
있을 유 해칠 해

利 害   이해   이익과 손해.
이로울 이 방해할 해

무무[無舞]

– 無로 된 한자

구조로 암기

장작더미를 쌓아서(無) 그 밑에 불(灬)을 지핀 모양으로
불타면 없으니 없을 무(無), 없을 무(無)의 획 줄임(無)
아래에 어긋날 천(舛)이면 춤출 무(舞)

5급

火(灬) 12획

장작더미를 쌓아서(無) 그 밑에 불(灬)을 지핀 모양으로 불타면 없으니

없을 무

+ 웹 无 – 하늘(一)과 땅(一) 사이에 사람(儿)도 없으니 '없을 무'
+ 儿['사람 인 발(儿)'의 변형으로 봄]

無	公	害	무공해 공해가 없음.
없을 무	대중 공	해칠 해	
無	能		무능 (무엇을 할) 능력이 없음.
없을 무	능할 능		

無	無	無					

4급

舛 14획

정신 없이(無) 발을 어긋나게(舛) 디디며 춤추니 **춤출 무**

 선생님의 한 말씀

舛은 저녁(夕)에는 어두워 하나(一)씩 덮어(乚) 꿰어도(丨) 어긋나니 '어긋날 천'으로 풀어지
네요.
+ 夕(저녁 석), 乚(덮을 혜, = ㄷ), 丨(뚫을 곤)

※ 다음 漢字의 訓(뜻)과 音(소리)을 쓰세요.

01. 基 [　　　　]

02. 葉 [　　　　]

※ 다음 훈음에 맞는 漢字를 쓰세요.

03. 함께 공 [　]

04. 자리 석 [　]

※ 다음 문장 중 漢字로 표기된 단어의 독음을 쓰세요.

05. 일정한 기준에 의해 **選別**된 학생들이다. [　][　]

06. 언제 만난다는 **期約**도 없이 그들은 헤어졌다. [　][　]

※ 다음 문장 중 밑줄 친 단어를 漢字로 쓰세요.

07. **황금** 천 냥이 자식 교육만 못하다. [　][　]

08. 그는 **만능** 스포츠맨이다. [　][　]

※ 다음 漢字語의 뜻을 쓰세요.

09. 擧手 [　　　　　　　　　]

10. 親舊 [　　　　　　　　　]

 정답

01. 터 기, 기초 기   02. 잎 엽   03. 共   04. 席   05. 선별   06. 기약   07. 黃金   08. 萬能   09. 손을 듦.
10. 친하게 오래 사귄 사람.

제 2 편

한자응용하기

| 제**1**장 | # 사자성어 |

 선생님의 한 말씀

사자성어는 단 몇 글자로 말하고 싶은 내용을 명쾌하게 표현할 수 있다는 장점이 있어서 각종 시험은 물론 일상생활에도 많이 쓰입니다.

익히는 방법은 무조건 외지 마시고 먼저 글자대로 해석해 보고 다음에 의역하여 뜻을 분명히 알아 두었다가 일상생활에서 자주 사용해 보세요. 자신도 모르게 익혀집니다.

그리고 원래 있는 사자성어대로만 쓰지 마시고 상황에 맞게 글자를 바꾸어서도 써 보세요. 그만큼 한자실력과 단어 실력이 늘어납니다.

예를 들어 '이름만 있고 실제가 없음'으로, 이름만 요란하고 실제 알맹이가 없다는 말인 有名無實(유명무실)의 글자를 바꾸어, 이름은 없어도(유명하지는 않아도) 실제가 있다는 無名有實, 이름도 있고 실제도 있다, 즉 이름값을 한다는 有名有實, 이름도 없고 실제도 없다는 無名無實처럼, 상황에 맞는 말을 만들어 쓸 수도 있지요.

+ 有(가질 유, 있을 유), 名(이름 명, 이름날 명), 無(없을 무), 實(열매 실, 실제 실)

 시험에서는 이렇게

※ 다음 (   )에 들어갈 적절한 漢字語를 〈보기〉에서 찾아 그 번호를 써서 사자성어를 완성하세요.

> • 보기 •
>
> ① 明月 ② 晝夜 ③ 不問 ④ 不知
>
> ⑤ 明朗 ⑥ 特效 ⑦ 直告 ⑧ 無言

79. 自過(④): 자기 허물을 알지 못함.

80. 有口(⑧): '입은 있어도 말은 없다'로, 변명할 말이 없거나 변명하지 못함을 이르는 말.

81. 淸風(①): 맑은 바람과 밝은 달.

82. (③)可知: 묻지 않아도 가히 알 수 있음.

유형 플러스

사자성어를 묻는 문제에서는 문제와 보기 에 단서가 제시됩니다. 이 단서를 놓치지 않아야 문제를 풀 수 있지요. 먼저, 보기 에 제시된 말들에 각각의 음을 모두 적어 보세요. 떠오르는 사자성어가 있을 것입니다. 없다고 해도 걱정 마세요. 문제에도 마찬가지로 제시된 한자에 음을 적어 보고, 보기 와 연결하여 사자성어의 음을 완성해 보면 됩니다. 그래도 모르겠다고요? 그러면 제시된 사자성어의 뜻을 주의 깊게 생각해 보세요. 뜻이 가리키는 한자를 떠올려 보면 쉽게 정답을 찾을 수 있습니다.

格物致知 (격물치지)

실제 사물의 이치를 연구하여 지식을 완전하게 함.

+ 格(격식 격), 物(물건 물), 致(이룰/이를 치), 知(알 지)

見物生心 (견물생심)

물건을 보면 욕심이 생김.

+ 見(볼 견), 物(물건 물), 生(날/살 생), 心(마음 심)

決死反對 (결사반대)

죽기를 결심하고 반대함.

+ 決(결단할 결), 死(죽을 사), 反(뒤집을 반), 對(상대할 대)

敬老孝親 (경로효친)

노인을 공경하고 부모에게 효도함.

+ 敬(공경할 경), 老(늙을 로), 孝(효도 효), 親(어버이/친할 친)

敬天愛人 (경천애인)

하늘을 공경하고 사람을 사랑함.

+ 敬(공경할 경), 天(하늘 천), 愛(사랑 애), 人(사람 인)

過失相規 (과실상규)

잘못을 저지르지 않도록 서로 규제해야 함.

+ 過(지나칠 과), 失(잃을 실), 相(서로 상), 規(법 규)

敎學相長 (교학상장)

가르치고 배우는 과정에서 스승과 제자가 함께 성장함.

+ 敎(가르칠 교), 學(배울 학), 相(서로 상), 長(길/어른 장)

公明正大 (공명정대)

'공평하고 밝고 바르고 큼'으로, 하는 일이나 태도가 아주 정당하고 떳떳함.

+ 公(공평할 공), 明(밝을 명), 正(바를 정), 大(큰 대)

九死一生 (구사일생)

여러 번 죽을 고비를 넘기고 간신히 살아남.

+ 九(많을 구), 死(죽을 사), 一(한 일), 生(살 생)

今時初聞 (금시초문)

이제야 처음 들음.

+ 今(이제/오늘 금), 時(때 시), 初(처음 초), 聞(들을 문)

落木寒天 (낙목한천)

나뭇잎이 다 떨어진 겨울의 춥고 쓸쓸한 풍경. 또는 그런 계절.

+ 落(떨어질 락), 木(나무 목), 寒(찰 한), 天(하늘 천)

落花流水 (낙화유수)

떨어지는 꽃과 흐르는 물이라는 뜻으로, 가는 봄의 경치를 이르는 말.

+ 落(떨어질 락), 花(꽃 화), 流(흐를 류), 水(물 수)

南男北女 (남남북녀)

우리나라에서 남자는 남쪽 지방이 잘나고, 여자는 북쪽 지방 사람이 고움을 이르는 말.

+ 南(남쪽 남), 男(사내 남), 北(북쪽 북), 女(여자 녀)

男女老少 (남녀노소)

'남자와 여자와 늙은이와 젊은이'로, 모든 사람.

+ 男(사내 남), 女(여자 녀), 老(늙을 로), 少(적을/젊을 소)

能小能大 (능소능대)

'작은 것에도 능하고 큰 것에도 능함'으로, 모든 일에 두루 능함.

+ 能(능할 능), 小(작을 소), 能(능할 능), 大(큰 대)

多情多感 (다정다감)

'정도 많고 느낌도 많음'으로, 애정이 많고 감수성이 예민하여 마음이 약해지기 쉬운 사람을 일컬음.

+ 多(많을 다), 情(정 정), 多(많을 다), 感(느낄 감)

多才多能(다재다능)

재주와 능력이 여러 가지로 많음.

+ 多(많을 다), 才(재주 재), 多(많을 다), 能(능할 능)

大同團結(대동단결)

여러 집단이나 사람이 어떤 목적을 이루려고 크게 한 덩어리로 뭉침.

+ 大(큰 대), 同(같을/한 가지 동), 團(둥글/모일 단), 結(맺을 결)

大書特筆(대서특필)

신문에서 어떤 사건을 특별히 중요한 기사로 알림.

+ 大(큰 대), 書(쓸/글/책 서), 特(특별할 특), 筆(붓/글씨 필)

同苦同樂(동고동락)

'같이 고생하고 같이 즐거워함'으로, 고락(苦樂)을 같이 하며 함께 삶.

+ 同(한 가지/같을 동), 苦(쓸/괴로울 고), 同(한 가지/같을 동), 樂(즐길 락)

東問西答(동문서답)

'동쪽을 묻는데 서쪽을 대답함'으로, 묻는 말에 엉뚱하게 대답함.

+ 東(동쪽 동), 問(물을 문), 西(서쪽 서), 答(대답할 답)

同化作用(동화작용)

마그마가 바깥의 암석을 녹여 흡수하는 것. 또는 바깥의 암석과 화학 반응 하여 성분이 바뀌는 것.

+ 同(한 가지/같을 동), 化(될 화), 作(지을 작), 用(쓸 용)

馬耳東風(마이동풍)

'말귀에 동풍'으로, 다른 사람의 말을 조금도 귀담아 듣지 않음을 말함.

+ 馬(말 마), 耳(귀 이), 東(동쪽 동), 風(바람 풍)

萬古不變(만고불변)

만고에(아주 오래도록) 변하지 않음.

+ 萬(많을 만), 古(오랠/옛 고), 不(아닐 불), 變(변할 변)

明明白白(명명백백)

'밝고 밝음'으로, 더할 나위 없이 명백함.

+ 明(밝을 명), 明(밝을 명), 白(밝을 백), 白(밝을 백)

無男獨女(무남독녀)

아들이 없는 집안의 외동딸.

+ 無(없을 무), 男(사내 남), 獨(홀로 독), 女(여자 녀)

無不通知(무불통지)

'통하여 알지 못할 바가 없음'으로, 무슨 일이던지 환히 알 수 있다는 말.

+ 無(없을 무), 不(아닐 불), 通(통할 통), 知(알 지)

無法天地(무법천지)

'법이 없는 천지'로, 질서가 없는 사회를 일컬음.

+ 無(없을 무), 法(법 법), 天(하늘 천), 地(땅 지)

聞一知十(문일지십)

'하나를 들으면 열을 앎'으로, 매우 총명함.

+ 聞(들을 문), 一(한 일), 知(알 지), 十(열 십)

門前成市(문전성시)

'문 앞이 시장을 이룸'으로, 어떤 집 문 앞이 방문객으로 붐빔.

+ 門(문 문), 前(앞 전), 成(이룰 성), 市(시장 시)

物各有主(물각유주)

물건마다 각각 주인이 있음.

+ 物(물건 물), 各(각각 각), 有(있을 유), 主(주인 주)

百年大計(백년대계)

'백년의 큰 꾀'로, 먼 장래를 내다보는 원대한 계획.

+ 百(일백 백), 年(해 년), 大(큰 대), 計(꾀할 계)

百年河淸(백년하청)

중국의 황허강이 늘 흐려 맑을 때가 없다는 뜻으로, 아무리 오랜 시일이 지나도 어떤 일이 이루어지기 어려움을 이르는 말.

+ 百(일백/많을 백), 年(해 년), 河(강 하), 淸(맑을 청)

白面書生(백면서생)

'흰 얼굴에 글만 읽은 사람'으로, 한갓 글만 읽고 세상일에 경험이 없는 사람.

+ 白(흰 백), 面(얼굴 면), 書(글 서), 生(사람을 부를 때 쓰는 접사 생)

百發百中(백발백중)

'백 번 쏘아 백 번 다 맞힘'으로, 무슨 일이나 틀림없이 잘 들어맞음.

+ 百(일백 백), 發(쏠 발), 百(일백 백), 中(맞힐 중)

百藥無效(백약무효)

'온갖 약이 다 효험이 없음'으로, 온갖 방법을 다 써봐도 아무 소용이 없을 때 쓰는 말.

+ 百(일백 백), 藥(약 약), 無(없을 무), 效(효험 효)

百戰百勝(백전백승)

'백 번 싸워 백 번 다 이김'으로, 전쟁에 능해서 싸움마다 이김.

+ 百(일백 백), 戰(싸울 전), 百(일백 백), 勝(이길 승)

別無效果(별무효과)

별달리 효과가 없음.

+ 別(나눌/다를 별), 無(없을 무), 效(본받을 효), 果(결과 과)

父傳子傳(부전자전)

'아버지가 전하고 자식이 전함'으로, 대대로 이어져 감.

+ 父(아버지 부), 傳(전할 전), 子(아들 자), 傳(전할 전)

北窓三友(북창삼우)

거문고, 술, 시(詩)를 아울러 이르는 말.

+ 北(북쪽 북), 窓(창문 창), 三(석 삼), 友(벗 우)

不可形言(불가형언)

'가히 말로 형용할 수 없음'으로, 말로 어떻게 표현해야 좋을지 알 수 없다는 말.

+ 不(아닐 불), 可(가히 가), 形(모양 형), 言(말씀 언)

不問可知(불문가지)

묻지 않아도 가히 앎.

+ 不(아닐 불), 問(물을 문), 可(가히 가), 知(알 지)

不問曲直(불문곡직)

'굽고 곧음을 묻지 않음'으로, 잘잘못을 따지지 않고 함부로 일을 처리함.

+ 不(아닐 불), 問(물을 문), 曲(굽을 곡), 直(바를 직)

不遠千里(불원천리)

'천리 길도 멀다고 여기지 않음'으로, 먼 길도 마다하지 않고 달려감을 이르는 말.

+ 不(아닐 불), 遠(멀 원), 千(일천 천), 里(거리 리)

氷山一角(빙산일각)

'빙산의 뿔'로, 대부분이 숨겨져 있고 극히 일부만 보임을 이르는 말.

+ 氷(얼음 빙), 山(산 산), 一(한 일), 角(뿔 각)

士農工商(사농공상)

예전에, 백성을 나누던 네 가지 계급. 선비, 농부, 공장, 상인을 이르던 말.

+ 士(선비 사), 農(농사 농), 工(장인/만들 공), 商(장사할 상)

事事件件(사사건건)

해당되는 모든 일. 또는 온갖 사건.

+ 事(일 사), 事(일 사), 件(물건/사건 건), 件(물건/사건 건)

事實無根(사실무근)

근거가 없음. 또는 터무니없음.

+ 事(일/섬길 사), 實(실제 실), 無(없을 무), 根(뿌리 근)

事親以孝 (사친이효)

어버이를 섬김에 효도로써 함.

+ 事(일/섬길 사), 親(어버이 친), 以(써/까닭 이), 孝(효도 효)

山戰水戰 (산전수전)

'산에서도 싸우고 물에서도 싸움'으로, 세상의 온갖 고생과 어려움을 다 겪었음을 이르는 말.

+ 山(산 산), 戰(싸울 전), 水(물 수), 戰(싸울 전)

三三五五 (삼삼오오)

3-4명 또는 5-6명씩 떼를 지은 모양을 말함.

+ 三(석 삼), 三(석 삼), 五(다섯 오), 五(다섯 오)

三位一體 (삼위일체)

세 가지의 것이 하나의 목적을 위하여 통합되는 일.

+ 三(석 삼), 位(자리 위), 一(한 일), 體(몸 체)

三寒四溫 (삼한사온)

'사흘 춥고 나흘 따뜻함'으로, 겨울에 나타나는 기후 현상.

+ 三(석 삼), 寒(찰 한), 四(넉 사), 溫(따뜻할 온)

生面不知 (생면부지)

서로 한 번도 만난 적이 없어서 전혀 알지 못하는 사람.

+ 生(살 생), 面(볼 면), 不(아닐 불), 知(알 지)

先公後私 (선공후사)

공적인 일을 먼저하고 사적인 일은 뒤로 미룬다는 말.

+ 先(먼저 선), 公(공평할 공), 後(뒤 후), 私(사사로울 사)

善男善女 (선남선녀)

'좋은 남자와 좋은 여자'로, 순결하고 마음씨가 착한 남자와 여자.

+ 善(좋을/착할 선), 男(사내 남), 善(좋을/착할 선), 女(여자 녀)

先病者醫 (선병자의)

'먼저 병을 앓아본 사람이 의원'으로, 경험 있는 사람이 남을 인도할 수 있다는 말.

+ 先(먼저 선), 病(병들 병), 者(놈 자), 醫(의원 의)

善因善果 (선인선과)

선업을 쌓으면 반드시 좋은 과보가 따름.

+ 善(착할/좋을 선), 因(말미암을 인), 善(착할/좋을 선), 果(결과 과)

速戰速決 (속전속결)

'빨리 싸워서 빨리 결정함'으로, 재빠르게 싸워서 손쉽게 끝내는 것을 말함.

+ 速(빠를 속), 戰(싸울 전), 速(빠를 속), 決(결단할 결)

十年知己 (십년지기)

오래 전부터 사귀어 온 절친한 친구.

+ 十(열/많을 십), 年(해 년), 知(알 지), 己(몸/자기 기)

安分知足 (안분지족)

편안한 마음으로 제 분수를 지키며 만족할 줄을 앎.

+ 安(편안할 안), 分(분수 분), 知(알 지), 足(넉넉할 족)

良藥苦口 (양약고구)

'좋은 약은 입에는 씀'으로, ① 좋은 약은 입에는 쓰나 병에는 이로움. ② 충언(忠言)은 귀에 거슬리나 몸에는 이롭다는 말.

+ 良(좋을 량), 藥(약 약), 苦(쓸/괴로울 고), 口(입 구)

 선생님의 한 말씀

"충언역이이어행(忠言逆耳利於行)
양약고구익어병(良藥苦口益於病)"
- "충고의 말은 귀에는 거슬리나 행동에는 이롭고, 좋은 약은 입에는 쓰나 병에는 이롭다".

語不成說 (어불성설)

말이 조금도 사리에 맞지 않음.

+ 語(말씀 어), 不(아닐 불), 成(이룰 성), 說(말씀 설)

億萬長者 (억만장자)

억만금을 가진 큰 부자.

+ 億(억 억), 萬(일만/많을 만), 長(어른 장), 者(놈 자)

言文一致(언문일치)

실제로 쓰는 말과 그 말을 적은 글이 일치함.

+ 言(말씀 언), 文(글월 문), 一(한 일), 致(이를/이룰 치)

言行相反(언행상반)

말과 행실이 서로 반대임.

+ 言(말씀 언), 行(행할 행), 相(서로 상), 反(거꾸로/뒤집을 반)

言行一致(언행일치)

말과 행동이 하나로 들어맞음. 또는 말한 대로 실행함.

+ 言(말씀 언), 行(행할 행), 一(한 일), 致(이를/이룰 치)

年年歲歲(연년세세)

여러 해를 거듭하여 계속 이어짐.

+ 年(해 년), 年(해 년), 歲(해 세), 歲(해 세)

勇氣百倍(용기백배)

격려나 응원 등에 자극을 받아 힘이나 용기를 더 냄.

+ 勇(날랠 용), 氣(기운 기), 百(일백/많을 백), 倍(곱 배)

雨順風調(우순풍조)

비가 때맞추어 알맞게 내리고 바람이 고르게 분다는 뜻으로, 농사에 알맞게 기후가 순조로움을 이르는 말.

+ 雨(비 우), 順(순할 순), 風(바람 풍), 調(고를 조)

有口無言(유구무언)

'입은 있으나 말이 없음'으로, 변명할 말이 없거나 변명하지 못함을 이르는 말.

+ 有(있을 유), 口(입 구), 無(없을 무), 言(말씀 언)

有名無實(유명무실)

'이름만 있고 실제가 없음'으로, 이름만 요란하고 실제 알맹이는 없음.

+ 有(있을 유), 名(이름 명), 無(없을 무), 實(실제 실)

耳目口鼻(이목구비)

귀·눈·입·코를 아울러 이르는 말.

+ 耳(귀 이), 目(눈 목), 口(입 구), 鼻(코 비)

以實直告(이실직고)

실제로써 바르게 알림.

+ 以(써/까닭 이), 實(실제 실), 直(바를 직), 告(알릴 고)

以心傳心(이심전심)

(말이나 글로 전하지 않고) 마음으로써 마음을 전함.

+ 以(써/까닭 이), 心(마음 심), 傳(전할 전), 心(마음 심)

人命在天(인명재천)

'사람의 목숨은 하늘에 매여 있음'으로, 사람의 목숨은 태어날 때 정해져서 사람 마음대로 되지 않는다는 말.

+ 人(사람 인), 命(목숨 명), 在(있을 재), 天(하늘 천)

人事不省(인사불성)

'사람의 일을 살피지 못함'으로, ① 제 몸에 벌어지는 일을 모를 만큼 정신을 잃은 상태. ② 사람으로서의 예절을 차릴 줄 모름.

+ 人(사람 인), 事(일/섬길 사), 不(아닐 불), 省(살필 성)

人山人海(인산인해)

'사람이 산을 이루고 바다를 이룸'으로, 사람이 헤아릴 수 없이 많이 모인 모양을 말함.

+ 人(사람 인), 山(산 산), 人(사람 인), 海(바다 해)

人相着衣(인상착의)

사람의 생김새와 옷차림.

+ 人(사람 인), 相(모습 상), 着(붙을 착), 衣(옷 의)

因人成事(인인성사)

'사람으로 인하여 일을 이룸'으로, 자기가 직접 하지 못하고 남의 힘으로 일을 성사시킴.

+ 因(말미암을/의지할 인), 人(사람 인), 成(이룰 성), 事(일/섬길 사)

一口二言(일구이언)

(한 가지 일에 대하여) 한 입으로 두 가지 말을 함.

+ 一(한 일), 口(입 구), 二(둘 이), 言(말씀 언)

一心同體(일심동체)

'한마음 같은 몸'으로, 서로 굳게 결합함을 이르는 말.

+ 一(한 일), 心(마음 심), 同(한 가지/같을 동), 體(몸 체)

一日三秋(일일삼추)

'하루가 세 가을'로, 하루가 삼 년처럼 매우 지루하거나 몹시 애태우며 기다림을 비유한 말.

+ 一(한 일), 日(날 일), 三(석 삼), 秋(가을 추)

 선생님의 한 말씀

> 一日如三秋(일일여삼추)를 줄인 말로, 가을은 1년에 한 번이므로 三秋는 3년인 셈입니다.
>
> + 如(같을 여)

一字無識(일자무식)

① 글자를 한 자도 모를 정도로 무식함. 또는 그런 사람. ② 어떤 분야에 대하여 아는 바가 하나도 없음을 비유적으로 이르는 말.

+ 一(한 일), 字(글자 자), 無(없을 무), 識(알 식)

一長一短(일장일단)

'하나의 장점과 하나의 단점'으로, 장점도 있고 단점도 있음을 말함. = 一短一長(일단일장)

+ 一(한 일), 長(길 장), 一(한 일), 短(짧을/모자랄 단)

自古以來(자고이래)

'예로부터 써 오는 동안'으로, 예로부터 지금까지의 동안.

+ 自(부터 자), 古(오랠/옛 고), 以(써/까닭 이), 來(올 래)

自過不知(자과부지)

자기 허물을 알지 못함.

+ 自(자기 자), 過(허물 과), 不(아닐 부), 知(알 지)

自給自足(자급자족)

'스스로 주고 스스로 만족함'으로, 필요한 물자를 스스로 생산하여 충당함.

+ 自(스스로 자), 給(줄 급), 自(스스로 자), 足(넉넉할 족)

自問自答(자문자답)

'스스로 묻고 스스로 답함'으로, 의심나는 곳을 자기의 마음으로 진단해서 스스로 판단함.

+ 自(스스로 자), 問(물을 문), 自(스스로 자), 答(대답할 답)

自手成家(자수성가)

(물려받은 재산이 없이) 자기 혼자의 힘으로 집안을 일으키고 재산을 모음.

+ 自(스스로 자), 手(손 수), 成(이룰 성), 家(집 가)

子子孫孫(자자손손)

자손의 여러 대대.

+ 子(아들 자), 子(아들 자), 孫(손자 손), 孫(손자 손)

作心三日(작심삼일)

'한 번 작정한 마음이 사흘을 못 감'으로, 결심이 굳지 못함을 말함.

+ 作(지을 작), 心(마음 심), 三(석 삼), 日(날 일)

電光石火(전광석화)

번갯불이나 부싯돌의 불이 번쩍거리는 것과 같이 매우 짧은 시간이나 매우 재빠른 움직임을 이르는 말.

+ 電(번개 전), 光(빛 광), 石(돌 석), 火(불 화)

前無後無(전무후무)

'전에도 없었고 후에도 있을 수 없음'으로, 좀처럼 있기 어려운 일을 말함.

+ 前(앞 전), 無(없을 무), 後(뒤 후), 無(없을 무)

全知全能(전지전능)

어떠한 사물이라도 잘 알고, 모든 일을 다 행할 수 있음.

+ 全(온전할 전), 知(알 지), 全(온전할 전), 能(능할 능)

正正堂堂(정정당당)

'바르고 당당함'으로, 태도나 수단이 공정하고 떳떳함.

+ 正(바를 정), 正(바를 정), 堂(당당할 당), 堂(당당할 당)

朝變夕改(조변석개)

아침저녁으로 뜯어고친다는 뜻으로, 계획이나 결정 등을 자주 고침을 이르는 말.

+ 朝(아침 조), 變(변할 변), 夕(저녁 석), 改(고칠 개)

主客一體 (주객일체)

주체와 객체가 하나가 됨.

+ 主(주인 주), 客(손님 객), 一(한 일), 體(몸 체)

知過必改 (지과필개)

누구나 허물이 있는 것이니, 허물을 알면 즉시 고쳐야 함.

+ 知(알 지), 過(허물 과), 必(반드시 필), 改(고칠 개)

知行合一 (지행합일)

지식과 행동이 서로 맞음.

+ 知(알 지), 行(행할 행), 合(합할 합), 一(한 일)

千萬多幸 (천만다행)

아주 다행함.

+ 千(많을 천), 萬(많을 만), 多(많을 다), 幸(바랄 행)

天災地變 (천재지변)

'하늘의 재앙과 땅의 이변'으로, 홍수·태풍 등의 자연 현상으로 인한 재앙.

+ 天(하늘 천), 災(재앙 재), 地(땅 지), 變(변할 변)

青山流水 (청산유수)

'청산에 흐르는 물'로, 거침없이 잘 하는 말을 비유하여 씀.

+ 青(푸를 청), 山(산 산), 流(흐를 류), 水(물 수)

清風明月 (청풍명월)

맑은 바람과 밝은 달.

+ 清(맑을 청), 風(바람 풍), 明(밝을 명), 月(달 월)

草綠同色 (초록동색)

'풀색과 녹색은 같은 색'으로, 처지가 같은 사람들끼리 한패가 되는 경우를 비유하여 이르는 말.

+ 草(풀 초), 綠(푸를 록), 同(한 가지/같을 동), 色(빛 색)

秋風落葉 (추풍낙엽)

'가을바람에 떨어지는 잎'으로, 세력이나 형세가 갑자기 기울거나 시듦을 비유한 말.

+ 秋(가을 추), 風(바람 풍), 落(떨어질 락), 葉(잎 엽)

八方美人 (팔방미인)

'팔방으로 미인'으로, ① 어느 모로 보나 아름다운 미인. ② 여러 방면에 능통한 사람.

+ 八(여덟 팔), 方(방향 방), 美(아름다울 미), 人(사람 인)

敗家亡身 (패가망신)

가문을 욕되게 하고 신세를 망쳐 망신당함.

+ 敗(패할 패), 家(집 가), 亡(망할 망), 身(몸 신)

行動擧止 (행동거지)

'다니고 움직이고 들고 그침'으로, 몸을 움직여 하는 모든 동작.

+ 行(다닐/행할 행), 動(움직일 동), 擧(들/행할 거), 止(그칠 지)

形形色色 (형형색색)

'모양과 색이 각각임'으로, 가지각색의 사물을 말함.

+ 形(모양 형), 形(모양 형), 色(빛 색), 色(빛 색)

花朝月夕 (화조월석)

'꽃 피는 아침 달뜨는 저녁'으로, 좋은 시절을 이르는 말.

+ 花(꽃 화), 朝(아침 조), 月(달 월), 夕(저녁 석)

凶惡無道 (흉악무도)

성질이 거칠고 사나우며 도의심이 없음.

+ 凶(흉할 흉), 惡(악할 악), 無(없을 무), 道(도리 도)

연습 문제

📖 기출 유형 문제

01~05 다음 빈칸에 들어갈 적절한 漢字語를 〈보기〉에서 찾아 써 사자성어를 완성하세요.

• 보기 •
① 知己 ② 結者 ③ 同苦 ④ 速決 ⑤ 敎學 ⑥ 有口 ⑦ 可知 ⑧ 能大

01. 不問 ☐ : 묻지 않아도 가히 앎.

02. ☐ 無言 : '입은 있으나 말이 없음'으로, 변명할 말이 없거나 변명하지 못함을 이르는 말.

03. 速戰 ☐ : 싸움을 오래 끌지 아니하고 빨리 몰아쳐 이기고 짐을 결정함.

04. 十年 ☐ : 오래 전부터 사귀어 온 절친한 친구.

05. ☐ 同樂 : 같이 고생하고 같이 즐거워함.

🏅 Level UP 문제

06~10 다음 사자성어의 뜻을 읽고, 빈칸에 들어갈 적절한 한자를 쓰세요.

06. 하는 일이나 태도가 사사로움이나 그릇됨이 없이 아주 정당하고 떳떳함. 　公明 ☐☐

07. '동쪽을 묻는데 서쪽을 대답함'으로, 묻는 말에 엉뚱하게 대답함. 　☐☐ 西答

08. 맑은 바람과 밝은 달. 　淸風 ☐☐

09. '남자와 여자와 늙은이와 젊은이'로, 모든 사람. 　男女 ☐☐

10. 여러 번 죽을 고비를 넘기고 간신히 살아남. 　九死 ☐☐

✏️ 정답

01. ⑦ 02. ⑥ 03. ④ 04. ① 05. ③ 06. 正大 07. 東問 08. 明月 09. 老少 10. 一生

제2장 약자

선생님의 한 말씀

약자(略字)는 원래 한자를 간략하게 줄여 쓰는 한자를 말합니다.

약자도 어원으로 익히면 보다 쉽게 익힐 수 있어, 어원으로 풀이하여, 해당 한자에 제목번호를 표시했으니 참고하여 학습하세요.

시험에서는 이렇게

※ 다음 漢字의 약자(略字: 획수를 줄인 漢字)를 쓰세요.

64. 區 (区)　　　　**65.** 圖 (図)　　　　**66.** 國 (国)

유형 플러스

한자를 약자로 쓸 수 있는가를 묻는 유형입니다. 1편 한자 익히기에서 배정한자를 열심히 공부했다면 약자도 자연스럽게 익혔을 것입니다. 약자라고 하여 본래 글자와 전혀 다른 형태를 하고 있는 것은 아니라는 점, 기억하시지요? '획이 복잡한 글자를 어떻게 하면 간편하게 줄여 쓰면서 그 뜻을 전달할 수 있을까'를 떠올리며 약자를 익혀 보세요.

한자	훈과 음	약자	제목번호
價	값 가, 가치 가	価	133
擧	들 거, 행할 거, 일으킬 거	挙	283
輕	가벼울 경	軽	256
關	빗장 관, 관계 관	関	176
廣	넓을 광	広	279
敎	가르칠 교	教	266
舊	오랠 구, 옛 구	旧	284
區	나눌 구, 구역 구	区	094
國	나라 국	国	240

한자	훈과 음	약자	제목번호
氣	기운 기, 대기 기	気	231
當	마땅할 당, 당할 당	当	185
對	상대할 대, 대답할 대	対	155
圖	그림 도, 꾀할 도	図	273
獨	홀로 독, 자식 없을 독	独	130
讀	읽을 독, 구절 두	読	128
來	올 래	来	016
禮	예도 례	礼	103

한자	훈과 음	약자	제목번호	한자	훈과 음	약자	제목번호
勞	수고할 로, 일할 로	労	229	醫	의원 의	医	141
萬	일만 만, 많을 만	万	286	爭	다툴 쟁	争	078
賣	팔 매	売	128	傳	전할 전, 이야기 전	伝	024
無	없을 무	无	288	戰	싸울 전, 무서워 떨 전	戦, 战	242
發	쏠 발, 일어날 발	発	159	卒	졸병 졸, 갑자기 졸, 죽을 졸, 마칠 졸	卆	043
變	변할 변	変	209	晝	낮 주	昼	082
寫	그릴 사, 베낄 사	写	284	質	바탕 질	貭	126
數	셀 수, 두어 수	数	266	鐵	쇠 철	鉄	241
實	열매 실, 실제 실	実	171	體	몸 체	体	103
兒	아이 아	児	135	學	배울 학	学	285
惡	악할 악, 미워할 오	悪	191	號	부르짖을 호, 이름 호, 번호 호	号	223
樂	노래 악, 즐길 락, 좋아할 요	楽	206	畫	그림 화, 그을 획	画	082
藥	약 약	薬	206	會	모일 회	会	131
溫	따뜻할 온, 익힐 온	温	098				

제3장 동음이의어

선생님의 한 말씀

한자는 해석력(解釋力)이 뛰어납니다. 한자는 글자 하나하나에 뜻이 있는 뜻글자이기 때문에 한자로 된 단어는 그 단어를 구성하는 한자만 알면 사전 없이도 뜻을 바로 알 수 있고, 동음이의어(同音異義語 – 소리는 같으나 뜻이 다른 단어)도 분명히 구분할 수 있지요. 그러니 단어 따로, 뜻 따로 억지로 외는 시간에 그 단어에 쓰인 한자를 익혀 그 한자로 해석하면 그 단어의 뜻은 물론 그 한자가 쓰인 수많은 단어의 뜻까지도 저절로 알 수 있습니다.

한자는 말을 만드는 능력인 조어력(造語力)이 뛰어납니다. 한자는 글자의 형태 변화나 어미나 조사의 첨가 없이 홀로 분명한 뜻을 나타내기 때문에 복잡한 생각을 단 몇 글자만으로 명쾌하고도 쉽게 얼마든지 말을 만들어 표현할 수 있지요. 이러한 한자의 해석력, 조어력은 정확하고 풍부한 단어 실력을 향상시켜 줍니다.

아래에 제시한 동음이의어(同音異義語)는 일부만을 실어놓은 것이니 참고만 하시고, 어떤 단어가 있으면 한자의 뛰어난 해석력을 이용하여 분명히 해석해 보고, 또 적시 적절한 한자어도 많이 만들어 사용해 보세요.

＋解(해부할 해, 풀 해), 釋(풀 석), 力(힘 력), 同(한 가지/같을 동), 音(소리 음), 異(다를 이), 義(의로울/뜻 의), 語(말씀 어)

시험에서는 이렇게

※ 다음 뜻풀이에 맞는 漢字語를 〈보기〉에서 찾아 그 번호를 쓰세요.

┌ 보기 ┐

① 校庭　② 選擧　③ 水石

④ 校正　⑤ 種類　⑥ 首都

73. 交情 – (①) : 학교의 뜰이나 운동장.

74. 首席 – (③) : 물과 돌로 이루어진 자연의 경치.

75. 水道 – (⑥) : 한 나라의 중앙 정부가 있는 도시.

유형 플러스

5급 시험에서는 단어의 동음이의어를 직접적으로 쓰라는 문제는 출제되지 않지만, 동음이의어에 대한 개념과 한자어의 뜻을 정확히 알고 있어야 풀 수 있는 유형으로 출제되고 있습니다.

문제에 제시된 내용에 해당하는 한자어가 바로 떠오르지 않는다면, 문제에서 '핵심어'를 찾아보세요. 73번의 '학교의 뜰이나 운동장'에 해당하는 한자어를 찾는 문제는, '학교', '뜰' 정도로 핵심어를 잡습니다. 그리고 '학교'와 '뜰'에 해당하는 한자를 떠올려 봅시다. '학교 교 – 校'와 '뜰 정 – 庭'이 떠오르나요? 그렇다면 다른 문제도 답을 쉽게 찾을 수 있을 것입니다.

가구	家口	집안 식구.
	家具	집에서 쓰는 기구(세간).

가산	加算	더하여 셈함.
	家産	집안의 재산.

개조	改造	조직, 구조 등을 목적에 맞도록 고쳐 다시 만듦.
	開祖	'시작한 조상'으로, 한 종파의 원조(元祖)가 되는 사람.

경기	景氣	매매나 거래에 나타나는 호황·불황 등의 경제 활동 상태.
	競技	'재주를 겨룸'으로, 일정한 규칙 아래 기량과 기술을 겨룸.

고도	高度	평균 해수면 등을 0으로 하여 측정한 대상 물체의 높이.
	古都	옛 도읍.

공기	工期	공사하는 기간.
	空氣	지구 대기의 하층 부분을 이루고 있는 무색투명한 기체.

공동	共同	둘 이상의 사람이 힘을 합하여 일을 함께 함.
	空洞	텅 빈 굴. 동굴.

교정	校庭	학교의 뜰이나 운동장.
	交情	서로 사귀는 정분. 교분.
	校正	교정쇄와 원고를 대조하여 잘못된 부분을 바로 잡음.

대사	大使	'큰 사신'으로, 외교를 맡아보는 최고 직급.
	大事	큰일.

독자	獨子	① 다른 자식이 없이 단 하나뿐인 아들. ② 형제자매가 없는 사람.
	獨自	① 남에게 기대지 아니하는 자기 한 몸. 또는 자기 혼자. ② 다른 것과 구별되는 그 자체만의 특유함.
	讀者	책·신문 등 출판물을 읽는 사람.

동기	同期	같은 시기.
	冬期	겨울철.
	同氣	형제와 자매, 남매를 통틀어 이르는 말.

동시	同時	같은 때.
	童詩	① 주로 어린이를 독자로 예상하고 어린이의 정서를 읊은 시. ② 어린이가 지은 시.

명명	命名	이름을 지어 붙임.
	明命	신령이나 임금의 명령.
	明明	매우 밝음. 분명하여 의심할 여지가 없음.

부정	不正	바르지 않음.
	不定	일정하지 아니함.
	父情	자식에 대한 아버지로서의 정.

사기	史記	역사적 사실을 기록한 책.
	士氣	의욕이나 자신감으로 충만한 기세.
	事記	사건을 중심으로 쓴 기록.
	死期	죽을 시기.

사료	史料	역사 연구에 필요한 재료.
	思料	깊이 생각하여 헤아림.

사유	社有	회사의 소유.
	事由	일의 까닭. 또는 연고. 연유.

사인	死因	사망의 원인.
	事因	어떠한 일의 원인.

사정	事情	일의 형편이나 까닭.
	査定	조사하거나 심사하여 결정함.
	査正	조사하여 바로잡음.

상용	賞用	마음에 들어 좋아하며 씀.
	商用	① 상업상의 볼일. ② 장사하는데 씀.

상품	上品	질이 좋은 물품.
	商品	사고파는 물품.
	賞品	상으로 주는 물품.

수도	水道	'물길'로, 상수도.
	首都	한 나라의 중앙 정부가 있는 도시.
	水都	강과 호수가 있는 경치 좋은 도시.

수상	首相	내각의 우두머리.
	手相	손금.
	水上	물 위. 또는 물의 상류.
	樹上	나무의 위.

수석	首席	등급이나 직위 등에서 머리 자리(맨 윗자리).
	水石	물과 돌로 이루어진 경치.

실례	失禮	언행이 예의에 벗어남.
	實例	실제의 예.

실수	失手	조심하지 아니하여 잘못함.
	實數	실제의 수효.

요리	要理	중요한 이치나 도리.
	料理	음식을 일정한 방법으로 만듦. 또는 그 음식.

우수	雨水	빗물. 24절기의 하나.
	右手	오른손.

재력	才力	재주와 능력.
	財力	재물의 힘. 재산상의 능력.

전공	戰功	전투에서 세운 공로.
	前功	전에 세운 공로나 공적.
	電工	전기 공업. 전기공.
	全功	모든 공로. 결점이 없는 공로.

전기	傳記	한 사람의 일생 행적을 적은 기록.
	電氣	전류의 현상.
	前記	어떤 대목을 기준으로 하여 그 앞부분에 씀.
	前期	일정 기간을 몇 개로 나눈 첫 시기.
	戰記	전쟁의 기록.

정도	正道	올바른 길. 또는 정당한 도리.
	定道	이미 정하여진 제도나 법도.
	定都	도읍을 정함.

정전	停電	전기가 머무름(끊어짐).
	停戰	교전 중에 합의하여 일시적으로 전투를 중단하는 일.
조정	調定	조사하여 확정함.
	調停	분쟁을 중간에서 화해시킴.
주간	晝間	낮. 낮 동안.
	週間	한 주일 동안.
지력	地力	농작물을 길러 낼 수 있는 땅의 힘.
	地歷	지리와 역사를 아울러 이르는 말.
	知力	지식의 능력. 지식의 힘.
지상	地上	땅의 위.
	紙上	종이의 위. 신문의 지면.
천재	天才	선천적으로 타고난 뛰어난 재주.
	天災	자연 현상으로 일어나는 재난. 태풍·홍수·지진 등.

최고	最古	가장 오래됨.
	最高	가장 높음. 제일임.
축전	祝電	축하하기 위하여 보내는 전보.
	祝典	축하하는 뜻으로 행하는 의식이나 행사.
타력	他力	다른 힘. 남의 힘.
	打力	타격하는 힘.
풍설	風雪	눈바람.
	風說	실상이 없이 떠돌아다니는 말. 풍문.
한중	寒中	소한부터 대한까지의 사이. 가장 추운 계절.
	韓中	한국과 중국.
화단	花壇	'꽃 단상'으로, 꽃을 심기 위해 만든 꽃밭.
	畫壇	'그림 단상'으로, 화가의 사회.

 선생님의 한 말씀

글자는 다른데 뜻이 비슷한 글자를 유의자라고 합니다. 1편에서 익힌 내용을 바탕으로 읽어 보시면 정리가 잘될 거예요.

 시험에서는 이렇게

※ 다음 漢字와 뜻이 같거나 비슷한 漢字를 〈보기〉에서 찾아 그 번호를 쓰세요.

┌─ 보기 ─────────────────────────────────┐
│ ① 家   ② 心   ③ 技 │
│ ④ 物   ⑤ 奉   ⑥ 戰 │
└─────────────────────────────────────┘

70. 屋 (①)   **71.** 術 (③)   **72.** 爭 (⑥)

🔍 유형 플러스

한자의 훈을 얼마나 다양하게 이해하고 있는지를 묻는 유형입니다.

家(집 가) - 屋(집 옥)처럼 훈이 완전히 같은 글자도 있지만, 奉(받들 봉) - 仕(섬길 사)처럼 그 훈의 의미를 곰곰이 생각해 보아야 하는 경우도 있으니 유의하세요.

위 문제에 나온 '家(집 가)'와 '屋(집 옥)'이 어울려 '家屋(가옥)', '技(재주 기)'와 '術(재주 술)'이 어울려 '技術(기술)', '戰(싸울 전)'과 '爭(다툴 쟁)'이 어울려 '戰爭(전쟁)'처럼 서로 어울려 한 단어로 쓰이는 경우가 많음을 생각하면서 문제를 풀어 보세요.

家	집 가
屋	집 옥
宅	집 택
堂	집 당
院	집 원
室	집 실

歌	노래 가
曲	노래 곡
樂	노래 악

建	세울 건
立	설 립

見	볼 견, 뵐 현
示	보일 시
觀	볼 관
目	볼 목

結	맺을 결
約	맺을 약

計	셈할 계
算	셈할 산
數	셀 수

古	옛 고, 오랠 고
舊	오랠 구, 옛 구

高	높을 고
卓	높을 탁

共	함께 공
同	한 가지 동, 같을 동

果	과실 과
實	열매 실

過	지날 과, 지나칠 과
去	갈 거
歷	지낼 력

過	허물 과
失	잃을 실

敎	가르칠 교
訓	가르칠 훈

等	무리 등
類	무리 류

根	뿌리 근
本	뿌리 본

金	쇠 금
鐵	쇠 철

急	급할 급
速	빠를 속

技	재주 기
術	재주 술
才	재주 재

年	해 년
歲	해 세

大	큰 대
太	클 태
偉	클 위

道	길 도
路	길 로

圖	그림 도
畫	그림 화

到	이를 도
着	붙을 착
致	이룰 치, 이를 치

度	헤아릴 탁
量	헤아릴 량
料	헤아릴 료

제4장

부의자

頭	머리 두, 우두머리 두
首	머리 수, 우두머리 수

良	어질 량
善	착할 선

里	마을 리
村	마을 촌

明	밝을 명
朗	밝을 랑

文	글월 문
章	문장 장
書	글 서

物	물건 물
品	물건 품
件	물건 건

法	법 법
式	법 식
度	법도 도
例	법식 례
則	법칙 칙
規	법 규
律	법률 률
典	법 전

變	변할 변
化	변화할 화

兵	군사 병
卒	졸병 졸

士	선비 사
軍	군사 군

奉	받들 봉
仕	섬길 사

分	나눌 분
班	나눌 반
別	나눌 별

思	생각할 사
念	생각 념
考	생각할 고

社	모일 사
會	모일 회
集	모일 집, 모을 집

三	석 삼
參	석 삼

生	살 생
活	살 활

先	먼저 선
前	앞 전

選	뽑을 선	言	말씀 언	義	옳을 의
別	구별할 별	語	말씀 어	可	옳을 가
樹	나무 수	談	말씀 담	二	둘 이
木	나무 목	話	말씀 화	再	두 번 재
始	처음 시	說	말씀 설	長	길 장
初	처음 초	永	길 영	永	길 영, 오랠 영
身	몸 신	遠	멀 원	戰	싸울 전
體	몸 체	午	낮 오	爭	다툴 쟁
己	몸 기	晝	낮 주	節	마디 절
心	마음 심	用	쓸 용	寸	마디 촌
情	정 정	費	쓸 비	停	머무를 정
兒	아이 아	意	뜻 의	止	그칠 지
童	아이 동	情	뜻 정	正	바를 정
養	기를 양	衣	옷 의	直	바를 직
育	기를 육	服	옷 복		

調	어울릴 조	土	흙 토
和	화목할 화	地	땅 지

在	있을 재	河	내 하
有	있을 유	川	내 천

終	마칠 종	寒	찰 한
卒	마칠 졸	冷	찰 랭

州	고을 주	海	바다 해
郡	고을 군	洋	큰 바다 양
邑	고을 읍		

知	알 지	號	이름 호
識	알 식	名	이름 명, 이름날 명

出	날 출, 나갈 출
生	날 생

약자, 동음이의어, 유의자

연습문제

📖 **기출 유형 문제**

`01~04`

다음 漢字의 약자(略字: 획수를 줄인 漢字)를 쓰세요.

01. 國 – ☐   **02.** 氣 – ☐   **03.** 發 – ☐   **04.** 體 – ☐

`05~07`

다음 漢字語와 음은 같은 데 뜻이 다른 漢字語를 〈보기〉에서 찾아 번호를 쓰세요.

> **보기**
>
> ① 首都   ② 童詩   ③ 賞品   ④ 手相
> ⑤ 景氣   ⑥ 實例   ⑦ 士氣   ⑧ 首都

05. 競技 – ☐   **06.** 同時 – ☐   **07.** 商品 – ☐

`08~10`

다음 漢字와 뜻이 같거나 비슷한 漢字를 〈보기〉에서 찾아 쓰세요.

> **보기**
>
> ① 家   ② 圖   ③ 觀   ④ 圖
> ⑤ 金   ⑥ 變   ⑦ 結   ⑧ 敎

08. 宅 – ☐   **09.** 見 – ☐   **10.** 鐵 – ☐

✏️ **정답**

01. 国   02. 気   03. 発   04. 体   05. ⑤   06. ②   07. ③   08. ①   09. ③   10. ⑤

 선생님의 한 말씀

뜻이 서로 반대인 한자어입니다. 어문회 시험에서는 대개 한자어를 제시하고 빈칸에 그와 반대되는 한자어를 쓰는 방식으로 출제됩니다.

 시험에서는 이렇게

※ 다음 漢字와 뜻이 상대 또는 반대되는 漢字를 쓰세요.

67. 生 ↔ (死)   **68.** 客 ↔ (主)   **69.** 冷 ↔ (溫)

🔍 유형 플러스

주어진 한자의 뜻을 바르게 알고, 그 반대되는 의미의 한자를 바르게 적을 수 있는가를 묻는 유형입니다. 실제 시험에서는 한자어가 아닌 한자의 반대자와 상대자를 적는 문제가 출제되지만, 서로 어울려 한 단어를 이루는 '한자어'의 짝을 먼저 익히면 글자의 짝은 자연스럽게 찾아지니, 한자어의 짝을 익히는 연습을 하시기 바랍니다.

더할 가	加	省	줄일 생
각각 각	各	合	합할 합
강 강	江	山	산 산
강할 강 / 건강할 건	強 健	弱	약할 약
갈 거	去	來	올 래
가벼울 경	輕	重	무거울 중
겨룰 경	競	和	화목할 화
괴로울 고	苦	樂	즐길 락
오랠 고, 옛 고	古	今	이제 금, 오늘 금
오랠 구, 옛 구	舊	新	새로울 신

굽을 곡	曲	直	곧을 직
공 공, 공로 공	功	過	허물 과
가르칠 교	敎	學	배울 학
빌 공	空	實	열매 실
임금 왕	王	臣	신하 신
길할 길, 상서로울 길	吉	凶	흉할 흉
남쪽 남	南	北	북쪽 북
사내 남	男	女	여자 녀
안 내	內	外	밖 외
많을 다	多	少	적을 소
마땅할 당	當	落	떨어질 락
큰 대	大	小	작을 소
홀로 독	獨	等	무리 등
		類	무리 류
동쪽 동	東	西	서쪽 서
겨울 동	冬	夏	여름 하
늙을 로	老	少	젊을 소
일할 로	勞	使	부릴 사
이로울 리	利	害	해칠 해
팔 매	賣	買	살 매
어머니 모	母	父	아버지 부
물을 문	問	答	대답할 답

물건 물	物	心	마음 심
쏠 발, 일어날 발	發	着	붙을 착
놓을 방	放	操	잡을 조
흰 백	白	黑	검을 흑
근본 본	本	末	끝 말
나눌 분	分		
나눌 별	別	合	합할 합
나눌 반	班		
얼음 빙	氷	炭	숯 탄
죽을 사	死	活	살 활
		生	살 생
산 산	山	江	강 강
		川	내 천
		河	강 하, 내 하
		海	바다 해
위 상, 오를 상	上	下	아래 하, 내릴 하
먼저 선	先	後	뒤 후
착할 선	善	惡	악할 악
눈 설	雪	雨	비 우
이룰 성	成	敗	패할 패
작을 소	小	太	클 태
		大	큰 대
물 수	水	火	불 화

손 수	手	足	발 족
이길 승	勝	敗	패할 패
처음 시	始	末	끝 말
처음 초	初	終	마칠 종
마음 심	心	身	몸 신
		體	몸 체
		己	몸 기
사랑 애	愛	惡	미워할 오
말씀 언	言	行	행할 행
더불 여	與	野	들 야
한 가지 동, 같을 동	同	別	다를 별
구슬 옥	玉	石	돌 석
따뜻할 온	溫	冷	찰 랭
멀 원	遠	近	가까울 근
있을 유	有	無	없을 무
말미암을 인	因	果	결과 과
해 일, 날 일	日	月	달 월
들 입	入	出	날 출, 나갈 출
자기 자, 스스로 자	自	他	남 타
길 장	長	短	짧을 단, 모자랄 단
앞 전	前	後	뒤 후
바를 정	正	反	거꾸로 반
아침 조	朝	夕	저녁 석

할아버지 조	祖	孫	손자 손
왼쪽 좌	左	右	오른쪽 우
낮 주	晝	夜	밤 야
주인 주	主	客	손님 객
		旅	나그네 려
처음 초	初	終	마칠 종
		卒	마칠 졸
봄 춘	春	秋	가을 추
하늘 천	天	地	땅 지
		人	사람 인
		土	흙 토
배울 학	學	訓	가르칠 훈
형 형	兄	弟	아우 제
화목할 화	和	戰	싸울 전
		爭	다툴 쟁
검을 흑	黑	白	흰 백

반대자

Chapter
05

연습문제

📖 기출 유형 문제

01~03

다음 漢字語와 뜻이 같거나 비슷한 漢字語를 〈보기〉에서 찾아 그 번호를 쓰세요.

• 보기 •
① 宿命	② 利用	③ 知己	④ 安全
⑤ 外觀	⑥ 性格	⑦ 各別	⑧ 高明

01. 氣質 - ☐   **02.** 活用 - ☐   **03.** 無事 - ☐

04~07

다음 漢字와 뜻이 상대 또는 반대되는 漢字를 〈보기〉에서 찾아 그 번호를 쓰세요.

• 보기 •
① 去	② 勞	③ 曲	④ 答
⑤ 小	⑥ 外	⑦ 買	⑧ 少

04. 來 - ☐   **05.** 直 - ☐   **06.** 多 - ☐   **07.** 賣 - ☐

08~10

다음 漢字語와 뜻이 상대 또는 반대되는 漢字語를 〈보기〉에서 찾아 그 번호를 쓰세요.

• 보기 •
① 善意	② 後天	③ 客觀	④ 充實
⑤ 對話	⑥ 冷情	⑦ 原因	⑧ 流動

08. 結果 ↔ ☐   **09.** 先天 ↔ ☐   **10.** 溫情 ↔ ☐

✏️ 정답

01. ⑥ 02. ② 03. ④ 04. ① 05. ③ 06. ⑧ 07. ⑦ 08. ⑦ 09. ② 10. ⑥

제2편 한자 응용하기 | **343**

제 3 편

부록

漢子能力檢定試驗 5級 問題紙(第1回)

정답 358쪽

[問 1-35] 다음 밑줄 친 漢字語의 讀音을 쓰세요.

○ 어머니는 과일을 넣어 만든 [1]氷水를 [2]親舊들에게 주셨습니다.

○ 오랜만에 [3]家族이 모여 오손도손 [4]情談을 나누었다.

○ 우리는 강당에 모여 [5]卒業式에서 부를 곡을 [6]合唱 연습 하였다.

○ [7]客觀的인 입장에 서서 [8]說明해주어 좋았다.

○ [9]選手들의 [10]團結로 이번 대회에서 우승하였다.

○ 버스나 열차가 [11]一定하게 머무르도록 정하여진 장소가 [12]停車場이다.

○ 이곳에 [13]陸橋가 세워져 교통이 [14]便利해졌다.

○ 이번 [15]選擧는 [16]歷代에 보지 못한 [17]公正한 선거였다.

○ [18]農作物이 [19]寒害를 입지 않도록 대비해야 한다.

○ 이번 농구 [20]競技에서 [21]大量 득점을 하였다.

○ 우리는 [22]湖水가 바라보이는 [23]食卓에 앉아 식사를 하였다.

○ [24]原因과 [25]結果를 분석하여 [26]事件 사이의 관계를 정리해봅시다.

○ [27]兵士들의 [28]所願이 마침내 이루어졌다.

○ [29]宅地를 [30]開發하여 [31]住宅을 지었다.

○ 자격 [32]要件을 갖추어 [33]願書를 제출하였다.

○ 사랑을 [34]告白할 만한 [35]場所로 갔다.

[問 36-58] 다음 漢字의 訓과 音을 쓰세요.

[36] 洗   [37] 許   [38] 土

[39] 任   [40] 庭   [41] 陸

[42] 熱   [43] 友   [44] 板

[45] 爭   [46] 建   [47] 健

[48] 財   [49] 特   [50] 店

[51] 止   [52] 患   [53] 史

[54] 思   [55] 福   [56] 奉

[57] 耳　　　[58] 最

[問 59-63] 다음 訓과 音에 맞는 한자를 쓰세요.

[59] 이길 승　　　　[60] 살필 성

[61] 쓸 고　　　　　[62] 줄 선

[63] 함께 공

[問 64-66] 다음 漢字의 약자(略字: 획수를 줄인 漢字)를 쓰세요.

[64] 獨　　　[65] 來　　　[66] 變

[問 67-69] 다음 漢字와 뜻이 상대 또는 반대되는 漢字를 쓰세요.

[67] 輕 ↔ (　　　)

[68] 苦 ↔ (　　　)

[69] 多 ↔ (　　　)

[問 70-72] 다음 漢字와 뜻이 같거나 비슷한 漢字를 〈보기〉에서 찾아 그 번호를 쓰세요.

〈보기〉
① 失　　② 速　　③ 太
④ 道　　⑤ 立　　⑥ 村

[70] 建　　　[71] 過　　　[72] 急

[問 73-75] 다음 제시한 漢字語와 뜻에 맞는 同音語를 〈보기〉에서 찾아 그 번호를 쓰세요.

〈보기〉
① 美術　　② 童話　　③ 結果
④ 感情　　⑤ 選手　　⑥ 神仙

[73] 同化 - (　　) : 어린이를 위하여 동심을 바탕으로 지은 이야기.

[74] 先手 - (　　) : 운동이나 기술에서 대표로 뽑힌 사람.

[75] 新鮮 - (　　) : 도를 닦아서 현실의 인간 세계를 떠나 자연과 벗하며 산다는 상상의 사람.

[問 76-78] 다음 뜻에 맞는 漢字語를 〈보기〉에서 찾아 그 번호를 쓰세요.

〈보기〉
① 水石　　② 化石　　③ 力說
④ 氷山　　⑤ 說敎　　⑥ 力量
⑦ 擧例　　⑧ 例示　　⑨ 氷石

[76] 변해서 돌처럼 된 것.

[77] 예를 들어서 보임.

[78] 힘주어 말함.

[問 79–82] 다음 뜻을 가진 성어가 되도록 ( ) 안에 들어갈 적절한 漢字語를 〈보기〉에서 찾아 그 번호를 쓰세요.

<보기>
① 形言　② 無實　③ 流失
④ 擧止　⑤ 可知　⑥ 同色
⑦ 落葉　⑧ 以來

[79] 有名(　) : '이름만 있고 실제가 없음'으로, 이름만 요란하고 실제 알맹이는 없음.

[80] 不問(　) : 묻지 않아도 가히 앎.

[81] 秋風(　) : '가을바람에 떨어지는 잎'으로, 세력이나 형세가 갑자기 기울거나 시듦을 비유한 말.

[82] 行動(　) : '다니고 움직이고 들고 그침'으로, 몸을 움직여 하는 모든 동작.

[問 83–97] 다음 문장의 밑줄 친 漢字語를 漢字로 쓰세요.

[83] 이것은 영원한 진리입니다.

[84] 이것은 명백한 사실입니다.

[85] 다독은 좋은 글을 쓰기 위한 밑거름이 된다.

[86] 각자의 일은 스스로 책임져야 한다.

[87] 이곳을 지나는 새로운 버스 노선이 생겼다.

[88] 할 일이 태산 같은데 그는 태평하게 잠만 자고 있다.

[89] 사람은 본성을 속일 수가 없다.

[90] 말은 쉬워도 행동은 힘들다.

[91] 그는 시간이 없는지 속독으로 책을 읽어 내려갔다.

[92] 오늘은 운수 좋은 날이다.

[93] 이 편지에는 받는 사람의 번지가 적혀 있지 않습니다.

[94] 새로운 직원을 공개 모집하였다.

[95] 지금은 귀천의 분별이 없어졌다.

[96] 날씨가 따뜻하여 창문을 활짝 열었다.

[97] 주름살을 없애기 위해 성형외과를 찾았다.

[問 98-100] 다음 漢字에서 진하게 표시한 획은 몇 번째 쓰는지 〈보기〉에서 찾아 그 번호를 쓰세요.

〈보기〉	
① 첫 번째	② 두 번째
③ 세 번째	④ 네 번째
⑤ 다섯 번째	⑥ 여섯 번째
⑦ 일곱 번째	⑧ 여덟 번째
⑨ 아홉 번째	⑩ 열 번째

[98] 信

[99] 高

[100] 表

♣ 수고하셨습니다.

정답 363쪽

[問 1-35] 다음 밑줄 친 漢字語의 讀音을 쓰세요.

○ 친구의 [1] 說明만으로는 [2] 問題가 이해되지 않아서 선생님께 [3] 質問하기로 했다.

○ [4] 冷水를 마시니 [5] 熱氣가 좀 가셨다.

○ 그는 [6] 失敗한 나에게 [7] 勇氣를 불어넣어 주었다.

○ 그는 [8] 旅行과 체험을 통해 많은 [9] 知識을 쌓았다.

○ 논설문에서 서론의 [10] 分量이 [11] 本文보다 많아서는 안 된다.

○ 누나는 [12] 自己 일에 항상 [13] 最善을 다한다.

○ 그는 자기가 파는 물건을 [14] 親舊들에게 [15] 強賣해 욕을 먹었다.

○ 할머니는 [16] 實感나게 [17] 童話를 읽어 주셨다.

○ [18] 交通이 불편한 지역은 [19] 發展이 더디다.

○ 나의 진로가 내 [20] 意思와 [21] 無關하게 [22] 決定되면 안 된다.

○ [23] 會社의 [24] 再建을 위하여 모두 노력했다.

○ 우리는 마을에 있는 [25] 商店에서 필요한 [26] 物件을 사 쓴다.

○ 씨름 대회의 [27] 勝者에게는 우승 [28] 賞金이 수여된다.

○ 이곳 시골 장터에서는 [29] 特産物의 [30] 去來가 이루어진다.

○ 이번 대회의 [31] 參加 인원은 [32] 昨年에 비해 세 배 가량 늘었다.

○ 모형 비행기를 [33] 屋上에서 [34] 空中으로 날렸다.

○ 경기 일정이 [35] 最終 확정되었다.

[問 36-58] 다음 漢字의 訓과 音을 쓰세요.

[36] 念   [37] 給   [38] 位

[39] 億   [40] 改   [41] 船

[42] 法   [43] 雲   [44] 結

[45] 變   [46] 養   [47] 魚

[48] 漁   [49] 初   [50] 能

[51] 朗   [52] 加   [53] 汽

[54] 知   [55] 鐵   [56] 打

[57] 貯   [58] 兵

[問 59-63] 다음 訓과 音을 가진 한자를 쓰세요.

[59] 의원 의   [60] 서울 경

[61] 밤 야   [62] 소리 음

[63] 뜻 의

[問 64-66] 다음 漢字의 약자(略字: 획수를 줄인 漢字)를 쓰세요.

[64] 廣   [65] 區   [66] 當

[問 67-69] 다음 漢字와 뜻이 상대 또는 반대되는 漢字를 쓰세요.

[67] 勞 ↔ (   )

[68] (   ) ↔ 賣

[69] 善 ↔ (   )

[問 70-72] 다음 漢字와 뜻이 같거나 비슷한 漢字를 〈보기〉에서 찾아 그 번호를 쓰세요.

〈보기〉
① 前   ② 化   ③ 後
④ 表   ⑤ 畫   ⑥ 成

[70] 圖   [71] 變   [72] 先

[問 73-75] 다음 제시한 漢字語와 뜻에 맞는 同音語를 〈보기〉에서 찾아 그 번호를 쓰세요.

〈보기〉
① 團旗   ② 上京   ③ 米飮
④ 生命   ⑤ 火災   ⑥ 到着

[73] 畫材 - (   ) : 불로 인한 재난.

[74] 短期 - (   ) : 어떤 단을 상징하는 기.

[75] 美音 - (   ) : 쌀로 끓여낸 걸쭉한 음식.

[問 76-78] 다음 뜻에 맞는 漢字語를 〈보기〉에서 찾아 그 번호를 쓰세요.

〈보기〉
① 勞動   ② 勞使   ③ 書記
④ 使臣   ⑤ 兄弟   ⑥ 子母
⑦ 加算   ⑧ 速度   ⑨ 加速

[76] 속도를 더함.

[77] 노동자와 사용자.

[78] 형과 동생.

[問 79-82] 다음 뜻에 가진 성어가 되도록
( ) 안에 들어갈 적절한 漢字語를 〈보기〉
에서 찾아 그 번호를 쓰세요.

〈보기〉
① 致知　　② 電光　　③ 男女
④ 成說　　⑤ 明明　　⑥ 門前
⑦ 相反　　⑧ 愛人

[79] 敬天( ) : 하늘을 공경하고 사람을 사
랑함.

[80] ( )成市 : '문 앞이 시장을 이룸'으로,
어떤 집 문 앞이 방문객으로 붐빔.

[81] 格物( ) : 실제 사물의 이치를 연구하
여 지식을 완전하게 함.

[82] 語不( ) : 말이 조금도 사리에 맞지
않음.

[問 83-97] 다음 밑줄 친 漢字語를 漢字로
쓰세요.

[83] 얼마나 다행인지 모른다.

[84] 부르면 대답을 잘하는 아이가 귀엽다.

[85] 매일 신문에 기사를 실었다.

[86] 자동차의 낡은 부품을 교체했다.

[87] 모든 일에는 장단이 있기 마련이다.

[88] 화재가 발생하지 않도록 각별히 주의합
시다.

[89] 그는 감정 표출이 심하지 않다.

[90] 많은 사람들이 원근 각처에서 모여들
었다.

[91] 동생도 놀이공원에 데려갔다.

[92] 예로부터 강 하류에는 기름진 평야가
발달하였다.

[93] 드디어 행동을 개시했다.

[94] 국민들의 생활 수준 향상되었다.

[95] 날마다 학교 식당에서 점심을 먹는다.

[96] 그분의 자손들은 모두 성공했다.

[97] 그는 키가 커 키다리라는 별명으로 불
린다.

[問 98-100] 다음 漢字에서 진하게 표시한 획은 몇 번째 쓰는지 〈보기〉에서 찾아 그 번호를 쓰세요.

〈보기〉	
① 첫 번째	② 두 번째
③ 세 번째	④ 네 번째
⑤ 다섯 번째	⑥ 여섯 번째
⑦ 일곱 번째	⑧ 여덟 번째
⑨ 아홉 번째	⑩ 열 번째

[98] 必

[99] 短

[100] 曲

♣ 수고하셨습니다.

[問 1-35] 다음 밑줄 친 漢字語의 讀音을 쓰세요.

○ 우리들은 [1] <u>番號</u>대로 운동장에 [2] <u>集合</u>하였다.

○ 우선 우리끼리 [3] <u>面談</u>한 후에 [4] <u>相對</u>편을 만나겠다.

○ [5] <u>登山</u>을 하려던 생각을 바꾸어 [6] <u>海水浴</u>을 하기로 했다.

○ 그 [7] <u>歌手</u>는 자신의 대표곡을 [8] <u>獨唱</u>하였다.

○ [9] <u>放學</u> 때 가족과 함께 [10] <u>旅行</u>을 가고 싶다.

○ 그는 [11] <u>落葉</u>을 긁어다가 태우고 있었다.

○ 이 [12] <u>小說</u>은 행복한 [13] <u>結末</u>로 끝난다.

○ [14] <u>傳說</u> 중에는 특정한 풍속의 유래를 설명하는 것이 많다.

○ 그들은 [15] <u>團結</u> 정신을 기르고 강인한 [16] <u>體力</u>을 연마하였다.

○ 어린이날을 맞이하여 놀이 시설을 [17] <u>無料</u>로 [18] <u>開放</u>하였다.

○ 세종 대왕은 [19] <u>歷史</u>에 길이 남을 많은 업적을 이루었다.

○ 비에 젖어 으스스 [20] <u>寒氣</u>를 느꼈다.

○ 그는 [21] <u>技術</u> 올림픽에 [22] <u>選手</u>로 출전하였다.

○ 초등학교를 [23] <u>卒業</u>하고 [24] <u>中學校</u>에 들어간다.

○ [25] <u>文書</u>들이 섞이지 않게 클립으로 [26] <u>固定</u>시켰다.

○ 숟가락과 젓가락을 [27] <u>食卓</u> 위에 놓았다.

○ 남북통일은 우리 민족의 [28] <u>宿願</u>이다.

○ 우리 공장은 [29] <u>生産</u> 공정의 기계화로 [30] <u>原價</u>가 절감되었다.

○ 고향에 가 보는 것이 그 노인의 [31] <u>所願</u>이었다.

○ 나는 [32] <u>庭園</u>이 있는 아담한 [33] <u>住宅</u>에 살고 싶다.

○ 이곳은 [34] <u>土地</u>가 비옥하여 [35] <u>農事</u> 짓기에 알맞다.

[問 36-58] 다음 漢字의 訓과 音을 쓰세요.

[36] 林　　　[37] 査　　　[38] 唱

[39] 飮　　　[40] 無　　　[41] 湖

[42] 船　　　[43] 觀　　　[44] 河

[45] 必　　　[46] 敗　　　[47] 夏

[48] 致　　　[49] 植　　　[50] 作

[51] 加　　　[52] 吉　　　[53] 黑

[54] 責　　　[55] 熱　　　[56] 赤

[57] 友　　　[58] 束

[問 59-63] 다음 訓과 音을 가진 한자를 쓰세요.

[59] 오를 등　　　[60] 맑을 청

[61] 밤 야　　　[62] 손자 손

[63] 머리 두

[問 64-66] 다음 漢字의 약자(略字: 획수를 줄인 漢字)를 쓰세요.

[64] 學　　　[65] 醫　　　[66] 會

[問 67-69] 다음 漢字와 뜻이 상대 또는 반대되는 漢字를 쓰세요.

[67] 小 ↔ (　)

[68] 敗 ↔ (　)

[69] (　) ↔ 遠

[問 70-72] 다음 漢字와 뜻이 같거나 비슷한 漢字를 〈보기〉에서 찾아 그 번호를 쓰세요.

〈보기〉
① 競　　② 場　　③ 無
④ 畫　　⑤ 書　　⑥ 望

[70] 願　　　[71] 爭　　　[72] 圖

[問 73-75] 다음 제시한 漢字語와 뜻에 맞는 同音語를 〈보기〉에서 찾아 그 번호를 쓰세요.

〈보기〉
① 原因　　② 安全　　③ 善良
④ 輕度　　⑤ 生鮮　　⑥ 思考

[73] 京都 - (　) : 가벼운 정도.

[74] 案前 - (　) : 위험이나 사고의 염려가 없는 상태.

[75] 四苦 - (　) : 생각하고 궁리함.

[問 76-78] 다음 뜻에 맞는 漢字語를 〈보기〉에서 찾아 그 번호를 쓰세요.

> 〈보기〉
> ① 力說　　② 白夜　　③ 白晝
> ④ 立志　　⑤ 立案　　⑥ 傳來
> ⑦ 競爭　　⑧ 反對　　⑨ 學習

[76] 같은 목적에 대하여 이기거나 앞서려고 서로 겨룸.

[77] 밝은 낮.

[78] 어떤 안건을 세움.

[問 79-82] 다음 뜻을 가진 성어가 되도록 ( ) 안에 들어갈 적절한 漢字語를 〈보기〉에서 찾아 그 번호를 쓰세요.

> 〈보기〉
> ① 東風　　② 道具　　③ 同化
> ④ 通知　　⑤ 大書　　⑥ 不成

[79] 家財( ) : 집안 살림에 쓰는 온갖 물건.

[80] ( )特筆 : '크게 쓴 특별한 글씨'로, 신문 등의 출판물에서 어떤 기사에 큰 비중을 두어 다룸을 이르는 말.

[81] 馬耳( ) : '말귀에 동풍'으로, 남의 비평이나 의견을 조금도 귀담아 듣지 아니하고 흘려버림을 이르는 말.

[82] 無不( ) : '통하여 알지 못할 바가 없음'으로, 무슨 일이던지 환히 알 수 있음.

[問 83-97] 다음 문장의 밑줄 친 漢字語를 漢字로 쓰세요.

[83] 길을 잘못 들어 방향을 잃고 한참을 헤맸다.

[84] 나는 반대할 이유가 없었다.

[85] 여자와 남자는 체격과 체력에서 차이가 난다.

[86] 그는 수화로 의사 표현을 했다.

[87] 그의 연구에 광명을 던져 주는 증거가 발견되었다.

[88] 위인들의 삶은 후손들의 가슴에 영원히 살아남는다.

[89] 우리 집은 '정직과 용기'를 가훈으로 삼고 있다.

[90] 나는 정든 교정을 떠나며 후배들에게 작별 인사를 했다.

[91] 경기는 우리 팀의 승리로 끝났다.

[92] 하늘을 공경하고 백성을 사랑했다.

[93] 야생 동물의 생활을 관찰하였다.

[94] 우리 공장은 <u>생산</u> 시설이 자동화되었다.

[95] 그는 물질적 풍요보다는 정신적 <u>안락</u>을 중요시하는 사람이다.

[96] 진실한 대화는 마음을 이어주는 <u>통로</u>가 된다.

[97] 토막 시간을 잘 <u>활용</u>하였다.

[問 98-100] 다음 漢字에서 진하게 표시한 획은 몇 번째 쓰는지 〈보기〉에서 찾아 그 번호를 쓰세요.

〈보기〉	
① 첫 번째	② 두 번째
③ 세 번째	④ 네 번째
⑤ 다섯 번째	⑥ 여섯 번째
⑦ 일곱 번째	⑧ 여덟 번째
⑨ 아홉 번째	⑩ 열 번째

[98] 建

[99] 典

[100] 最

♣ 수고하셨습니다.

1. **정답** 빙수
   풀이 氷水(얼음 빙, 물 수) : 얼음을 넣어서 차게 한 물.

2. **정답** 친구
   풀이 親舊(친할 친, 오랠/옛 구) : 가깝게 오래 사귄 사람.

3. **정답** 가족
   풀이 家族(집 가, 겨레 족) : 주로 부부를 중심으로 한, 친족 관계에 있는 사람들의 집단. 또는 그 구성원.

4. **정답** 정담
   풀이 情談(뜻/정 정, 말씀 담) : ① 정답게 주고받는 이야기. ② 마음에서 우러나는 진정한 이야기.

5. **정답** 졸업식
   풀이 卒業式(마칠 졸, 일 업, 의식 식) : 졸업장을 수여하는 의식.

6. **정답** 합창
   풀이 合唱(합할 합, 노래 부를 창) : 여러 사람이 목소리를 맞추어서 노래를 부름. 또는 그 노래.

7. **정답** 객관적
   풀이 客觀的(손님 객, 볼 관, 맞힐/과녁 적) : 자기와의 관계에서 벗어나 제삼자의 입장에서 사물을 보거나 생각하는. 또는 그런 것.

8. **정답** 설명
   풀이 說明(말씀 설, 밝을 명) : 어떤 일이나 대상의 내용을 상대편이 잘 알 수 있도록 밝혀 말함. 또는 그런 말.

9. **정답** 선수
   풀이 選手(뽑을 선, 재주 있는 사람 수) : 운동 경기나 기술 등에서, 기량이 뛰어나 많은 사람 가운데에서 대표로 뽑힌 사람.

10. **정답** 단결
    풀이 團結(모일 단, 맺을 결) : 많은 사람이 마음과 힘을 한데 뭉침.

11. **정답** 일정
    풀이 一定(한 일, 정할 정) : ① 어떤 기준에 의해 범위나 방향 등이 정해져 있음. ② 하나로 고정되어 움직이지 않음. 변동이 없음.

12. **정답** 정거장
    풀이 停車場(머무를 정, 수레 거, 마당 장) : 버스나 열차가 일정하게 머무르도록 정하여진 장소.

13. **정답** 육교
    풀이 陸橋(육지 육, 다리 교) : 번잡한 도로나 철로 위를 사람들이 안전하게 횡단할 수 있도록 공중으로 건너질러 놓은 다리.

14. **정답** 편리
    풀이 便利(편할 편, 이로울 리) : 편하고 이로우며 이용하기 쉬움.

15. **정답** 선거
    풀이 選擧(뽑을 선, 들/행할 거) : ① 일정한 조직이나 집단이 대표자나 임원을 뽑는 일. ② 선거권을 가진 사람이 공직에 임할 사람을 투표로 뽑는 일.

16. **정답** 역대
    풀이 歷代(지낼/겪을 역, 대신할/세대 대) : 대대로 이어 내려온 여러 대. 또는 그동안.

17. **정답** 공정
    풀이 公正(공평할 공, 바를 정) : 공평하고 올바름.

18. **정답** 농작물
    풀이 農作物(농사 농, 지을 작, 물건 물) : 논밭에 심어 가꾸는 곡식이나 채소.

19. **정답** 한해

    풀이 寒害(찰 한, 해칠/방해할 해) : 추위로 입는 피해.

20. **정답** 경기

    풀이 競技(겨룰 경, 재주 기) : 일정한 규칙 아래 기량과 기술을 겨룸. 또는 그런 일.

21. **정답** 대량

    풀이 大量(큰 대, 헤아릴/용량 량) : 아주 많은 분량이나 수량.

22. **정답** 호수

    풀이 湖水(호수 호, 물 수) : 땅이 우묵하게 들어가 물이 괴어 있는 곳.

23. **정답** 식탁

    풀이 食卓(밥/먹을 식, 탁자 탁) : 음식을 차려 놓고 둘러앉아 먹게 만든 탁자.

24. **정답** 원인

    풀이 原因(근원 원, 말미암을 인) : 어떤 사물이나 상태를 변화시키거나 일으키게 하는 근본이 된 일이나 사건.

25. **정답** 결과

    풀이 結果(맺을 결, 과실/결과 과) : 어떤 원인으로 결말이 생김. 또는 그런 결말의 상태.

26. **정답** 사건

    풀이 事件(일 사, 물건/사건 건) : 사회적으로 문제를 일으키거나 주목을 받을 만한 뜻밖의 일.

27. **정답** 병사

    풀이 兵士(군사 병, 선비 사) : ① 예전에, 군인이나 군대를 이르던 말. ② 부사관 아래의 군인.

28. **정답** 소원

    풀이 所願(장소/바 소, 원할 원) : 어떤 일이 이루어지기를 바람. 또는 그런 일.

29. **정답** 택지

    풀이 宅地(집 택, 땅 지) : 집을 지을 땅.

30. **정답** 개발

    풀이 開發(열 개, 쏠/일어날 발) : ① 지식이나 재능 등을 발달하게 함. ② 토지나 천연자원 등을 유용하게 만듦. ③ 산업이나 경제 등을 발전하게 함. ④ 새로운 물건을 만들거나 새로운 생각을 내어 놓음.

31. **정답** 주택

    풀이 住宅(살 주, 집 택) : 사람이 들어가 살 수 있게 지은 건물.

32. **정답** 요건

    풀이 要件(중요할/필요할 요, 물건/사건 건) : ① 긴요한 일이나 안건. ② 필요한 조건.

33. **정답** 원서

    풀이 願書(원할 원, 쓸/글 서) : 지원하거나 청원하는 내용을 적은 서류.

34. **정답** 고백

    풀이 告白(알릴 고, 아뢸 백) : 마음속에 생각하고 있는 것이나 감추어 둔 것을 사실대로 숨김없이 말함.

35. **정답** 장소

    풀이 場所(마당 장, 장소/바 소) : 어떤 일이 이루어지거나 일어나는 곳.

36. **정답** 씻을 세

37. **정답** 허락할 허

38. **정답** 흙 토

39. **정답** 맡을 임

40. **정답** 뜰 정

41. **정답** 육지 륙

42. **정답** 더울 열

43. **정답** 벗 우

44. **정답** 널조각 판

45. **정답** 다툴 쟁

46. **정답** 세울 건

47. 정답 건강할 건

48. 정답 재물 재

49. 정답 특별할 특

50. 정답 가게 점

51. 정답 그칠 지

52. 정답 근심 환

53. 정답 역사 사

54. 정답 생각할 사

55. 정답 복 복

56. 정답 받들 봉

57. 정답 귀 이

58. 정답 가장 최

59. 정답 勝

60. 정답 省

61. 정답 苦

62. 정답 線

63. 정답 共

64. 정답 独
　　풀이 獨(홀로 독)

65. 정답 来
　　풀이 來(올 래)

66. 정답 変
　　풀이 變(변할 변)

67. 정답 重
　　풀이 輕(가벼울 경) ↔ 重(무거울 중)

68. 정답 樂
　　풀이 苦(쓸/괴로울 고) ↔ 樂(즐길 락)

69. 정답 少
　　풀이 多(많을 다) ↔ 少(적을 소)

[70~72]

〈보기〉
① 失(잃을 실)　② 速(빠를 속)
③ 太(클 태)　④ 道(길/도리 도)
⑤ 立(설 립)　⑥ 村(마을 촌)

70. 정답 ⑤
　　풀이 建(세울 건) - 立(설 립)

71. 정답 ①
　　풀이 過(지날 과) - 失(잃을 실)

72. 정답 ②
　　풀이 急(급할 급) - 速(빠를 속)

[73~75]

〈보기〉
① 美術(미술_ 아름다울 미, 재주 술) : 공간 및 시각의 미를 표현하는 예술.
② 童話(동화_ 아이 동, 말씀/이야기 화) : 어린이를 위하여 동심을 바탕으로 지은 이야기.
③ 結果(결과_ 맺을 결, 결과 과) : 어떤 원인으로 결말이 생김. 또는 그런 결말의 상태.
④ 感情(감정_ 느낄 감, 정 정) : 어떤 현상이나 일에 대하여 일어나는 마음이나 느끼는 기분.
⑤ 選手(선수_ 뽑을 선, 재주 있는 사람 수) : 운동 경기나 기술 등에서, 기량이 뛰어나 많은 사람 가운데에서 대표로 뽑힌 사람.
⑥ 神仙(신선_귀신 신, 신선 선) : 도(道)를 닦아서 현실의 인간 세계를 떠나 자연과 벗하며 산다는 상상의 사람.

73. 정답 ②
　　풀이 同化(동화_한 가지/같을 동, 될 화) : ① 서로 다른 물건이 닮아서 같게 됨. 같은 성질로 변화함. ② 사물을 잘 보고 이해하여, 자기의 지식으로 만듦.

74. 정답 ⑤

풀이 先手(선수_먼저 선, 재주 있는 사람 수) : ① 남이 하기 전에 앞질러 하는 행동. ② 먼저 손찌검을 함. 또는 그 손찌검. ③ 바둑이나 장기 등에서, 먼저 놓거나 두는 일.

75. 정답 ⑥

풀이 新鮮(신선_새로울 신, 싱싱할 선) : 채소나 생선 등이 싱싱함.

[76–78]

〈보기〉

① 水石(수석) : 물과 돌로 이루어진 자연의 경치.

② 化石(화석) : 변해서 돌이 된 것.

③ 力說(역설) : 자기의 뜻을 힘주어 말함.

④ 氷山(빙산) : 빙하에서 떨어져 나와 호수나 바다에 흘러 다니는 얼음덩어리.

⑤ 說敎(설교) : 어떤 일의 견해나 관점을 다른 사람이 수긍하도록 단단히 타일러서 가르침.

⑥ 力量(역량) : 어떤 일을 해낼 수 있는 힘.

⑦ 擧例(거례) : 실제의 예를 듦. 또는 그 예.

⑧ 例示(예시) : 예를 들어 보임.

⑨ 氷石(빙석) : 얼음과 같이 맑은 돌이라는 뜻으로, '수정'을 달리 이르는 말.

---

76. 정답 ②

77. 정답 ⑧

78. 정답 ③

[79–82]

〈보기〉

① 形言(형언)　② 無實(무실)

③ 流失(유실)　④ 擧止(거지)

⑤ 可知(가지)　⑥ 同色(동색)

⑦ 落葉(낙엽)　⑧ 以來(이래)

---

79. 정답 ②

풀이 有名無實(유명무실_있을 유, 이름 명, 없을 무, 열매/실제 실)

80. 정답 ⑤

풀이 不問可知(불문가지_아닐 불, 물을 문, 옳을/가히 가, 알 지)

81. 정답 ⑦

풀이 秋風落葉(추풍낙엽_가을 추, 바람 풍, 떨어질 낙, 잎 엽)

82. 정답 ④

풀이 行動擧止(행동거지_다닐/행할 행, 움직일 동, 들/행할 거, 그칠 지)

83. 정답 永遠

풀이 영원(永遠_길/오랠 영, 멀 원) : ① 길고 오랜 세월. ② 앞으로 오래도록 변함없이 계속 됨.

84. 정답 明白

풀이 명백(明白_밝을 명, 밝을 백) : 의심할 것 없이 아주 뚜렷하고 환함.

85. 정답 多讀

풀이 다독(多讀_많을 다, 읽을 독) : 많이 읽음.

86. 정답 各自

풀이 각자(各自_각각 각, 자기/스스로 자) : ① 제각각. ② 각각의 자기.

87. 정답 路線

풀이 노선(路線_길 노, 줄 선) : 자동차 선로, 철도 선로 등과 같이 일정한 두 지점을 정기적으로 오가는 교통선.

88. 정답 太平

풀이 태평(太平_클 태, 평평할/평화 평) : 마음에 아무 근심 걱정이 없음.

89. 정답 本性

풀이 본성(本性_근본 본, 성품/바탕 성) : 사람이 본디부터 가진 성질.

90. 【정답】 行動

【풀이】 행동(行動_다닐/행할 행, 움직일 동) :
몸을 움직여 동작을 하거나 어떤 일을
함.

91. 【정답】 速讀

【풀이】 속독(速讀_빠를 속, 읽을 독) : 책 등을
빠른 속도로 읽음.

92. 【정답】 運數

【풀이】 운수(運數_옮길/운수 운, 운수 수) :
이미 정하여져 있어 인간의 힘으로는
어쩔 수 없는 천운과 기수.

93. 【정답】 番地

【풀이】 번지(番地_차례/번지 번, 땅 지) : 땅
을 일정한 기준에 따라 나누어서 매겨
놓은 번호.

94. 【정답】 公開

【풀이】 공개(公開_대중 공, 열 개) : 어떤 사실
이나 사물, 내용 등을 여러 사람에게
널리 터놓음.

95. 【정답】 分別

【풀이】 분별(分別_나눌 분, 나눌/다를 별) :
① 서로 구별을 지어 가르는 것. ② 사
물을 종류에 따라 나누는 것.

96. 【정답】 窓門

【풀이】 창문(窓門_창문 창, 문 문) : 공기나
햇빛을 받을 수 있고, 밖을 내다볼 수
있도록 벽이나 지붕에 낸 문.

97. 【정답】 成形

【풀이】 성형(成形_이룰 성, 모양 형) : 일정한
형체를 만듦.

98. 【정답】 ⑧

99. 【정답】 ⑦

100. 【정답】 ⑥

漢子能力檢定試驗 5級 (第2回) 정답 및 해설

1. **정답** 설명
   풀이 說明(말씀 설, 밝을 명) : 어떤 일이나 대상의 내용을 상대편이 잘 알 수 있도록 밝혀 말함. 또는 그런 말.

2. **정답** 문제
   풀이 問題(물을 문, 제목/문제 제) : ① 답을 요구하는 물음. ② 논쟁, 논의, 연구 등의 대상이 되는 것. ③ 해결하기 어렵거나 난처한 대상. 또는 그런 일.

3. **정답** 질문
   풀이 質問(바탕 질, 물을 문) : 알고자 하는 바를 얻기 위해 물음.

4. **정답** 냉수
   풀이 冷水(찰 냉, 물 수) : 차가운 물.

5. **정답** 열기
   풀이 熱氣(더울 열, 기운/대기 기) : 뜨거운 기운.

6. **정답** 실패
   풀이 失敗(잃을 실, 패할 패) : 일을 잘못하여 뜻한 대로 되지 아니하거나 그르침.

7. **정답** 용기
   풀이 勇氣(날랠 용, 기운/대기 기) : 씩씩하고 굳센 기운. 또는 사물을 겁내지 아니하는 기개.

8. **정답** 여행
   풀이 旅行(군사/나그네 여, 다닐/행할 행) : 일이나 유람을 목적으로 다른 고장이나 외국에 가는 일.

9. **정답** 지식
   풀이 知識(알 지, 알 식) : 알고 있는 내용이나 사물.

10. **정답** 분량
    풀이 分量(나눌/단위 분, 헤아릴/용량 량) : 수효, 무게 등의 많고 적음이나 부피의 크고 작은 정도.

11. **정답** 본문
    풀이 本文(근본 본, 글월 문) : 덧붙이거나 깎아내지 않은 본디 그대로의 글.

12. **정답** 자기
    풀이 自己(자기/스스로 자, 몸/자기 기) : 당사자 자신.

13. **정답** 최선
    풀이 最善(가장 최, 좋을 선) : ① 가장 좋고 훌륭함. 또는 그런 일. ② 온 정성과 힘.

14. **정답** 친구
    풀이 親舊(친할 친, 오랠/옛 구) : 가깝게 오래 사귄 사람.

15. **정답** 강매
    풀이 強賣(억지 강, 팔 매): 남에게 물건을 강제로 떠맡겨 팖.

16. **정답** 실감
    풀이 實感(열매/실제 실, 느낄/감동할 감) : 실제로 체험하는 느낌.

17. **정답** 동화
    풀이 童話(아이 동, 말씀/이야기 화) : 어린이를 위하여 동심을 바탕으로 지은 이야기.

18. **정답** 교통
    풀이 交通(사귈/오고갈 교, 통할 통) : 자동차·기차·배·비행기 등을 이용하여 사람이 오고 가거나, 짐을 실어 나르는 일.

19. **정답** 발전
    풀이 發展(쏠/일어날 발, 펼/넓을 전) : 더 낫고 좋은 상태나 더 높은 단계로 나아감.

20. **정답** 의사
    풀이 意思(뜻 의, 생각할 사) : 무엇을 하고자 하는 생각.

21. **정답** 무관
   풀이 無關(없을 무, 빗장/관계 관) : 관계나 상관이 없음.

22. **정답** 결정
   풀이 決定(결단할 결, 정할 정) : 행동이나 태도를 분명하게 정함. 또는 그렇게 정해진 내용.

23. **정답** 회사
   풀이 會社(모일 회, 모일 사) : 상행위 또는 그 밖의 영리 행위를 목적으로 하는 사단 법인.

24. **정답** 재건
   풀이 再建(다시/두 번 재, 세울 건) : 허물어진 건물이나 조직 등을 다시 일으켜 세움.

25. **정답** 상점
   풀이 商店(장사할 상, 가게 점) : 일정한 시설을 갖추고 물건을 파는 곳.

26. **정답** 물건
   풀이 物件(물건 물, 물건/사건 건) : 일정한 형체를 갖춘 모든 물질적 대상.

27. **정답** 승자
   풀이 勝者(이길 승, 놈/것 자) : 싸움이나 경기 등에서 이긴 사람. 또는 그런 단체.

28. **정답** 상금
   풀이 賞金(상줄 상, 돈 금) : 선행이나 업적에 대하여 격려하기 위하여 주는 돈.

29. **정답** 특산물
   풀이 特産物(특별할 특, 낳을 산, 물건 물) : 어떤 지역의 특별한 산물.

30. **정답** 거래
   풀이 去來(갈 거, 올 래) : 주고받음. 또는 사고팖.

31. **정답** 참가
   풀이 參加(참여할 참, 더할 가) : 모임이나 단체 또는 일에 관계하여 들어감.

32. **정답** 작년
   풀이 昨年(어제 작, 해 년) : 지난 해.

33. **정답** 옥상
   풀이 屋上(집 옥, 위/오를 상) : 집의 위.

34. **정답** 공중
   풀이 空中(빌/하늘 공, 가운데/맞힐 중) : 하늘과 땅 사이의 빈 곳.

35. **정답** 최종
   풀이 最終(가장 최, 마칠 종) : 맨 나중.

36. **정답** 생각 념

37. **정답** 줄 급

38. **정답** 자리 위

39. **정답** 억 억

40. **정답** 고칠 개

41. **정답** 배 선

42. **정답** 법 법

43. **정답** 구름 운

44. **정답** 맺을 결

45. **정답** 변할 변

46. **정답** 기를 양

47. **정답** 물고기 어

48. **정답** 고기 잡을 어

49. **정답** 처음 초

50. **정답** 능할 능

51. **정답** 밝을 랑

52. **정답** 더할 가

53. **정답** 김 기

54. **정답** 알 지

55. **정답** 쇠 철

56. **정답** 칠 타

57. **정답** 쌓을 저

58. **정답** 군사 병

59. 【정답】 醫

60. 【정답】 京

61. 【정답】 夜

62. 【정답】 音

63. 【정답】 意

64. 【정답】 広
【풀이】 廣(넓을 광)

65. 【정답】 区
【풀이】 區(나눌/구역 구)

66. 【정답】 当
【풀이】 當(마땅할/당할 당)

67. 【정답】 使
【풀이】 勞(수고할/일할 로) ↔ 使(부릴 사)

68. 【정답】 買
【풀이】 買(살 매) ↔ 賣(팔 매)

69. 【정답】 惡
【풀이】 善(착할/좋을 선) ↔ 惡(악할 악/미워할 오)

[70–72]

┌─────────────────────────────────┐
〈보기〉
① 前(앞 전)   ② 化(될 화, 변화할 화)
③ 後(뒤 후)   ④ 表(겉 표)
⑤ 畫(그림 화)   ⑥ 成(이룰 성)
└─────────────────────────────────┘

70. 【정답】 ⑤
【풀이】 圖(그림 도) – 畫(그림 화)

71. 【정답】 ②
【풀이】 變(변할 변) – 化(될 화)

72. 【정답】 ①
【풀이】 先(먼저 선) – 前(앞 전)

[73–75]

┌─────────────────────────────────┐
〈보기〉
① 團旗(단기_모일 단, 기 기) : 어떤 단을 상징하는 기.
② 上京(상경_위/오를 상, 서울 경) : 시골에서 서울로 올라옴. 서울 감.
③ 米飮(미음_쌀 미, 마실 음) : 쌀로 끓여낸 걸쭉한 음식.
④ 生命(생명_살 생, 목숨 명) : 목숨.
⑤ 火災(화재_불 화, 재앙 재) : 불로 인한 재난.
⑥ 到着(도착_이를 도, 붙을 착) : 목적한 곳에 다다름.
└─────────────────────────────────┘

73. 【정답】 ⑤
【풀이】 畫材(화재_그림 화, 재목 재) : 그림으로 그릴 만한 대상이나 소재.

74. 【정답】 ①
【풀이】 短期(단기_짧을 단, 기간 기) : 짧은 기간.

75. 【정답】 ③
【풀이】 美音(미음_아름다울 미, 소리 음) : 아름다운 음성. 아름답게 들리는 고운 소리.

[76–78]

┌─────────────────────────────────┐
〈보기〉
① 勞動(노동) : 몸을 움직여 일을 함.
② 勞使(노사) : 노동자와 사용자를 말함
③ 書記(서기) : 단체나 회의에서 문서나 기록 등을 맡아보는 사람.
④ 使臣(사신) : 임금이나 국가의 명령을 받고 외국에 사절로 가는 신하.
⑤ 兄弟(형제) : 형과 아우를 말함.
⑥ 子母(자모) : 어머니와 아들을 말함.
⑦ 加算(가산) : 더하여 셈함.
└─────────────────────────────────┘

⑧ 速度(속도) : 물체가 나아가거나 일이 진행되는 빠르기.

⑨ 加速(가속) : 점점 속도를 더함. 또는 그 속도.

76. **정답** ⑨

77. **정답** ②

78. **정답** ⑤

[79–82]

〈보기〉
① 致知(치지)   ② 電光(전광)
③ 男女(남녀)   ④ 成說(성설)
⑤ 明明(명명)   ⑥ 門前(문전)
⑦ 相反(상반)   ⑧ 愛人(애인)

79. **정답** ⑧
풀이 敬天愛人(경천애인_공경할 경, 하늘 천, 사랑 애, 사람 인)

80. **정답** ⑥
풀이 門前成市(문전성시_문 문, 앞 전, 이룰 성, 시장/시내 시)

81. **정답** ①
풀이 格物致知(격물치지_격식 격, 물건 물, 이룰/이를 치, 알 지)

82. **정답** ④
풀이 語不成說(어불성설_말씀 어, 아닐 불, 이룰 성, 말씀 설)

83. **정답** 多幸
풀이 다행(多幸_많을 다, 바랄 행) : 뜻밖에 일이 잘되어 운이 좋음.

84. **정답** 對答
풀이 대답(對答_대답할 대, 대답할 답) : 부르는 말에 응하여 어떤 말을 함. 또는 그 말.

85. **정답** 新聞
풀이 신문(新聞_새로울 신, 들을 문) : 새로운 소식이나 견문. 사회에서 발생한 사건에 대한 사실이나 해설을 널리 신속하게 전달하기 위한 정기 간행물.

86. **정답** 部品
풀이 부품(部品_나눌 부, 물건 품) : 기계 등의 어떤 부분에 쓰는 물품.

87. **정답** 長短
풀이 장단(長短_길 장, 짧을/모자랄 단) : 길고 짧음. 좋은 점과 나쁜 점.

88. **정답** 發生
풀이 발생(發生_쏠/일어날 발, 날 생) : 어떤 일이나 사물이 생겨남.

89. **정답** 表出
풀이 표출(表出_겉 표, 날/나갈 출) : 겉으로 나타냄.

90. **정답** 遠近
풀이 원근(遠近_멀 원, 가까울 근) : 멀고 가까움.

91. **정답** 公園
풀이 공원(公園_대중 공, 동산 원) : 국가나 지방 공공 단체가 공중의 보건·휴양·놀이 등을 위하여 마련한 정원, 유원지, 동산 등의 사회 시설.

92. **정답** 平野
풀이 평야(平野_평평할/평화 평, 들/거칠 야) : 기복이 매우 작고, 지표면이 평평하고 너른 들.

93. **정답** 開始
풀이 개시(開始_열 개, 처음 시) : 행동이나 일 등을 시작함.

94. **정답** 向上
풀이 향상(向上_향할 향, 위/오를 상) : 실력, 수준, 기술 등이 나아짐. 또는 나아지게 함.

95. **정답** 食堂

   풀이 식당(食堂_밥/먹을 식, 집 당) : 음식을 만들어 손님들에게 파는 가게.

96 **정답** 子孫

   풀이 자손(子孫_아들 자, 손자 손) : 자식과 손자를 말함.

97. **정답** 別名

   풀이 별명(別名_다를 별, 이름 명) : 사람의 외모나 성격 등의 특징을 바탕으로 남들이 지어 부르는 이름.

98. **정답** ②

99. **정답** ⑥

100. **정답** ⑤

1. **정답** 번호
   풀이 番號(차례/번지 번, 부르짖을/이름/부호 호) : 차례를 나타내기 위해 매겨 놓은 숫자.

2. **정답** 집합
   풀이 集合(모일/모을 집, 합할 합) : 사람들이 한곳으로 모임.

3. **정답** 면담
   풀이 面談(얼굴/볼 면, 말씀 담) : 서로 만나서 이야기함.

4. **정답** 상대
   풀이 相對(서로 상, 상대할 대) : 서로 마주 대함. 또는 그런 대상.

5. **정답** 등산
   풀이 登山(오를 등, 산 산) : 운동, 놀이, 탐험 등의 목적으로 산에 오름.

6. **정답** 해수욕
   풀이 海水浴(바다 해, 물 수, 목욕할 욕) : 바닷물에서 헤엄을 치거나 즐기며 놂.

7. **정답** 가수
   풀이 歌手(노래 가, 재주 있는 사람 수) : 노래 부르는 것이 직업인 사람.

8. **정답** 독창
   풀이 獨唱(홀로 독, 노래 부를 창) : 성악에서, 혼자서 노래를 부름. 또는 그 노래.

9. **정답** 방학
   풀이 放學(놓을 방, 배울 학) : 일정 기간 동안 수업을 쉬는 일. 또는 그 기간.

10. **정답** 여행
    풀이 旅行(군사/나그네 여, 다닐/행할 행) : 일이나 유람을 목적으로 다른 고장이나 외국에 가는 일.

11. **정답** 낙엽
    풀이 落葉(떨어질 낙, 잎 엽) : ① 나뭇잎이 떨어짐. ② 말라서 떨어진 나뭇잎.

12. **정답** 소설
    풀이 小說(작을 소, 말씀 설) : 작가가 사실 또는 상상을 바탕으로 꾸며 쓴 이야기.

13. **정답** 결말
    풀이 結末(맺을 결, 끝 말) : 어떤 일이 마무리되는 끝.

14. **정답** 전설
    풀이 傳說(전할/이야기 전, 말씀 설) : 옛날부터 민간에서 전하여 내려오는 이야기.

15. **정답** 단결
    풀이 團結(둥글/모일 단, 맺을 결) : '모여 맺음'으로, 많은 사람이 마음과 힘을 한데 뭉침.

16. **정답** 체력
    풀이 體力(몸 체, 힘 력) : 육체적 활동을 할 수 있는 몸의 힘.

17. **정답** 무료
    풀이 無料(없을 무, 헤아릴/재료/값 료) : 요금이 없음.

18. **정답** 개방
    풀이 開放(열 개, 놓을 방) : 문이나 어떠한 공간 등을 열어 자유롭게 드나들고 이용하게 함.

19. **정답** 역사
    풀이 歷史(지낼/책력/겪을 역, 역사 사) : ① 인류 사회의 변천과 흥망의 과정. 또는 그 기록. ② 어떠한 사물이나 사실이 존재해 온 연혁.

20. **정답** 한기
    풀이 寒氣(찰 한, 기운/대기 기) : 찬 기운.

21. **정답** 기술
    풀이 技術(재주 기, 재주 술): ① 만들거나 짓거나 하는 재주 또는 솜씨. ② 사물을 잘 다루거나 부리는 꾀.

22. **정답** 선수
    풀이 選手(뽑을 선, 재주 있는 사람 수) : 운동 경기나 기술 등에서, 기량이 뛰어나 많은 사람 가운데에서 대표로 뽑힌 사람.

23. **정답** 졸업
    풀이 卒業(마칠 졸, 일 업) : 학생이 규정에 따라 소정의 교과 과정을 마침.

24. **정답** 중학교
    풀이 中學校(가운데 중, 배울 학, 학교 교) : 초등학교와 고등학교 사이에 중등 보통 교육을 실시하기 위한 학교.

25. **정답** 문서
    풀이 文書(글월 문, 쓸/글/책 서) : 글이나 기호 등으로 일정한 의사나 관념 또는 사상을 나타낸 것.

26. **정답** 고정
    풀이 固定(굳을 고, 정할 정) : ① 한번 정한 대로 변경하지 아니함. ② 한곳에 꼭 붙어 있거나 붙어 있게 함.

27. **정답** 식탁
    풀이 食卓(밥/먹을 식, 탁자 탁) : 음식을 차려 놓고 둘러앉아 먹게 만든 탁자.

28. **정답** 숙원
    풀이 宿願(잘/오랠 숙, 원할 원) : 오래전부터 품어 온 염원이나 소망.

29. **정답** 생산
    풀이 生産(날/살 생, 낳을 산) : 인간이 생활하는 데 필요한 각종 물건을 만들어 냄.

30. **정답** 원가
    풀이 原價(근원 원, 값 가) : 상품의 제조, 판매, 배급 등에 든 재화와 용역을 단위에 따라 계산한 가격.

31. **정답** 소원
    풀이 所願(장소/바 소, 원할 원) : 어떤 일이 이루어지기를 바람. 또는 그런 일.

32. **정답** 정원
    풀이 庭園(뜰 정, 동산 원) : 집 안에 있는 뜰이나 꽃밭.

33. **정답** 주택
    풀이 住宅(살/사는 곳 주, 집 택) : 사람이 들어가 살 수 있게 지은 건물.

34. **정답** 토지
    풀이 土地(흙 토, 땅 지) : 경지나 주거지 등의 사람의 생활과 활동에 이용하는 땅.

35. **정답** 농사
    풀이 農事(농사 농, 일/섬길 사) : 곡류, 과채류 등의 씨나 모종을 심어 기르고 거두는 등의 일.

36. **정답** 수풀 림

37. **정답** 조사할 사

38. **정답** 노래 부를 창

39. **정답** 마실 음

40. **정답** 없을 무

41. **정답** 호수 호

42. **정답** 배 선

43. **정답** 볼 관

44. **정답** 내/강 하

45. **정답** 반드시 필

46. **정답** 패할 패

47. **정답** 여름 하

48. **정답** 이룰/이를 치

49. **정답** 심을 식

50. **정답** 지을 작

51. **정답** 더할 가

52. **정답** 길할/상서로울 길

53. **정답** 검을 흑

54. **정답** 꾸짖을/책임 책

55. **정답** 더울 열

56. **정답** 붉을 적

57. **정답** 벗 우

58. **정답** 묶을 속

59. **정답** 登

60. **정답** 淸

61. **정답** 夜

62. **정답** 孫

63. **정답** 頭

64. **정답** 学
    풀이 學(배울 학)

65. **정답** 医
    풀이 醫(의원 의)

66. **정답** 会
    풀이 會(모일 회)

67. **정답** 大
    풀이 小(작을 소) ↔ 大(큰 대), 太(클 태)

68. **정답** 勝
    풀이 敗(패할 패) ↔ 勝(이길 승)

69. **정답** 近
    풀이 近(가까울 근) ↔ 遠(멀 원)

[70-72]

┌─────────────────────────────┐
│   〈보기〉   │
│ ① 競(겨룰 경) ② 場(마당 장) │
│ ③ 無(없을 무) ④ 畫(그림 화) │
│ ⑤ 晝(낮 주)   ⑥ 望(바랄 망) │
└─────────────────────────────┘

70. **정답** ⑥
    풀이 願(원할 원) – 望(바랄 망)

71. **정답** ①
    풀이 爭(다툴 쟁) – 競(겨룰 경)

72. **정답** ④
    풀이 圖(그림 도) – 畫(그림 화)

[73-75]

┌──────────────────────────────────────┐
│   〈보기〉   │
│ ① 原因(원인_근원 원, 말미암을 인) : 어떤 │
│   사물이나 상태를 변화시키거나 일으키게 │
│   하는 근본이 된 일이나 사건.   │
│ ② 安全(안전_편안할 안, 온전할 전) : 위험 │
│   이 생기거나 사고가 날 염려가 있음.   │
│ ③ 善良(선량_착할 선, 어질 량) : 행실이나 │
│   성질이 착함.   │
│ ④ 輕度(경도_가벼울 경, 정도 도) : 가벼운 │
│   정도.   │
│ ⑤ 生鮮(생선_날 생, 싱싱할 선) : 먹기 위해 │
│   잡은 신선한 물고기.   │
│ ⑥ 思考(사고_생각할 사, 생각할 고) : 생각 │
│   하고 궁리함.   │
└──────────────────────────────────────┘

73. **정답** ④
    풀이 京都(경도_서울 경, 도읍 도) : 한 나라
    의 중앙 정부가 있는 곳.

74. **정답** ②
    풀이 案前(안전_책상 안, 앞 전): 존귀한
    사람이 앉아 있는 자리의 앞.

75. **정답** ⑥
    풀이 四苦(사고_넉 사, 쓸/괴로울 고) : 인
    생의 네 가지 고통. 나는 것, 늙는 것,
    병드는 것, 죽는 것을 말함.

[76-78]

> 〈보기〉
> ① 力說(역설) : 자기의 뜻을 힘주어 말함.
> 　또는 그런 말.
> ② 白夜(백야) : 밤에 어두워지지 않는 현상.
> 　또는 그런 밤.
> ③ 白晝(백주) : 환히 밝은 낮.
> ④ 立志(입지) : 뜻을 세움.
> ⑤ 立案(입안) : 어떤 안건을 세움.
> ⑥ 傳來(전래) : 예로부터 전하여 내려옴.
> ⑦ 競爭(경쟁) : 같은 목적에 대하여 이기
> 　거나 앞서려고 서로 겨룸.
> ⑧ 反對(반대) : 두 사물이 모양, 위치, 방향,
> 　순서 등에서 등지거나 서로 맞섬. 또는 그
> 　런 상태.
> ⑨ 學習(학습) : 배워서 익힘.

76. **정답** ⑦

77. **정답** ③

78. **정답** ⑤

[79-82]

> 〈보기〉
> ① 東風(동풍)　　② 道具(도구)
> ③ 同化(동화)　　④ 通知(통지)
> ⑤ 大書(대서)　　⑥ 不成(불성)

79. **정답** ②
   풀이 家財道具(가재도구_집 가, 재물 재,
   길/도리 도, 갖출/기구 구)

80. **정답** ⑤
   풀이 大書特筆(대서특필_큰 대, 쓸/글/책
   서, 특별할 특, 붓/글씨 필)

81. **정답** ①
   풀이 馬耳東風(마이동풍_말 마, 귀 이, 동
   쪽 동, 바람 풍)

82. **정답** ④
   풀이 無不通知(무불통지_없을 무, 아닐 불,
   통할 통, 알 지)

83. **정답** 方向
   풀이 방향(方向_모/방향 방, 향할/나아갈 향)
   : ① 어떤 방위를 향한 쪽. ② 어떤
   뜻이나 현상이 일정한 목표를 향하여
   나아가는 쪽.

84. **정답** 理由
   풀이 이유(理由_이치/다스릴 이, 말미암을
   유) : 어떠한 결론이나 결과에 이른 까
   닭이나 근거.

85. **정답** 體力
   풀이 체력(體力_몸 체, 힘 력) : 육체적 활동
   을 할 수 있는 몸의 힘. 또는 질병이나
   추위 등에 대한 몸의 저항 능력.

86. **정답** 表現
   풀이 표현(表現_겉 표, 나타날 현) : 생각이
   나 느낌 등을 언어나 몸짓 등의 형상으
   로 드러내어 나타냄.

87. **정답** 光明
   풀이 광명(光明_빛 광, 밝을 명) : 밝고 환
   함. 또는 밝은 미래나 희망을 상징하는
   밝고 환한 빛.

88. **정답** 後孫
   풀이 후손(後孫_뒤 후, 손자 손) : 자신의
   세대에서 여러 세대가 지난 뒤의 자녀
   를 통틀어 이르는 말.

89. **정답** 正直
   풀이 정직(正直_바를 정, 곧을 직) : 마음에
   거짓이나 꾸밈이 없이 바르고 곧음.

90. **정답** 作別
   풀이 작별(作別_지을 작, 나눌/다를 별) :
   인사를 나누고 헤어짐. 또는 그 인사.

91. **정답** 勝利
   풀이 승리(勝利_이길 승, 이로울 리) : 겨루
   어서 이김.

92. **정답** 百姓

　　풀이 백성(百姓_많을 백, 백성 성) : 나라의 근본을 이루는 일반 국민을 예스럽게 이르는 말.

93. **정답** 生活

　　풀이 생활(生活_날/살 생, 살 활) : ① 사람이나 동물이 일정한 환경에서 활동하며 살아감. ② 생계나 살림을 꾸려 나감.

94. **정답** 生産

　　풀이 생산(生産_날/살 생, 낳을 산) : 인간이 생활하는 데 필요한 각종 물건을 만들어 냄.

95. **정답** 安樂

　　풀이 안락(安樂_편안할 안, 즐길 락) : 몸과 마음이 편안하고 즐거움.

96. **정답** 通路

　　풀이 통로(通路_통할 통, 길 로) : 통하여 다니는 길.

97. **정답** 活用

　　풀이 활용(活用_살 활, 쓸 용) : 충분히 잘 이용함.

98. **정답** ⑥

99. **정답** ⑥

100. **정답** ⑩

부록

찾아보기

※ 제시된 숫자는 '제목번호'입니다.

※ 뒷 번호는 제목번호

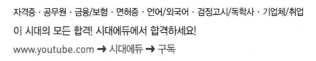

어문회 한자능력검정시험 5급 한 권으로 끝내기

개정1판4쇄 발행	2025년 01월 20일 (인쇄 2024년 12월 05일)
초 판 발 행	2020년 04월 03일 (인쇄 2020년 02월 21일)
발 행 인	박영일
책 임 편 집	이해욱
편 저	박원길 · 박정서
편 집 진 행	한자문제연구소
표지디자인	김도연
편집디자인	장하늬 · 채현주
발 행 처	(주)시대고시기획
출 판 등 록	제10-1521호
주 소	서울시 마포구 큰우물로 75 [도화동 538 성지 B/D] 9F
전 화	1600-3600
팩 스	02-701-8823
홈 페 이 지	www.sdedu.co.kr

I S B N	979-11-383-2453-3 (13710)
정 가	17,000원

읽으면 저절로 외워지는 **기적의 암기공식!**

한자암기박사 시리즈

한자암기박사 1

일본어 한자암기박사1
상용한자 기본학습

중국어 한자암기박사1
기초학습

한자암기박사 2

일본어 한자암기박사2
상용한자 심화학습

중국어 한자암기박사 2
심화학습

• 20여년 간 사랑받고 검증된 '한자 3박자 연상 학습법'으로 읽으면서 익히는 한자 완전학습!
• 부수/획수/필순/활용 어휘 등 사전이 필요 없는 상세한 해설과 한자 응용!

※ 도서의 이미지는 변동될 수 있습니다.

어문회 한자

어문회 한자능력검정시험 2급 한 권으로 끝내기

어문회 2급을 '한자 3박자 연상 학습법'으로 쉽고 확실하게!

- 한자능력검정시험 2급 배정한자 2,355자 수록
- 다양한 시험 유형에 맞추어 정리한 '한자 응용하기'
- 출제경향을 완벽 분석한 기출 동형 '실전 모의고사' 4회 수록
- 빅데이터를 기반으로 최근 기출문제를 분석한 '합격 한자 특별부록'

어문회 한자능력검정시험 3급 한 권으로 끝내기

어문회 3급을 '한자 3박자 연상 학습법'으로 쉽고 재미있게!

- 한자능력검정시험 3급 배정한자 1,817자 수록
- 출제 유형별로 깔끔하게 정리한 '한자 응용하기'
- 기출문제와 동일한 유형의 '실전 모의고사' 3회 수록
- 빅데이터를 기반으로 최근 기출문제를 분석한 '합격 한자 특별부록'

어문회 한자능력검정시험 4, 5, 6급 한 권으로 끝내기

'한자 3박자 연상 학습법'으로 쉽고 재미있게!

- 눈으로 한 번, 쓰면서 두 번 익히는 한자 학습
- 출제 유형별로 깔끔하게 정리한 '한자 응용하기'
- 빅데이터를 기반으로 기출문제를 분석한 '합격 한자' 특별부록 수록

진흥회 한자

진흥회 한자자격시험 2급 한 권으로 끝내기

한자자격시험 2급 독학으로 단기완성!

- 한 권으로 끝내기 : 2급 선정 한자 2,300자 수록
- 독학 가능한 구성 : 이해가 바탕이 되는 완전학습
- 단기간에 완성하기 : 필수 암기 '합격 한자 750'
- 출제 유형 완벽 반영 : 실용한자어/한자성어+기출문제

진흥회 한자자격시험 3급 한 권으로 끝내기

한자자격시험 3급 독학으로 쉽게 따기!

- 한 권으로 끝내기 : 3급 선정 한자 1,800자 수록
- 독학 가능한 구성 : 한자 3박자 연상 암기법 적용
- 초단기 완성하기 : 필수 암기 '합격 한자 450'
- 출제 유형 완벽 반영 : 교과서 한자어/한자성어+기출문제

※ 도서의 이미지는 변동될 수 있습니다.